V&R

Wie Feuer und Wind

Das Alte Testament Kindern erzählt

Von Martina Steinkühler

Vandenhoeck & Ruprecht

Neben dem Haupttext stehen Zitate; sie entstammen der Lutherbibel, revidierter Text 1984, durchgesehene Ausgabe in neuer Rechtschreibung

Abbildungsverzeichnis

Umschlagabbildung: Beduinen mit Kamel in Petra © Norbert Dennerlein, Seelze

Für die Abbildungen im Innenteil danken wir:

Bernd Bindewald, Pattensen: 88, 139

Norbert Dennerlein, Seelze: 3, 33, 48, 102, 152, 160, 164, 194, 220, 240

Hartmut Gericke, Hardegsen: 234

Magdalene Pusch, Morsum: 62, 84, 91, 216

Wolfgang Pusch, Morsum: 37, 40, 84, 144, 244

Sigrid Seiler, Stade: 10, 13, 22, 50, 52, 64, 81, 96, 100, 110, 114, 118, 122, 132, 141, 155, 157, 180, 186, 204, 231, 236, 238, 260, 276

Bibliografische Information der Deutschen Bibliothek

Die Deutsche Bibliothek verzeichnet diese Publikation in der Deutschen Nationalbibliografie; detaillierte bibliografische Daten sind im Internet über <http://dnb.ddb.de> abrufbar.

ISBN 3-525-61586-8

Printed in Germany.
Gestaltung: Rudolf Stöbener, Göttingen
Satz | Lithografie: Weckner Fotosatz GmbH | media+print, Göttingen
Druck und Bindung: Quensen Druck+Verlag GmbH, Lamspringe

Gedruckt auf alterungsbeständigem Papier.

Inhalt

Der Weg, die Wahrheit und das Leben ...

... darum geht es in biblischen Texten. Auch in denen, die hier neu erzählt sind.

Wenn wir von Gott und Christus erzählen, geht es um Wahrheit.
Da zählt jedes Wort. Nur ein Gott, den sie beim Wort nehmen und an seinen Taten erkennen können, hat für Kinder (wie Erwachsene) Sinn. Er kann sie tragen, begleiten und ihnen das Leben lebenswert machen.

Die biblischen Geschichten, von einer Theologin und Mutter neu nacherzählt, klingen anders als gewohnt. Sie nehmen die Erkenntnis ernst, dass *Menschen* die Texte der Bibel verfasst haben, in ihrer Zeit, nach ihrem Verständnis und mit ihren Motiven. Und sie nehmen die pädagogische Verantwortung ernst, die damit verbunden ist, Kindern Gott nahe zu bringen.

Ein Gott, der bedenkenlos tötet, der Fronten schafft und Kriege führt, ist mit dem christlichen Menschenbild nicht zu vereinbaren. Das bedeutet keine Absage an den überlieferten Gott, kein Verbiegen und kein unzulässiges: Ich mache mir meinen Gott zurecht, wie er mir passt. Es bedeutet, das Ringen um Gott weiterzuführen, das vor Jahrtausenden begann.

Der Gott Christi, der gnädig, barmherzig, langmütig und von großer Güte ist (Jona 4,2), hat überall im Alten Testament Spuren gelegt. Es sind dies nicht die Abdrücke von Soldatenstiefeln. Es sind etwa die vorsichtigen Schritte von David in der Höhle: Unbemerkt schlich er an Saul, der ihn töten wollte, heran und nahm ihm – *nicht* das Leben, sondern einen Zipfel von seinem Gewand. Es ist lebenswichtig, diese Spuren zu entdecken und ans Licht zu bringen.

Gott ist größer als die menschliche Vernunft. Wir aber kennen von ihm nur das, was er uns zeigt: das den Menschen zugewandte menschliche Antlitz Gottes, das lacht und weint wie wir.
Daran dürfen wir uns halten. Wendet er sich ab, stirbt das Leben – und das ist ernster als Strafe, schlimmer als Pest und Schwefel. Dies ist die stetige Gefahr, der wir im Ringen um und mit Gott begegnen. Welch ein Segen für uns: Gott weiß das – *besser als wir.*

Die Bibel ist ein Heiliges Buch, aber ihre Worte sind nicht vom Himmel gefallen.
Sie ist Menschenwerk, von Liebe zu Gott getragen, gewiss aber auch von menschlichen Deutungen.
Die Bibel ist kein Märchenbuch, aus dem wir mit gelassenem Abstand erzählen können, beruhigt von der Erkenntnis der Psychologen, dass Kinder mit der Gewalt irgendwie umgehen könnten – und sie ja ohnehin nicht für bare Münze nähmen. Gott *sollen* sie für bare Münze nehmen; sein Wort ist der Reichtum, aus dem sie leben.

Hardegsen, im Februar 2005
Martina Steinkühler

Die Stoffe

Die Urgeschichte. Ein weiter bunter Bogen verbindet die Menschen mit Gott

Diese Geschichten sind Mythen.
Sie werden so erzählt, wie sie entstanden sind: Menschen sehen sich in der Welt um und stellen Fragen; Gotteserfahrungen geben Antwort. Alle Menschen sind selbstverständlich nah bei Gott.

Vätergeschichten. Gott schenkt Abraham und seinen Kindern ein Band der Freundschaft

Sagen und Sagenkränze sind zu einer Familiengeschichte geronnen: Es geht um Aufbruch, um das Ziehen und Zelten mit Gott. Gottes Segen begleitet sie, sichtbar, doch unverfügbar. Anschaulich wird das durch die mitlaufende Geschichte des Bandes der Freundschaft. Eine Familie ist durch Gottes Ruf und ihr Folgen nah bei Gott.

Mose. Gottes Stab befreit Israels Kinder

Eine lange verwickelte Tradition verbindet die Bücher der Mose-Geschichte. Befreiung und Gesetz hängen eng zusammen: Gott rettet sein Volk *erst* und macht es *dann* zu seinem Volk. Wie füllt Mose die ihm zugewiesene Rolle des Stabträgers? Er braucht *Aaron als seinen Mund, Mirjam als Seherin, Josua als seinen treuen Freund*. Aaron und Josua übernehmen das Erzählen und Kommentieren.

Die Erzählidee

Vorsicht und Nachsicht

Warum ist es, wie es ist?
Ist es gut, wie es ist? Wer macht, dass es bleibt, wie es ist?
Warum sind wir, wie wir sind?
Können wir so bleiben?
Was erwartet Gott von uns?
Wie geht Gott mit uns um?

Für Kinder ab 6

Versprechen und Vertrauen

Abraham: Im Aufbruch liegt die Erfüllung.
Isaak: Segen ist keine Glücksgarantie.
Jakob: Ringen um Segen.
Josef: Ihr meintet es böse – Gott machte es gut.

Für Kinder ab 8

Verantwortung

Befreiung: Gott hört, sieht, handelt.
Gebote: Gott gibt Gutes.
Wüste: Die Geretteten stehen sich selbst im Weg.

Für Kinder ab 8

Die Stoffe

Könige. Gott sucht und salbt Herrscher für Israel

Die Geschichte um Entstehung und Festigung des Königtums in Israel ist beinahe Geschichtsschreibung.
Die äußere Handlung wird als das geschildert, was sie ist: *Unheil und gegen Gottes Willen.*
Die innere Handlung wird plastisch erzählt, aus neuer, anrührender Perspektive: Durch den alten Richter Samuel, durch Jonatans Sohn Mefi-Boschet und Davids Frau Michal. König Salomo lehrt seinen Sohn; sein Ringen um Weisheit wird als *Märchen* erzählt. Ausgewählte Psalmen haben ihren natürlichen Ort in Davids Geschichte; weisheitliche Literatur passt in den Kontext der höfischen Welt Salomos.

Propheten. Gott sendet Boten zu seinen verirrten Kindern

Die Bücher des ersten und zweiten Jesaja, Jeremias und Ezechiels sind Sprüchesammlungen mit biografischem Rahmen. Es geht um soziale Missstände, Außenpolitik, Kultkritik. Jesaja und Micha werden zusammen dargestellt. Ein fiktives Fallbeispiel macht deutlich: Im Kern geht es um die zeitlose Frage der Gerechtigkeit.
Jeremia, Ezechiel und der zweite Jesaja stehen für die Frage des Verhältnisses Gottes zu seinem Volk. Die Allegorie vom Vater und seinen verloren gegangenen Töchtern Israel und Juda veranschaulicht Gottes Heilswillen und -wirken in der Geschichte der Menschen. Besondere Beachtung finden die Zukunftsvisionen. Die Propheten erwarten und verheißen einen besseren König, den neuen David, den Heiler und Hüter, Gottes Sohn – das wird Jesus sein.

Die Erzählidee

Vision und Wirklichkeit

Saul: Der König, der die Vision missverstand.
David: Der Harfespieler, der mit der Wirklichkeit kämpfen musste.
Salomo: Der weise sein wollte und die eigenen Grenzen übersah.

Für Kinder ab 10

Wirklichkeit und Vision

Jesaja + Micha: Der eine mahnte, der andere drohte – ist Jerusalem noch zu retten?
Jeremia: Den Jerusalem nicht hören wollte. Aber er weiß: Gott gibt nicht auf.
Ezechiel: Der Jerusalem unheilbar fand. Aber er erfährt: Gottes Heilswillen ist größer als alle Vernunft.
Der zweite Jesaja: Der Gott bei den Traurigen fand und den wahren König in dem, der leidet.

Für Kinder ab 10;
Jona und Daniel: ab 7

Wie ist Gott?

Hör mal, Elia, sagt Gott. Du bist mein treuer Freund. Ich will mich dir zeigen.

Aber, Gott, bitte sei vorsichtig, sagt Elia. Ich möchte dich furchtbar gern sehen. Aber ich fürchte, du bist mir zu groß. Ich fürchte, ich falle tot um.

Du wirst dich wundern, sagt Gott.

Da setzt sich Elia auf die Spitze des Gottesberges und wartet.

Zuerst kommt ein großer, starker Wind.
Er zerreißt die Berge und zerbricht die Felsen.
Elia erschrickt.
Trotzdem schaut er genau hin.
Aber Gott kann er in dem Wind nicht erkennen.

Dann kommt ein Erdbeben.
Es wühlt in der Erde und kehrt das Innerste nach außen.
Elia wird gerüttelt und geschüttelt.
Trotzdem passt er genau auf.
Aber Gott kann er in dem Erdbeben nicht erkennen.

Als Drittes kommt ein Feuer.
Donnernd und prasselnd fährt es über den Berg
und verbrennt Bäume, Gräser und selbst das Wasser der Quellen.
Elia vergeht fast vor Hitze.
Mit Mühe hält er die Augen offen.
Aber Gott kann er in dem Feuer nicht erkennen.

Zum Schluss kommt ein stilles, sanftes Wehen.
Es streichelt die Haut. Es flüstert sacht in den Ohren
und lässt die Blätter der Bäume wispern.
Die Gräser neigen sich, als ob sie tanzen.
Elia wird ruhig und froh.
Er nimmt seinen Umhang und zieht ihn über sein Gesicht.
Mehr muss er nicht sehen.
Denn in dem sanften Wehen ist Gott.

Die Urgeschichte
Ein weiter bunter Bogen verbindet die Menschen mit Gott

Barmherzig und gnädig ist Gott,
geduldig und von großer Güte.
Er zügelt seinen Zorn
und will sich lieber versöhnen.

Wenn wir nicht auf ihn hören
und auf den guten Rat, den er gibt,
so wendet er sich dennoch nicht ab.
Er geht uns nach und ruft und ruft.

So hoch der Himmel
über der Erde ist,
so weit sind die Arme der Liebe,
die Gott für uns öffnet.

So fern der Morgen
vom Abend ist,
so weit hält er seinen
Zorn von uns fern.

Denn er weiß, wie wir sind:
So unruhig, immer wollen wir mehr.
Übermütig, wenn es gelingt,
wenn aber nicht, mutlos.

Selbstsüchtig, achtlos,
träge, bequem –
und anschließend
tut es uns Leid.

Ihm auch.
Wenn wir aber sagen:
Es ist zu spät –
dann sagt Gott: Nein,
fangt noch mal an.
Versucht es besser.

Er weiß, wer wir sind.
Er hat uns gemacht.
Wir sind seine Kinder.
Sein Auge ist bei uns
und sein Geist.

Lobe den Herrn,
meine Seele,
und was in mir ist,
seinen heiligen Namen.

Lobe den Herrn,
meine Seele,
und vergiss nicht,
was er dir Gutes getan hat:
der dir all deine Sünde vergibt
und heilet alle deine Gebrechen,
der dein Leben vom Verderben erlöst,
der dich krönet mit Gnade und
Barmherzigkeit,
der deinen Mund fröhlich macht,
und du wieder jung wirst wie ein Adler.

Psalm 103, Verse 1 bis 5

Gott schafft aus Nichts eine Welt

Du fragst, ob der Samen, den du säst, einmal ein Baum wird?
Du fragst, ob das Dunkel der Nacht ganz bestimmt wieder hell wird?
Und wenn einer sagt „Es ist alles zum Heulen“,
ob das Leben am Ende nicht doch wieder gut wird?

Hör zu, sagt der erste Erzähler der Bibel: Da ist einer,
der will, dass es gut ist. Und der kann es auch machen.
Hör zu: Ich erzähl dir von Gott.

Am Anfang war Gott mit sich selbst allein.
Dunkel war's und durcheinander, und wohin er
auch blickte – da war nichts. Gott fand das nicht gut.
Viele Gedanken wirbelten in seinem Geist.
Und als er sie aussprach, wurden sie wahr.

Gott sprach: Es werde Licht.
Und es wurde zum ersten Mal hell.
Gott fand das gut und er sagte:
Hell ist zum Sehen und Dunkel zum Ruhen.
So soll es bleiben: Tag und Nacht.

Gott sprach: Es werde ein Himmelsgewölbe.
Und es dehnte sich wie ein Gewölbe das Blau.
Gott fand das gut und er sagte:
Blau ist der Himmel und so soll es bleiben.
Und so entstand Himmel am zweiten Tag.

Gott sprach: Ich will Land sehen.
Und trockenes Land hob sich
aus dem Matsch, und die Wasser
flossen davon und machten sich Betten.
Gott fand das gut und er sagte:
Land ist zum Laufen und Wasser zum Schwimmen.
So soll es bleiben: Erde und Meer.

Am Anfang schuf Gott
Himmel und Erde.
Und die Erde war wüst und leer,
und es war finster auf der Tiefe;
und der Geist Gottes schwebte auf
dem Wasser.
Und Gott sprach: Es werde Licht!
Und es ward Licht.
Und Gott sah, dass das Licht gut war.
Da schied Gott das Licht von der
Finsternis und nannte das Licht Tag und
die Finsternis Nacht.
Da ward aus Abend und Morgen der
erste Tag.

1 Mose 1, Verse 1 bis 5

Es war aber der dritte Tag, als Gott die Erde und
die Meere machte, und als er damit fertig war,
war der dritte Tag noch nicht um. Und er merkte,
dass die Erde nackt war und fror.

Gott sprach: Erde, besorg dir ein Kleid!
Lass wachsen Gräser und Kräuter, Blumen und Bäume,
und zieh dich schön an. Und die Erde machte sich
ein Kleid aus Gräsern und Kräutern, Blumen und Bäumen,
wie Gott es gesagt hatte. Und Gott fand das gut
und er sagte: So soll es bleiben
und wachsen und Früchte tragen.
Da wurde es Abend und der dritte Tag war vorbei.

Und Gott sprach: Wir brauchen Zeichen,
um Tage und Nächte zu messen,
das Wachsen und Blühen und Früchtebringen.
Und es entstanden zwei große Lichter:
Die Sonne als Zeichen des Tages,
der Mond als Zeichen der Nacht,
dazu Sterne, die Wege zeigen und Zeiten.
Gott fand das gut und er sagte:
So soll es bleiben. Und das war Tag vier.

Und Gott sprach: Warum sind
Himmel und Meere so leer?
Sollen doch Fische die Meere bevölkern
und Vögel am Himmel fliegen!
Das wäre viel besser.
Und so entstanden Fische, große und kleine,
und Vögel mit Flügeln,
in vielen Farben und Formen.
Und so soll es bleiben, rief Gott fröhlich.
Sie sollen Junge bekommen und immer
und immer noch mehr werden!
Und er segnete sie alle und freute sich
und sah ihnen zu beim Schwimmen,
Fliegen und Flattern, bis es Abend wurde – Tag fünf.

Und Gott sprach: Es flattert am Himmel und schwimmt
im Meer. Auf der Erde aber fehlt mir Bewegung.
Da entstanden die Tiere und krochen und hüpften,
liefen und schlichen durch Wälder und Felder,
dass Gott, der es sah, lachte vor Freude.
So soll es sein, rief Gott und er sorgte dafür,
dass jedes Tier Nahrung fand und was es
zum Leben brauchte.

Es war aber der sechste Tag, als Gott die Tiere
der Erde machte, und als er damit fertig war,
war der sechste Tag noch nicht um.

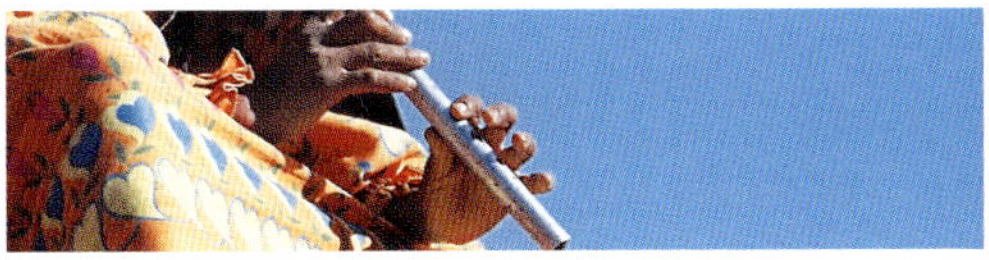

Und er merkte, dass er seine Freude
an allem, was er gemacht hatte,
gern teilen wollte mit einem Lebewesen,
dass sehen, fühlen, empfinden
und sich ausdrücken könnte wie er.

Und Gott sprach: Lasst uns Menschen machen.
Ich will nicht länger nur immer denken
und zusehen und reden
mit niemandem als mit mir selbst.
Ich will hören, dass mich jemand ruft.
Ich will Antwort, wenn ich frage.
Und ich will auch nicht länger der Einzige sein,
dem Gedanken im Geist herumwirbeln.
Ich wüsste mal gern, was andere denken.

Danke, sagte auf einmal ein Mensch.
Danke, Gott, für das Leben, danke für die Welt.
Und danke, dass ich nicht allein bin.
Da war der Mensch entstanden,
Mann und Frau,
und sie fühlten sich wohl.

Hört zu, sagte Gott. Ich bin froh, dass ihr da seid.
Seht euch in Ruhe um.
Was ich gemacht habe, ist gut, wie es ist.
Ich lege alles in eure Hände: das Meer und die Erde,
die Gräser und Kräuter, Blumen und Bäume,
die Vögel, die Fische und alle Tiere.
Gebt gut darauf Acht,
denn jedes Einzelne ist mir wertvoll und lieb.

Und Gott segnete die Menschen und freute sich.
Dann sah er den Menschen zu,
wie sie die Welt um sich her
erforschten und kennen lernten,
bis es Abend wurde, am sechsten Tag.

Am siebten Tag aber ruhte Gott sich aus.
Er machte gar nichts und er sagte auch nichts.
Er freute sich nur, denn er wusste:
Er würde nie mehr allein sein.

Und Gott sprach:
Lasset uns Menschen machen,
ein Bild, das uns gleich sei.

Und Gott schuf den Menschen
zu seinem Bilde, zum Bilde
Gottes schuf er ihn; und schuf
sie als Mann und Frau.

Und Gott segnete sie und
sprach zu ihnen: Seid fruchtbar
und mehret euch und füllet die
Erde und machet sie euch
untertan.

1 Mose 1, Verse 26, 27+28

Und Gott sah an alles,
was er gemacht hatte,
und siehe,
es war sehr gut.

1 Mose 1, Vers 31

Gott will die Menschen behüten, aber den Menschen ist Gottes Garten zu eng

Aufstehen am Morgen macht manchmal Mühe.
So viele Pflichten und Plagen warten.
Die Arbeit ist schwer. Die Blumen verwelken.
Ich habe Schmerzen. Der Kopf tut mir weh.
Oma ist krank und den Apfelbaum
hat ein Herbststurm gefällt.

Wenn du groß bist und gut, Gott,
warum hast du das Leben nicht leichter gemacht?

Hör zu, sagt der zweite Erzähler der Bibel.
Einst schenkte Gott uns das Paradies.
Es war aber ein Zaun drum herum und den ertrugen wir nicht.

Aus Erde vom Acker hat Gott einen Menschen geformt.
Adam nannte er ihn, Erd-Mann, und gab ihm
Atem von seinem Atem, damit er lebe.
Du sollst es gut haben, sprach Gott zu Adam.
Lass uns sehen: Was brauchst du?

Leben sollst du, wo es schön ist.
Essen sollst du, was schmeckt.
Schlafen sollst du auf weichem Moos
und im Wachen das Nichtstun genießen.

Gott machte einen Garten für Adam,
mit Bäumen und Sträuchern,
mit Früchten und Blüten.
Ringsum machte er einen Zaun.
Denn er wusste, dass draußen
auch Dornen wuchsen.

Als der Garten fertig war
und alles sicher, gemütlich und gut,
da rief Gott nach Adam und sagte: Sieh!
Für dich. Dies ist das Paradies.
Du hast, was du brauchst,
und kannst alles fröhlich genießen.
Bleib immer hier drinnen.
Dann kann dir nichts Schlimmes geschehen.

Und Adam liebte den Garten. Er freute sich
seines Lebens und dankte es Gott.

Eines Tages aber sah Gott, als er Adam suchte,
dass Adams Gesicht traurig war
und dass er nicht lachte wie sonst.
Was hast du denn, Adam?,
fragte Gott voller Sorge.
Ich sehe, dass du nicht fröhlich bist.

Tut mir Leid, Gott, sprach Adam.
Ich weiß, ich sollte mich freuen.
Jedoch: Dieser Garten ist eng.
Ich habe schon alles gesehen.
Ich habe schon alle Früchte probiert.
Ja, wenn ich über den Zaun klettern dürfte …
Da draußen gibt es
mehr zu entdecken.

Um Himmels willen!, rief Gott.
Klettere nicht über den Zaun.
Draußen sind Dornen.
Du könntest dir weh tun.
Nein, sondern ich will dir Freunde machen.
Dann kannst du mit ihnen spielen
und sehnst dich nicht länger
nach draußen.

Aus Erde machte Gott viele Tiere und Vögel
in allen Farben und Formen
und brachte sie zu Adam und sprach:
Sieh her, deine Freunde.
Gib ihnen Namen, ruf sie
und spiele mit ihnen.

Adam klatschte in die Hände
und rief: Das ist toll!
Und er freute sich wieder
an seinem Leben und dankte es Gott.

Und Gott der Herr sprach:
Es ist nicht gut,
dass der Mensch allein sei;
ich will ihm eine Gehilfin machen,
die um ihn sei.

1 Mose 2, Vers 18

Eines Tages aber sah Gott, als er Adam suchte,
dass Adams Gesicht traurig war
und dass er nicht lachte wie sonst.
Was hast du denn, Adam?,
fragte Gott voller Sorge.
Ich sehe, dass du nicht fröhlich bist.

Tut mir Leid, Gott, sprach Adam.
Ich weiß, ich sollte mich freuen.
Die Tiere sind meine Freunde geworden.
Jedoch: Dieser Garten ist eng.
Wir haben schon alles gesehen.
Wir haben schon alle Früchte probiert.
Ja, wenn wir über den Zaun klettern dürften …
Da draußen gibt es
mehr zu entdecken.

Um Himmels willen!, rief Gott.
Klettert nicht über den Zaun.
Draußen sind Dornen
und wilde Tiere könnten euch fressen.
Nein, sondern ich schenke dir eine Frau.
Dann bist du nie mehr allein
und sehnst dich nicht länger
nach draußen.

Gott nahm von Adam selbst eine Rippe.
Adam hat es gar nicht gemerkt,
denn er hat fest geschlafen.
Aus dieser Rippe machte Gott Eva,
die Frau, die Adam im Herzen verwandt war.
Und er weckte Adam und sagte:
Sieh, das ist Eva.
Sei gut zu ihr und achte auf sie.
Ich habe sie lieb so wie dich.

Adam umarmte Eva und küsste sie und sagte:
Jetzt bin ich nie mehr allein.
Und er freute sich wieder
an seinem Leben und dankte es Gott.

Da sprach der Mensch:
Das ist doch Bein von meinem Bein
und Fleisch von meinem Fleisch;
man wird sie Männin nennen,
weil sie vom Manne genommen ist.

1 Mose 2, Vers 23

Eines Tages aber sah Adam, als er Eva suchte,
dass Evas Gesicht traurig war
und dass sie nicht lachte wie sonst.
Was hast du denn, Eva?, fragte Adam voll Sorge.
Ich sehe, dass du nicht fröhlich bist.

Tut mir Leid, Adam, sprach Eva.
Ich weiß, ich sollte mich freuen.
Wir haben, was wir brauchen.
Wir sind nicht allein
und ich habe dich lieb.

Jedoch: Dieser Garten ist eng.
Ich habe schon alles gesehen.
Ich habe schon alle Früchte probiert.
Ich bin alle Wege so oft schon gegangen.
Ja, wenn wir über den Zaun klettern dürften …
Da draußen gibt es
mehr zu entdecken.

Um Gottes willen!, rief Adam.
Gott hat mich immer gewarnt.
Da draußen sind Dornen und wilde Tiere
und auch eine Schlange mit giftigem Biss.

Es macht mir nichts aus, wenn es weh tut,
sprach Eva. Aber der Zaun, Adam,
der Zaun macht mich krank.

Da machte sich Adam eine Axt
und er schlug den Zaun kurz und klein.
Gott schaute zu und sein Herz wurde schwer,
aber er sagte kein Wort.
Ihr werdet schon sehen, dachte er nur.
Wisst ihr denn, was ihr da tut?

Darum wird eine Mann
seinen Vater und seine Mutter verlassen
und seiner Frau anhangen,
und sie werden sein
ein Fleisch.

1 Mose 2, Vers 24

Stumm sah Gott zu, wie Adam und Eva
einander die Hände reichten
und mit einem großen Schritt
aus dem Garten traten.
Sie gingen durch Dornen. Wilde Tiere
bedrohten sie. Und die Schlange
zischelte ihnen entgegen.

Sie weinten vor Schmerz
und fielen vor Müdigkeit um.
Sie hatten Hunger. Sie litten Durst.
Sie mussten rennen und sich verstecken.
Sie verirrten sich oft und manchmal
wussten sie nicht mehr weiter.
Aber sie wandten sich
niemals zurück und machten nur
umso größere Schritte.

Adam, wo bist du?, rief Gott,
als er ihn nicht mehr sah.
Da wandte Adam sich um und lachte.
Sieh mal, Gott, rief er. Was wir alles können!
Dein Garten war gut. Aber hier draußen –
da ist es besser.

Wir bitten dich aber, Gott, sprach Eva.
Wie wäre es denn: Kommst du mit?

Im Schweiße deines Angesichts
sollst du dein Brot essen,
bis du wieder zu Erde werdest,
davon du genommen bist.
Denn du bist Erde
und sollst zu Erde werden.

1 Mose 3, Vers 19

Gott ist freundlich zu Abel und verliert Kain

Gott hat *ihm* geholfen, nicht mir.
Gott hat ihn lieber als mich.
Ich spüre, wie ich zornig werde.
Ich habe mir Mühe gegeben.
Warum gelingt es dem anderen besser?
Was, wenn der andere … gar nicht wäre?
Ich hätte Gottes Liebe für mich … allein.

Hör zu, sagt der zweite Erzähler der Bibel.
Um Liebe kann man nicht kämpfen.
Denn wenn man gewinnt, hat man die
Liebe verloren.

Adam und Eva bauten ein Haus
in der Nähe des Paradieses.
Die Zeit des Wanderns war vorbei.
Zwei Kinder wurden geboren.
Es waren Jungen, gesund und stark,
Abel hieß einer, der andere Kain.

Abel fand Gefallen daran,
Schafe und Ziegen zu weiden.
Er zeigte ihnen Quellen
und zartes Grün, so dass sie
gediehen und wuchsen
und gaben gute Milch.

Kain fand Gefallen daran,
Feldfrüchte wachsen zu sehen.
Er pflügte und jätete,
wässerte, wachte, so dass
der Acker Frucht trug und alles,
was Kain säte, gedieh.

Gott aber sah gern, was sie taten,
Adam und Eva, Abel und Kain,
und er fand, dass sie lebten,
wie es gut war und recht.

Bisweilen, wenn sie gemeinsam
aßen, besuchte er sie, und dann
bekam er von allem, was da war,
einen guten Teil ab.

Abel freute sich, wenn er sah:
Gott schätzte die Milch
und die weiche Wolle
und liebte die Lämmer der Schafe.
Wenn Gott dann lächelte
und Abel ansah und sagte:
Du bist gut, wie du bist,
dann war für Abel
das Leben ein Fest.

Kain freute sich, wenn er sah:
Gott schätzte die Früchte
des Feldes, das Korn und den Kohl,
Erbsen, Wurzeln und Bohnen.
Wenn Gott dann lächelte
und Kain ansah und sagte:
Du bist gut, wie du bist,
dann war für Kain
das Leben ein Fest.

Was glaubst du?, sprach eines
Abends Eva zu Adam.
Welchen unserer beiden Söhne
hat Gott wohl am liebsten?
Sie sagte das, weil sie
stolz war auf beide.

Er hat beide gleich lieb,
sagte Adam sofort. Auch er
war gleich stolz auf beide.
Kain aber hatte gehört,
was die Eltern sagten.
Er behielt es in seinem Herzen
und es nagte in ihm.

Wen von uns, Gott, hast du lieber?,
fragte Kain morgens und abends.
Und passte gut auf.
Hast du nicht gerade Abel
freundlicher angelächelt als mich?
Hast du vorhin vertraut
mit Abel gesprochen –
zu mir aber fremd?

Pass auf, sagte Gott zu Kain,
wer anfängt, die Liebe
zu messen, zu zählen, zu prüfen,
der wird nicht mehr froh.
Wer aber traurig ist,
der wird ungerecht und
macht vielleicht
schlimme Fehler.

Da nagte es noch mehr in Kain.
Gott hat mich ermahnt,
dachte er. So hat er zu Abel
noch niemals gesprochen.
Und er fing Streit an mit Abel
und schlug auf ihn ein –
und am Ende war Abel … tot.

Kain, wo ist dein Bruder Abel?,
fragte Gott, als das Unheil
geschehen war. Kain war vor
lauter Traurigkeit bitter und hart.
Weiß ich doch nicht!, sprach er
zornig. Soll ich auch noch
auf Abel achten?

Die Erde, sprach Gott, hat
das Blut deines Bruders
getrunken. Sie wird keine Früchte
mehr tragen für dich.
Geh fort, weit fort, denn auch
deine Eltern werden dich
nicht mehr ertragen.

Und du, Gott?, flüsterte Kain.
Gott wandte sich ab, denn er
weinte. Und eine Träne fiel
auf Kain und blieb ihm auf der Stirn.
Du weinst?, sagte Kain. Jetzt weiß ich:
So sehr hast du Abel geliebt.
Ich weine, sprach Gott,
vor allem um dich.

Geh jetzt, Kain, geh weit fort.
Du kannst hier nicht länger bleiben.
Du gehst einen langen Weg
voller Leid und Gefahren.
Ich gehe … allein?, fragte Kain.
Dein Bruder ist tot, sagte Gott.
Ich werde sterben, sprach Kain.
Nein, sagte Gott, denn zum Schutz
bleibt dir … meine Träne.

Da sprach der Herr zu Kain:
Wo ist dein Bruder Abel?
Er sprach: Ich weiß nicht.
Soll ich meines Bruders Hüter sein?
Er aber sprach:
Was hast du getan?
Die Stimme des Blutes deines Bruders
schreit zu mir von der Erde.

1 Mose 4, Vers 9 + 10

Gott beendet den großen Regen und verbündet sich mit Noah

Wie es regnet! Ob es je wieder aufhört?
Das Prasseln der Tropfen fühlt sich an wie Wut.
Das Tosen der Böen ist wie Zorngeschrei.
Die Wasserfluten, wenn die Flüsse steigen,
sie wüten, als wollten sie alles verschlingen.

Bist du böse auf uns, Gott?
Tut es dir Leid, dass du die Welt und uns geschaffen hast?
Willst du denn alles wieder kaputt machen?

Hör zu, sagt der erste Erzähler der Bibel. Da hat nicht viel gefehlt.
Einmal hat es vierzig Tage und vierzig Nächte lang geregnet.
Und die Menschen begannen zu fragen: Warum?

Die Menschen auf der Erde
machten eine Menge Krach.
Immer stritten sie untereinander
und schrien sich an. Jeder wollte
der Erste sein und keiner ließ mal
den anderen vor.

Gott verschloss seine Ohren,
denn das Zuhören tat ihm weh.
Er schloss seine Augen, denn
lieber hätte er Frieden gesehen
als Streit und Kampf, geballte Fäuste
und Handgemenge.

So hätte Gott eines Tages auch
beinahe den großen Regen verpasst.
Er hörte es prasseln wie Wut.
Aber er dachte: Das sind die
Menschen in ihrem Streit,
und hörte nicht hin.

Als aber der Herr sah,
dass der Menschen Bosheit
groß war auf Erden und
alles Dichten und Trachten
ihres Herzens nur böse war
immerdar,
da reute es ihn,
dass er die Menschen gemacht
hatte auf Erden,
und es bekümmerte ihn
in seinem Herzen.

1 Mose 6, Verse 5 + 6

Er sah es nicht blitzen, sah nicht,
wie der Himmel zerriss und
die Wasser herabstürzten.
Die Flüsse schwappten schon über.
Gott dachte: Jetzt kämpfen sie wieder.
Und sah nicht mehr hin.

Bäume stürzten um und die Berge barsten.
Da erst bemerkte Gott den großen Regen
und dass er alles, was da war, zerstörte.
Welche Kraft hat das Wasser,
sprach Gott zu sich selbst.
Das Durcheinander kehrt zurück
und das Nichts.

Und Gott kam ein furchtbarer Gedanke.
Vielleicht wäre es gut, dachte er.
Soll doch der Regen alles zerstören.
Die Menschen machen mir Kummer.
Und Gott erwog zuzulassen,
dass der Regen alles zerstörte.

Da war ein Mensch, der hieß Noah.
Und Noah machte Gott Freude.
Noah fragte nach Gott und wenn Gott
ihn rief, antwortete er und sagte: Hier bin ich.

Noah hatte eine Frau und drei Söhne,
Sem, Ham, Jafet, und diese drei hatten
ebenfalls Frauen. Sie lebten alle
zusammen und kamen gut
miteinander zurecht.

Wenn der Regen alles zerstört,
dachte Gott, und alle Menschen sterben,
dann möchte ich aber Noah doch retten,
denn Noah habe ich gern.

Ich würde ihm sagen: Mach dir einen
Kasten aus Holz, setz dich hinein
und bleibe darin, bis der Regen vorbei ist.
Denn Holz schwimmt ja auf dem Wasser
und so wird es dich nicht verschlingen.

Wenn der Regen alles zerstört,
dachte Gott, und alle Menschen sterben,
dann kann ich nicht nur Noah retten,
denn Noah liebt seine Frau.

Noah war ein frommer Mann
und ohne Tadel zu seinen Zeiten;
er wandelte mit Gott.

1 Mose 6, Vers 9

Ich würde zu Noah sagen: Mach dir
einen Kasten aus Holz und setz dich hinein,
zusammen mit deiner Frau,
damit ihr den großen Regen überlebt.

Wenn aber der Regen alles zerstört
und alle Menschen sterben, dachte Gott,
dann sterben auch Noahs Söhne
und dann wird er weinen.

Ich muss zu Noah sagen: Mach den
Kasten groß genug für dich und deine Frau,
für Sem, Ham und Jafet, deine Söhne,
und auch für die Frauen deiner Söhne.

Wenn aber der Regen alles zerstört,
werden nicht nur die Menschen sterben,
dachte Gott, sondern auch die Tiere,
die Vögel und alles, womit sich
die Erde bedeckt. Das aber wäre sehr traurig.

Ich muss zu Noah sagen: Mach den
Kasten groß genug für alle Menschen,
die du liebst, und für alle Tiere und Vögel,
je ein Paar von jeder Art, und für
Pflanzen und Futter, damit ihr lebt.

Gott lachte, als er das dachte.
Das muss ein riesengroßer Kasten sein!
Es gibt so viel, was ich retten will,
denn was ich gemacht habe, ist gut.
Nur die Menschen und was sie so treiben,
das macht mir das Herz manchmal schwer.

So überlegte Gott hin und her
und erwog es in seinem Herzen.
Und immer mehr sah er ein:
Alles, was war, zu zerstören,
bloß weil die Menschen so sind, wie sie sind –
nein, das wäre nicht gut.

Besser, dachte sich Gott, wenn ich mich
ab und zu mit den Menschen streite.
Aber behalten will ich sie gern –
es sind ja auch welche wie Noah darunter.
Und er sagte dem Regen:
Es ist genug. Hör jetzt auf.
Die Erde soll wieder trocknen.

Als der Regen endlich aufhörte
und die Erde wieder trocknete,
lachten die Menschen auf der Erde
vor Freude und Noah sagte laut: Danke.
Da freute auch Gott sich und
sprach zu Noah: Mit Menschen wie dir
will ich mir gern verbünden.

Sieh mal, du machst mir nur Freude.
Für Menschen wie dich soll die Erde
für immer bestehen. Verlass dich darauf:
Nach jedem Winter kommt wieder ein Sommer,
nach jedem Frühling ein Herbst.
Hell wird es nach der Dunkelheit
und trocken nach dem Regen.

Und Gott machte ein Zeichen
unter sein Wort: Er setzte einen Bogen
in die Wolken. Der schillerte in allen Farben
und die Regentropfen tanzten auf ihm
und glänzten wie Edelsteine im Sonnenlicht.

So lange die Erde steht,
soll nicht aufhören
Saat und Ernte,
Frost und Hitze,
Sommer und Winter,
Tag und Nacht.

1 Mose 8, Vers 22

Die Menschen wollen sich einen Namen machen und verlieren ihre gemeinsame Sprache

Da liegt ein Turm in Trümmern.
Er muss einmal gewaltig hoch gewesen sein,
prächtig und stark.

Da liegt er nun. Eingestürzt? Abgebrochen?
War es dein Wille, Gott?
Passt es dir nicht, wenn wir bauen?

Hör zu, sagt der zweite Erzähler der Bibel,
man kann es auch übertreiben.
Höher als hoch macht schwindlig, und wer schwindlig ist,
dreht sich bloß um sich selbst.

Die Menschen waren schon zahlreich geworden
und zogen umher und suchten ein größeres Land.
Weit und offen lag da im Osten die Ebene Babel,
fruchtbar und einladend anzuschauen.

Hier wollen wir bleiben, sagten sie untereinander.
Sie konnten sich alle verstehen.
Wir bauen uns eine schöne, feste Stadt
mit Häusern, Wegen und einem schützenden Wall.

Gott sah ihnen zu, als sie zu bauen begannen.
Er hörte sie Lieder singen und fröhlich lachen.
Gut, dachte er, es freut mich von Herzen,
dass sie einander so prächtig verstehen.

Die Häuser waren bald fertig und sie bauten
auch eine Mauer, um sicher in Frieden
und in Ruhe zu leben. Dann feierten sie
voller Freude und voller Stolz auf ihr Werk.

Gott, in der Ferne, feierte auch. Wie die Menschen
stolz waren auf ihre Stadt, so freute sich Gott
an den Menschen. Mein Werk, sagte er zu sich selbst,
und seht, was sie alles können!

Das Fest dauerte viele Tage. Dann war es zu Ende.
Nun können wir's gut sein lassen, dachten die Menschen,
und leben mit dem, was wir haben. Doch so sehr
sie auch wollten, es gelang ihnen nicht.

Nun sind wir so gute Baumeister geworden,
sagten sie untereinander. Sollten wir nicht
auch noch Größeres schaffen? So groß,
dass es noch bleibt, wenn wir tot sind?

Und sie beschlossen, einen Turm zu bauen,
groß und prächtig und so hoch, dass er
bis in den Himmel reichte. Wir werden berühmt,
sagten sie sich, überall in Himmel und Erde.

Den Turm zu bauen, war schwer. Es kostete
unsagbar viel Kraft und machte entsetzlich viel Mühe.
Sie schufteten Tag und Nacht, aber sie wurden
und wurden nicht fertig.

Gott sah ihnen zu, als sie den Turm bauten,
höher und höher hinauf und bis zu den Wolken.
Er hörte sie keine Lieder mehr singen.
Sie stöhnten stattdessen, schimpften und fluchten.

Meine Güte, dachte er. Wenn das nur gut geht.
Wenn sie nur nicht vor lauter Eifer vergessen,
dass ihre Kraft nicht für alles reicht!
Wenn sie nur die Geduld nicht verlieren!

Und sie sprachen untereinander:
Wohlauf, lasst uns Ziegel streichen
und brennen! –
und nahmen Ziegel als Stein und
Erdharz als Mörtel und sprachen:
Wohlauf, lasst uns eine Stadt
und einen Turm bauen, dessen Spitze
bis an den Himmel reiche,
damit wir uns einen Namen machen;
denn wir werden sonst zerstreut
werden in alle Länder.

1 Mose 11, Verse 3 + 4

Und Gott hatte Recht. Der Turm wuchs. Aber
so wie der Turm wuchs auch die Ungeduld
unter den Menschen. Du Faulpelz, sagte der eine
zum anderen. Nichtstuer. Schlafmütze. Dummkopf.

So kam es, dass niemand mehr hörte, wenn einer
was sagte. Wer will schon hören, dass er faul ist
und dumm? Dann sagte auch keiner mehr was.
Wer will denn reden, wenn keiner mehr hört?

Am Ende waren sie stumm und auch taub.
Sie verstanden nicht mehr den Sinn,
weder der Stadt noch des Turms.
Einer nach dem anderen packte und ging.

Schade, sagte Gott. Sie haben es nicht verstanden.
Jetzt ziehen sie weiter, doch jeder für sich.
Und kehren erst um, wenn sie an Grenzen stoßen,
später, am anderen Ende der Welt.

Vätergeschichten

Gott schenkt Abraham und seinen Kindern ein Band der Freundschaft

Hör mal,
sagt Gott
zu Abraham:
Wir schließen einen Bund
und ein festes Band
soll uns verbinden.

Geh mit mir,
sei mein Freund.
Ich habe viel mit dir vor.

Wenn du gehst,
wohin ich dich führe,
trägst du
meine Freundschaft weiter
zu Menschen,
die dir begegnen,
und zu Menschen,
die nach dir kommen.

Der Weg ist nicht leicht.
Du wirst dich fürchten,
du wirst fallen und
du wirst dich verirren.
Du wirst nicht wissen,
wohin der Weg führt.

Aber, mein Freund:
Du kannst mir trauen.
Ich gehe mit.

Gott spricht zu Abraham

Und ich will aufrichten meinen Bund
zwischen mir und dir
und deinen Nachkommen
von Geschlecht zu Geschlecht,
dass es ein ewiger Bund sei,
so dass ich dein und deiner Nachkommen
Gott sei.

1 Mose 17, Vers 7

Gott spricht zu Isaak

Fürchte dich nicht, denn ich bin bei dir und will dich segnen und deine Nachkommen mehren um meines Knechtes Abraham willen.

1 Mose 26, Vers 24

Gott spricht zu Jakob

Und siehe, ich bin mit dir und will dich behüten, wo du hinziehst, und ich will dich wieder herbringen in dies Land.
Denn ich will dich nicht verlassen,
bis ich alles tue,
was ich dir zugesagt habe.

1 Mose 28, Vers 15

Abraham macht sich auf eine Entdeckungsreise mit Gott

Ein Haus: Mauern und ein festes Dach, ein Garten ringsum und ein Zaun.
Einmal gebaut steht es fest, und wer dort einzieht, will bleiben.

Wie anders sind Zelte – die Wände aus Leder, aus Stoff, an Stangen gebunden, flatternd im Wind.
Rasch ist ein Zelt aufgestellt, ebenso rasch wieder abgebrochen.
Leben im Zelt, das heißt: Wege gehen, Weide suchen, rastlos, heute und morgen.

Hör mal, sagt ein Erzähler der Bibel: Als Gott rief, hat Abraham ihn gehört und hat seine vier Wände verlassen. Mit dem Zelt und dem Vieh zog er los, von Weide zu Weide und von Quelle zu Quelle.
Und hätte er es nicht getan, so wären wir heute nicht Gottes Volk.

Abraham, sagt Gott, mach doch mal auf.
Er klopft an die Tür von Abrahams Haus.
Laut muss er rufen. Denn Abraham drinnen
horcht nicht nach draußen. Was willst du?,
fragt Abraham endlich und öffnet die Tür.
Wind bläst ins Haus und weht durch den Raum.

Abraham, sagt Gott, du hörst nicht gut,
seit dein Haus fertig ist, dickwandig und fest.
Was, wenn draußen einer um Hilfe ruft,
was, wenn einer hinein will? Ja, selbst
meine Stimme hättest du um ein Haar
überhört. Du hast ja nicht einmal Fenster.

Sara und ich werden alt, Gott, sagt Abraham.
Wir fürchten den Wind und die Sonne.
Drinnen ist es schattig und still. Da haben
wir unsere Ruhe. Wir schlafen
gern lang und wir haben's gern sauber.
Sieh, was der Wind tut: Staub wirbelt auf.

Abraham, sagt Gott, du siehst nicht gut,
seit dein Haus fertig ist, dickwandig und fest.
Sieh, was der Wind tut: Er lässt den Staub tanzen.
Er kitzelt dich in der Nase – musst du nicht lachen?
Liebst du die Sonne nicht, wenn sie dich wärmt,
und die Lieder der Vögel nicht, wenn sie singen?

Sara und ich werden alt, Gott, und das Kind,
das wir uns wünschten, haben wir nicht bekommen.
Lass es jetzt gut sein. Wir wollen nichts mehr
als dieses feste Haus mit vier Wänden. Ein gutes
Essen zur rechten Zeit und dazu ein Glas
roten Wein. Der Wind soll ruhig draußen bleiben.

Gott wendet sich ab. Die Tür lässt er offen.
Mein Gott, ruft Abraham und macht sie rasch zu.
Dann geht er zu Bett, es ist Abend, und
neben ihm schlüpft Sara unter die Decke.
Schlaf gut, meine Sara, sagt Abraham.
Du auch, sagt Sara, und denke an Gott.

Abraham ist müde, aber der Schlaf will nicht
kommen. Die Tür ist ja zu, er kann nicht herein.
Mitten in der Nacht steht Abraham auf.
Er schleicht sich zur Tür, leise macht er sie auf.
Wind bläst ins Haus und weht durch den Raum.
Gut, sagt Sara im Schlaf. Und lächelt. So ist es besser.

Abraham legt sich wieder ins Bett. Aber der Schlaf
will nicht kommen. Die Tür ist zwar offen,
aber das Zimmer ist dunkel und eng. Der Schlaf
fürchtet Wände. Wieder steht Abraham auf
und diesmal geht er nach draußen. Mein Gott,
ruft er – und sieht am Himmel die Sterne.

Sieh hin, spricht da Gott, sind sie nicht schön?
Abraham nickt. Wunderschön, Gott, wie all deine Werke.
Und, Abraham, fährt Gott fort, kannst du sie zählen?
Das kann ich nicht, sagt Abraham, und keiner sonst,
außer dir. Unzählig wie die Sterne, sagt Gott,
sind einst deine Kinder, das verspreche ich dir.

Was muss ich tun, Gott, fragt Abraham eifrig, damit du dieses Versprechen erfüllst? Alles würde ich tun, für ein Kind, auch für ein einziges nur, das würde schon reichen. Sara quält sich so sehr, sie wäre gern Mutter. Sonne und Wind nähm ich in Kauf für ein Kind!

Gut, sagt Gott, das ist ein Wort. So brich also auf, mit deinem Vieh und mit Zelten. Komm aus dem Haus und zelte mit mir. Ich zeige dir Wunder und am Ende das Land, in dem deine Kinder und Enkel einst leben. Eines nur, Abraham: Offene Augen, offene Ohren und ein Herz, das niemals zu früh sagt: Genug!

Am anderen Tag hat Abraham, als er vom Schlaf erwacht, ein Armband um, das schimmert wie die Sterne. Darauf wäre Platz für Knoten, Perlen, Federn und Steine. Es ist aus keinem Stoff der Erde. Leicht ist es, aber fest und nicht zu lösen. Von dir, Gott?, flüstert Abraham. Für dich, mein Freund, sagt Gott. Und deine Kinder.

Geh aus deinem Vaterland und von deiner Verwandtschaft und aus deines Vaters Haus in ein Land, das ich dir zeigen will.

Und ich will dich zum großen Volk machen und ich will dich segnen und dir einen großen Namen machen und du sollst ein Segen sein.

In dir sollen gesegnet sein alle Geschlechter auf Erden.

1 Mose 12, Verse 1 bis 3

Lot sucht den Wind und die Weite

Abraham hat einen Neffen, sein Name ist Lot;
nicht mehr ganz jung, aber auch noch nicht alt.
Du bist noch zu jung, muss er hören, wann immer
er eigene Pläne macht. Das ärgert ihn sehr.
Für seine Herden findet er nie genug Platz.
Er muss nehmen, was ihm die anderen geben.

Einmal, als Lot an Abrahams Haus in der Ferne
vorbeigeht – er weiß ja, Abraham will seine Ruhe –,
da bleibt er voll Staunen stehen. Die Tür von
Abrahams Haus steht weit offen! Knechte und
Mägde eilen fröhlich hinein und heraus.
Und da, neben der Tür: Sind das nicht Zelte?

Was geht denn hier vor?, fragt Lot eine der Mägde,
ein hübsches Mädchen mit Namen Hagar.
Will Onkel Abraham etwa verreisen? – Verreisen?
Da lacht Hagar nur. Keineswegs; sondern er zieht für
immer davon. Er zeltet mit Gott und lässt sich führen,
wohin der Wind weht. Er sagt: Es ist Gottes Wille.

Wohin der Wind weht, ruft Lot voller Freude.
Das hört sich wunderbar an. Und ohne zu überlegen
rennt er nach Hause und packt seine Sachen.
Wir ziehen fort, ruft er den Hirten der Herden zu.
Wir werden bessere Weiden finden, ich aber,
wenn ich Glück habe, beim Onkel ein offenes Ohr.

So kommt es, dass in Haran, der Stadt zwischen
zwei Flüssen, eines Tages zwei Häuser leer stehen,
Abrahams Haus und das von Lot, seinem Neffen.
Und fröhlich zieht ein langer Zug die Straße entlang,
hinaus bei Sonne und Wind. Allen voran läuft Sara.
Sie singt. Gelobt sei Gott, er verspricht uns ein Kind.

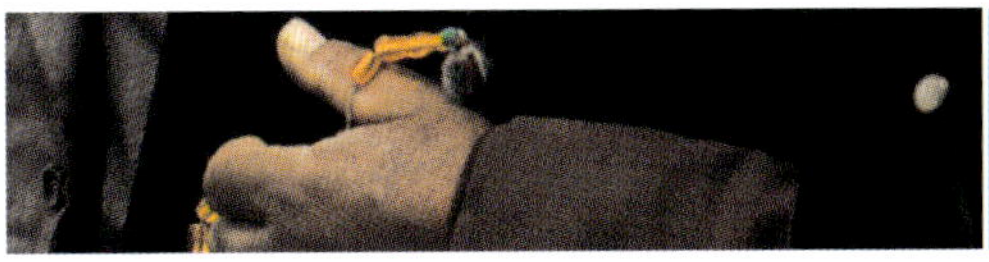

Das Gelobte Land ist schön, aber rau

Da liegt ein Land zwischen Bergen und Meer.
Schmal ist der Strand, das Gebirge trocken. Mittendurch
fließt ein Strom, Jordan, zwischen zwei großen Wassern.
Das ist das Land Kanaan, es mag vielleicht rau erscheinen.
Dem aber, der lange gewandert ist, scheint es
ein Garten, ein Paradies voller Früchte und Blüten.

Hier, sagt Abraham zu Sara und Lot, das ist das Land,
das Gott mir versprach. Seht: Kanaan! Seht, wie es lächelt!
Es heißt uns willkommen, nach all den Wundern des Wegs,
nach den Mühen und Freuden der langen Reise.
Hier bleiben wir nun und bauen … – Kein Haus,
unterbricht Sara ihn. Ich gestehe: Ich liebe die Zelte.

Ich auch, sagt Abraham und er lacht. Er küsst Sara
und wischt ihr den Staub vom Gesicht. Wir zelten weiter,
wir sind es gewöhnt. Wir erkunden das neue Land,
indem wir kreuz und quer in ihm wandern. Gut, sagt Lot,
denn ich fürchte: Wir sind nicht allein in dem Land.
Hier leben schon Kanaaniter. Was, wenn sie sagen: Haut ab?

Wir werden sie bitten, als Nachbarn willkommen zu sein,
sagt Abraham zu seinem Neffen. Sie haben wohl Könige.
Mit ihnen werde ich sprechen. Nimmst du mich mit?, bittet
Lot. Ich möchte ihre Städte gern sehen und die Altäre,
auf denen sie opfern. Sie sind uns ja fremd, hör nur ihre Namen:
Sodom und Gomorra heißen die Städte, ihr Gott aber Baal.

Der Wind in Kanaan weht von verschiedenen Seiten.
Der Wind aus der Wüste ist trocken und heiß. Die Herden dürsten und im Zelt brennt die Luft. Der Wind von den Bergen weht manchmal eisig. Da frieren die Schafe in ihrem Pelz und nachts im Zelt sind die Decken zu dünn. Dann rückt Sara näher zu Abraham und lächelt im Schlaf: So ist es gut.

Der Wind über Kanaan weht auf verschiedene Weise.
Die Könige in den Städten – bald sind sie Freunde, bald muss man sie fürchten. Doch Abraham und Lot stehen einander zur Seite. Zusammen kommen sie durch. Einmal ziehen sie bis nach Ägypten. Hungersnot herrschte in Kanaan. Nur der Pharao konnte sie retten.

Der Wind von Kanaan weht durch das Zelt und lässt den Staub tanzen. Er kitzelt in Saras Nase. Abraham, sagt sie, wie gut, dass Gott keine Ruhe gibt. Die Wunder des Lebens erlebst du nur, wenn du reist. Und doch wär es mir recht, er gedächte jetzt seines Versprechens, des Kindes, von dem er dir sagte, wir würden es haben.

Lot hat genug vom Zelten und bekommt seine eigenen Weiden

Abraham und sein Neffe Lot haben einander lieb, fast so wie Vater und Sohn. Abrahams Hirten aber und die von Lot wollen sich nicht vertragen. Sie streiten um Futter und Weiden. Die Herden sind groß, oft laufen sie durcheinander. Ihr stehlt unsere Tiere! Nein, ihr! So geht es im Zorn hin und her. Und alle ballen die Fäuste.

Wir sind zu viele, sagt Abraham eines Abends zu Lot. So Leid es mir tut, ich fürchte, wir müssen uns trennen. Lot macht ein betrübtes Gesicht. Das fürchte ich auch, sagt er, und glaub mir, es schmerzt. Aber dann wieder denke ich: Auf die Dauer ist Zelten doch unbequem. Und ich träumte schon immer von eigenen Weiden.

Da lacht Abraham. Zelten ist unbequem, Lot? Wer von uns beiden ist wohl der Alte? Aber im Ernst, Neffe, wenn du es so willst, so wähle dir Land und Weiden. Welches Land du für dich wählst, das lasse ich dir. Welches Land du nicht willst, das werde ich nehmen. Danke, sagt Lot. Wirst du es auch nicht bereuen?

Am Morgen besteigt Lot einen Berg und mustert prüfend das Land. Unten am Fluss sind die fruchtbarsten Weiden. Onkel, sagt er, das Land am Jordan, das hätte ich gern. Der Rest ist für dich. Was sagst du dazu? – Gutes Land, sagt Abraham, du hast klug gewählt, Lot, mein Neffe. So nimm es, zieh hin. Meine Herden werden es meiden.

Zum Abschied nimmt Abraham Lot in den Arm. So lange sind sie zusammen gezogen, so weit und unter vielen Gefahren. Nun aber baut Lot sich ein festes Haus, nahe bei Sodom, der großen Stadt. Abraham aber nimmt Zelte und Herden und zieht seinen Weg mit dem Wind. Sara folgt schweigend. Sie hat noch immer kein Kind.

Da sprach Abram zu Lot:

Lass doch nicht Zank sein
zwischen mir und dir und
zwischen meinen und deinen
Hirten;
denn wir sind Brüder.
Steht dir nicht alles Land offen?
Trenne dich doch von mir!
Willst du zur Linken,
so will ich zur Rechten,
oder willst du zur Rechten,
so will ich zur Linken.

1 Mose 13, Verse 8 + 9

Sara will Gott helfen, aber sie irrt sich

Mit den Jahren vergeht Saras Geduld. Gott, ruft sie, hast du vergessen, was du uns einmal versprachst? Abraham stellt sich böse und sagt: Sara, das darfst du nicht denken. Menschen mögen vergesslich sein, Gott aber nicht. Merk es dir. – Denken ist nicht verboten, sagt Sara. Ich denke sogar, auch du fragst: Hat Gott uns vergessen?

Es kann aber sein, sagt Sara, wir haben Gott falsch verstanden. Sagte er denn: *Uns* schenkt er ein Kind? Oder sagte er: *Dir?* – Was meinst du?, fragt Abraham. Uns oder mir oder dir – Sara, ist das nicht dasselbe? – Sieh meine Magd, sagt Sara. Hübsch ist Hagar und ich habe sie gern. Sei eine Zeitlang ihr Mann. Sie schenkt dir das Kind, auf das alle warten.

Weil Abraham es nicht besser weiß, tut er, was Sara ihm sagt. Er nimmt Hagar mit in sein Zelt. Gern schenkt sie ihm einen Sohn. Ismael nennen sie ihn und sie zeigen ihn Gott. Sieh, Gott, sagt Abraham, hier ist mein Sohn! Du hast ihn mir lange versprochen. Ich sehe, sagt Gott. Er ist ein lieber Junge, stark und gesund. Er wird dir, Hagar und Sara viel Freude machen.

Aber das Kind, das ich dir und Sara versprach, das ist noch gar nicht geboren. Trau mir doch, Abraham, zwischen dir und mir ist ein Band. Ich halte mein Wort. Bis dahin: Hab nur Geduld. Niemand hat jemals länger gewartet als ich, ruft Abraham laut. So scheint es, sagt Gott und wendet sich ab. Einen Segen noch spricht er für Ismael. Dann ist er fort und Abraham schweigt.

Und der Engel Gottes rief Hagar vom Himmel her und sprach zu ihr:
Was ist dir, Hagar? Fürchte dich nicht; denn Gott hat gehört die Stimme des Knaben, der dort liegt.
Steh auf, nimm den Knaben und führe ihn an deiner Hand;
denn ich will ihn zu einem großen Volk machen.

1 Mose 21, Verse 17 + 18

Gott wird deutlicher: Er schickt Abraham seine Boten

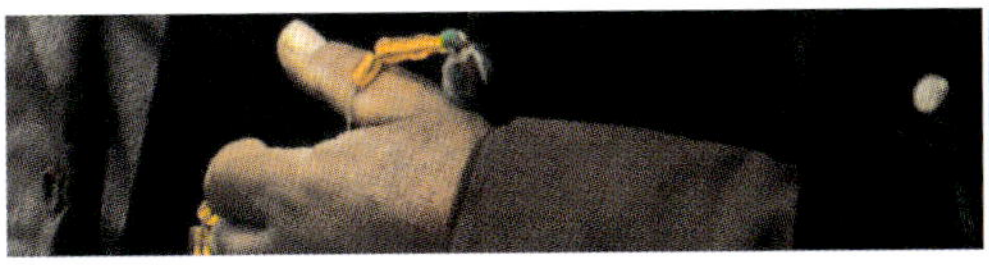

Abrahams Zelt steht schon viele Tage am selben Ort. Die Weide ist gut, sie müssen nicht weiter. Abraham sitzt draußen und schnitzt. Im Zelt hört er Sara mit Hagar zanken. Sara liebt Hagars Sohn. Doch beneidet sie Hagar. Du machst alles falsch, sagt Sara böse. Aber nein, ruft Hagar. Sondern du magst mich nicht mehr. Soll ich fortgehen?

Bleib, wo du bist, Hagar, sagt da eine fremde Stimme. Abraham hört: Es ist Gott, der da spricht. Hagar, dein Platz ist bei Sara und Abraham. Dein Kind und du: Allein in der Fremde müsstet ihr sterben. Gott, sagt Hagar mit zitternder Stimme, dass du auf mich achtest, wusste ich nicht. Unter deinen Augen bleibe ich gern, nur mach: Sara soll wieder freundlicher sein.

Gottes Stimme schweigt, aber auf einmal sind da drei Männer. Wie staubige Wanderer sehen sie aus, müde und schwach. Abraham aber begrüßt sie wie Könige. Er lädt sie zum Sitzen und Bleiben ein, er holt Wasser zum Waschen. Sara, ruft er ins Zelt hinein, mach uns ein gutes Mahl! Und bring uns auch Wein – ich glaube, wir haben besondere Gäste!

Beim Essen – Sara ist drinnen im Zelt – sprechen die Männer von Abrahams Frau. Sie quält sich, nicht wahr?, sagt einer von ihnen leise. Sie wäre gern Mutter, sagt Abraham. Sie soll wieder fröhlich sein, sagt der Zweite. Ich habe sie früher oft singen hören: *Gelobt sei Gott, er versprach uns ein Kind.* Nur noch ein Jahr, sagt der Dritte. Und Sara wird wieder singen.

Sara, drinnen im Zelt, hört, was sie sagen. *Nur noch ein Jahr …* Ja, glauben sie: Eine, die alt ist wie ich, könnte gebären? Sie sieht Hagar an und dann lacht sie bitter und hart. Vorbei, Gott, aus und vorbei. Kein Loblied mehr, nur noch Schweigen. Warum lacht deine Frau?, sagt einer der Männer draußen. Will sie von Gott nichts mehr wissen?

Abraham legt die Hand auf sein Herz und verneigt sich. Traut doch auf Gott, sagt der Zweite. Zwischen Gott und euch ist ein Band. Gott hält sein Wort und er kann Wunder vollbringen. Ein Wunder wäre es wirklich, denkt Sara und bleibt drinnen sitzen, bis draußen die Männer danken und gehen. Wir sehen uns wieder, Abraham. Gott hat euch gern.

Da sprach der Herr zu Abraham: Warum lacht Sara und spricht: Meinst du, dass es wahr sei, dass ich noch gebären werde, die ich doch alt bin? Sollte dem Herrn etwas unmöglich sein? Um diese Zeit will ich wieder zu dir kommen übers Jahr; dann soll Sara einen Sohn haben.

1 Mose 18, Verse 13 + 14

Abraham wagt es und verhandelt mit Gott über Sodom

Abraham sieht den Männern noch lange nach. Könnte es sein: Sie hatten verborgene Flügel? Da steht er auf und geht ihnen nach. Wie wundert er sich – es sind nur noch zwei und sie sind, wie es scheint, auf dem Weg in die Stadt, in der Lot, Abrahams Neffe, Haus und Heimat gefunden hat.

Gott, sagt Abraham, was willst du in Sodom? Siehst du nach Lot, meinem Neffen? Dann grüß ihn von mir und sag ihm, es geht uns gut. Gott aber ist ernst und er schaut ihn nicht an. Abraham, sagt er schließlich, ich kann es dir nicht verschweigen. Ich bin in Sorge um Sodom, um die Menschen, die darin leben.

Warum, Gott? Sind sie denn krank?, fragt Abraham voller Schrecken. Krank, sagt Gott nachdenklich, ja, so kannst du es nennen. Die Menschen von Sodom sitzen in ihren Häusern. Sie bewegen sich nicht. Hart sind sie geworden und stumm. Sie werden allmählich zu Stein, innen und außen. Ich glaube, ich lass es geschehen.

Gott, sagt Abraham und hält ihn am Zipfel seines Gewandes. Ich weiß, du könntest frischen Wind durch ihre Häuser wehen lassen. Weißt du nicht mehr, wie es war in Haran? Du klopftest und riefst: Abraham. Mach mir auf. Und Wind wehte frisch durch das Haus. Staub wirbelte auf. Sara und ich mussten lachen.

Aber Abraham blieb stehen vor dem Herrn und trat zu ihm und sprach:
Willst du denn den Gerechten mit dem Gottlosen umbringen?
Es könnten vielleicht fünfzig Gerechte in der Stadt sein; wolltest du die umbringen und dem Ort nicht vergeben um fünfzig Gerechter willen, die darin wären?
Das sei ferne von dir, dass du das tust!

1 Mose 18, Verse 22 bis 25

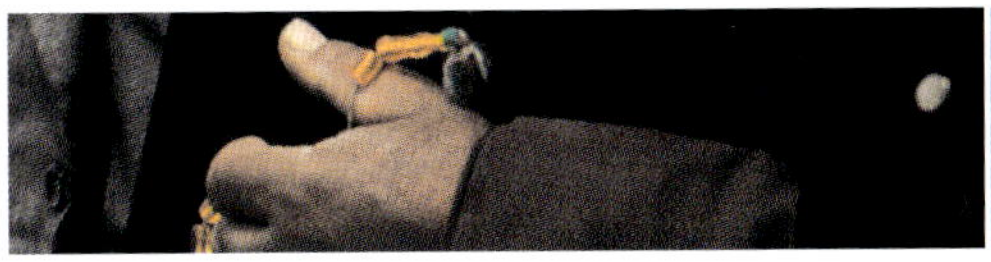

Die Menschen von Sodom sind wohl nicht anders als wir. Sie fürchten Sonne und Wind und verbergen sich hinter dicken Mauern. Wenn du sie aber rufst, Gott, werden sie hören. Sie öffnen die Türen und sagen: Tritt ein. Versuch es doch, Gott. Wenn, sagen wir, fünfzig dir öffnen – für fünfzig, Gott, rette die ganze Stadt.

Gut, sagt Gott, du erinnerst mich recht. Finde ich fünfzig, die ihre Türen noch öffnen, wenn ich sie rufe, so lass ich die Winde tanzen und rette die ganze Stadt. Er wendet sich ab und will weiter. Danke, Gott, sagt Abraham. Ich wusste, du bist freundlich. Was aber, wenn es nicht ganz fünfzig sind, sondern, sagen wir, fünf zu wenig?

Auf fünf kommt es nicht an, sagt Gott und rafft seinen Mantel. Danke, Gott, sagt Abraham. Aber bitte, ich will dich nicht ärgern, doch stell dir vor: Es wären vierzig, die auf dich hören. Auch für vierzig rette die Stadt! Auch für vierzig, sagt Gott und nickt. Auch für dreißig und zwanzig. Abraham dankt ihm und denkt: Das ist genug.

Zwanzig werden die Tür gewiss öffnen, wenn Gott selbst sie ruft. Oder nicht? Oder … *nicht?* Gott, sagt Abraham voller Bangen, ich kann nicht anders, ich muss noch mal fragen. Da lächelt Gott und hält kurz an. Gut, Abraham, das erkenne ich an. Froh bin ich wie du, wenn es zehn sind, die auf mich hören. Auch für zehn soll die ganze Stadt leben.

Da verneigt Abraham sich voll Dank und voll Freude. Er läuft nach Hause zu Sara, lobt Gott und geht beruhigt schlafen. Die zwei Boten Gottes aber betreten am Abend die Stadt. Sie gehen umher und klopfen an Türen. Macht doch mal auf, rufen sie. Laut müssen sie rufen. Denn drinnen die Menschen hören nicht gut.

Was wollt ihr?, ruft manchmal einer nach draußen. Die Tür aber öffnet keiner. Am Ende haben die Boten an alle Türen geklopft. Doch nicht fünfzig, nicht vierzig, nicht dreißig, nicht zwanzig haben sich ihnen geöffnet. Nicht einmal zehn, sagt der eine zum andern. So viel Härte und Starrheit habe ich noch nirgends erlebt.

Lot lässt sich bewegen, aber seine Frau bleibt zurück

Da ist ein letztes Haus, sagt Gott, bevor seine Boten Sodom
für immer verlassen. Lasst es uns dort noch versuchen.
Dann aber geben wir auf und die Stadt ist verloren. Sie klopfen –
nur schwach, sie sind es längst leid, und warten ohne viel Hoffnung.
Da fliegt die Tür auf und Lot strahlt sie an. Da bin ich. Was
wollt ihr? Tretet doch ein. Wind weht ins Haus. Er muss niesen.

Wie staubige Wanderer sehen sie aus, müde und schwach.
Lot aber begrüßt sie wie Könige. Er lädt sie zum Sitzen
und Bleiben ein, er holt Wasser zum Waschen. Er weckt seine
Frau und die Töchter: Macht uns ein gutes Mahl! Und bringt
uns auch Wein – ich glaube, wir haben besondere Gäste!
Wind weht und Staub wirbelt auf. Sie sind fröhlich und lachen.

Bleibt nicht in Sodom, sagen die Gäste. Die Stadt ist starr
und die Menschen in ihren Häusern, sie werden allmählich
zu Stein, innen und außen. Lot nickt und sieht seine Töchter an.
Er denkt an die Zelte und wie es war, mit den Herden nach
Weiden zu suchen, kreuz und quer zwischen Bergen und Meer.
Wir sollten wieder mal zelten. So spricht er und lacht.

Lot, sagt am Morgen zu ihm seine Frau. Ziehen und zelten –
das will ich nicht. Lass uns bleiben, wo wir Ruhe haben.
Das geht nicht, sagt Lot. Gott sagt: Brich wieder auf.
Wer bleibt, der wird starr, so wie Stein. Dann geh, sagt Lots Frau,
geh allein. Die Töchter nimm mit. Traurig nimmt Lot seine Frau
in den Arm. Ich fürchte, wir sehen uns nicht wieder. Sie winkt ihm.

Später, als Wanderer in die Gegend kommen, finden sie
Sodom nicht mehr und nicht die Stadt in der Nähe, Gomorra.
Die Menschen sind alle zu Stein geworden und am Ende,
so wie die steinernen Mauern, zerbrochen. Wo Gottes Rufen
die Türen nicht öffnet und Gottes Wind nicht mehr wirbelt und weht,
geht Lachen für Lachen und Schmerz für Schmerz alles Leben verloren.

Und Lots Frau
sah hinter sich
und ward zur Salzsäule.

1 Mose 19, Vers 26

Sara und Abraham bekommen das versprochene Kind

Ein Jahr ist es her, seit Gottes Boten bei Sara waren. Und wie sie versprachen, bekommen Sara und Abraham endlich ein Kind. Ein Junge ist es, Isaak soll er heißen. Sara hält ihn im Arm und sieht in sein kleines Gesicht. Was für ein Wunder, flüstert sie still. Sie lobt Gott und sie singt: Welch ein Geschenk ist ein Kind!

Hundert Jahre bist du schon alt, Abraham, sagt Sara, und wirst Vater – wer es hört, der wird lachen. Soll er lachen, sagt Abraham und streichelt sie und das Kind. Ihm selbst ist gar nicht zum Lachen. Hundert Jahre bin ich schon alt, denkt er. Werde ich stark genug sein, diesen Sohn zu behüten, und bei ihm sein, wenn er mich braucht?

Abraham nimmt Isaak in seine Arme. Er hebt ihn hoch und zeigt ihn Gott: Sieh, dies ist mein Sohn und ich habe ihn lieb. Segne ihn, dass ihm nichts Schlimmes geschieht. Denn ich bin alt und meine Kraft geht zu Ende. Weißt du noch, Gott, was ich einst zu dir sagte? Alles würde ich tun, für ein Kind. Fordere, Gott! Was es auch ist: Ich werde gehorchen.

Gott lächelt. Du hast genug getan, Abraham. Zwischen dir und mir ist ein Band. Und du mahntest mich recht wegen Sodom. Gott sieht Isaak an und schenkt seinen Segen. Und doch, Abraham, ist mein Segen kein Schutz gegen Schlimmes. Segen bedeutet: Ich halte zu ihm, was auch geschieht. Dass es leicht wird, sagt Segen nicht. So spricht Gott und geht fort.

Verwirrt drückt Abraham Isaak an sein Herz. Und er wird krank vor Angst um sein Kind. Tag und Nacht wacht er und findet die Ruhe nicht wieder. Schläft er vor Müdigkeit doch einmal ein, träumt er schlecht, bis Sara ihn weckt und ihm sagt: Ruhig, Abraham, Isaak ist sicher und ich bin es auch. Traue darauf: Zwischen Gott und uns ist ein Band.

Lot kommt zu Besuch mit seinen zwei Töchtern. Sie bringen Geschenke für Isaak, spielen mit ihm und tragen ihn über die Weiden. Was hat denn der Onkel, fragt Lot seine Tante. Er ist so friedlos und blass. – Er ist voller Sorge um Isaaks Glück, antwortet Sara. Er weiß: Er kann Isaak nicht vor Schlimmem beschützen. Gott sagt, auch er kann es nicht.

Gott könnte schon, meint da Lot. Es muss es nur wollen.
Was sagst du? Abraham kommt und er regt sich gleich auf.
Lot hebt die Schultern. Ich sehe, wie die Kanaaniter es machen, sagt Lot. Sie zwingen die Götter, ihnen zu helfen.
Zwingen die Götter?, fragt Abraham. Wie soll das sein?
Sie opfern, sagt Lot. Sie opfern das Liebste und geben es Gott.

Opfern das Liebste?, fragt Sara. Wie grausam und dumm!
Warum sollte Gott so etwas wollen? Lot hebt wieder die Schultern.
Ich sage nur, was ich höre und sehe. Die Kanaaniter glauben:
Wenn sie das Liebste opfern, so sehen die Götter, wie hoch man sie schätzt. Und dafür geben sie Schutz.
Das Liebste opfern, sagt Abraham leise. Aber das wäre ja …

Gott sprach zu ihm:
Abraham!
Und er antwortete:
Hier bin ich.
Und er sprach:
Nimm Isaak, deinen einzigen Sohn,
den du lieb hast, und geh hin
in das Land Morija …

1 Mose 22, Vers 2

Abraham hat einen furchtbaren Traum, aber Gott befreit ihn von der Angst.

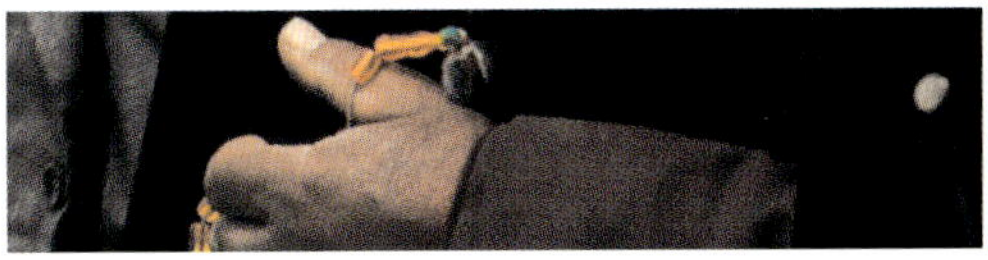

Im Schlaf hört Abraham eine Stimme. Er denkt,
es ist Gott, der da spricht. Abraham, komm, steh auf!
Hier bin ich Gott, was soll ich tun?, sagt Abraham.
Opfere mir dein Liebstes, sagt die Stimme. Dann weiß ich:
Du hast mich lieb. – Mein Liebstes, Gott, sagt Abraham.
Aber das wäre mein Sohn! – Ja, sagt die Stimme.

Den opfere mir. Dann will ich dich schützen.
Dann brauche ich deinen Schutz nicht mehr, sagt Abraham.
Erinnere dich, was du versprochen hast, sagt die Stimme.
Alles würdest du tun für ein Kind. Nun also: Ich fordere
und du musst gehorchen. Worauf wartest du?
Abraham steht auf und geht hinüber zu Isaaks Lager.

Abraham, was tust du, schreit Sara. Sie ist aufgewacht
und sieht Abraham mit einem Messer bei Isaak.
Gott, stammelt Abraham voller Schmerz. Er will das Liebste,
er will Isaak. – Niemals!, schreit Sara und stößt ihn fort.
Wie kannst du so schlecht von Gott denken! Menschen
mögen grausam sein – Gott aber nicht. Merk es dir.

Da erst wird Abraham richtig wach. Voll Entsetzen flieht er
aus dem Zelt. Draußen, unter den Sternen, begegnet ihm Gott.
Sara hat Recht, Abraham, sagt Gott. Ich bin Gott,
der das Leben liebt, nicht den Tod. Du aber: Opfere nie,
was dir nicht gehört. Leben gehört Gott allein. Du darfst
dem Jungen nichts tun. Er ist mir lieb und teuer wie du.

Abraham fällt zu Boden und weint. Ich hörte deine Stimme,
Gott, und dachte, ich müsste dir folgen. Das war nicht meine
Stimme, Abraham, sagt Gott. Das war die Stimme des Teufels.
Vor Angst und Sorge hast du dich getäuscht. Trau mir doch, Abraham.
Zwischen dir und mir ist ein Band. Da wird Abraham wieder froh
und als Sara ihn ruft, folgt er ihr und begibt sich zur Ruhe.

Da rief ihn der Engel des Herrn vom
Himmel und sprach:
Abraham, Abraham!
Er antwortete: Hier bin ich.
Er sprach: Lege deine Hand nicht
an den Knaben und tu ihm nichts;
denn nun weiß ich, dass du Gott
fürchtest und hast deines einzigen
Sohnes nicht verschont um
meinetwillen.

1 Mose 22, Verse 11 + 12

Warum?, fragt Rebekka. Wer ist denn dein Herr?
Abraham, sagt der Mann, hier aus Haran. Er hat mich gesandt, eine Frau zu finden für seinen Sohn. Ich aber wusste nicht, wie ich sie finde. Da sprach ich zu Gott: Das erste Mädchen, das kommt und lässt mich trinken und tränkt mir auch die Kamele – sie soll die Richtige sein für Abrahams Sohn.

Abraham, sagt Rebekka, ist unser Verwandter! Komm mit mir. Meine Eltern, mein Bruder werden dich freundlich empfangen. So freundlich wie du, sagt Abrahams Diener, kann kaum ein anderer sein. Ich danke dir sehr und folge dir gern. Rebekkas Familie bewirtet den Wanderer wie einen König. Er aber breitet Geschenke aus und bittet für Isaak um Rebekka.

Die Mutter nimmt Rebekka zur Seite. Abrahams Sohn, sagt sie, ist sicher ein guter Mann. Aber in die Fremde zu ziehen, zu Zelten und Herden, ist schwer für ein Mädchen. Bedenke, du wärst unter Fremden allein! Was, wenn du Heimweh bekommst? Sag lieber nein und bleibe bei mir. Rebekka umarmt ihre Mutter. Ich will gehen, sagt sie. Ich glaube: Gott selbst hat mich ausgewählt.

Mit Truhen und Ballen und Abrahams Diener, so zieht Rebekka am nächsten Tag fort. Sie winkt noch zurück. Dann sieht sie nach vorn. Sie fürchtet sich nicht, sondern hofft. Am Ende der Reise kommt ihnen lächelnd ein Mann entgegen. Wenn das Isaak wäre, denkt Rebekka. Er wäre mir recht. Der Mann sieht sie an und lächelt noch mehr. Ich bin Isaak, sagt er. Und du?

Da führte sie Isaak in das Zelt
seiner Mutter Sara.
Und Rebekka wurde seine Frau
und er gewann sie lieb.
Also wurde Isaak getröstet
über seine Mutter.

1 Mose 24, Vers 67

Isaak und Rebekka trauern um Abraham und erben das Band der Freundschaft

Abraham hat Rebekka kennen gelernt. Er weiß jetzt: Isaak und Rebekka haben sich lieb, ganz wie es gewesen ist zwischen Sara und ihm. Mit Ruhe im Herzen legt er sich nach seinem langen Leben zum Sterben. Isaak und Rebekka wachen bei ihm und halten sich an den Händen. Wie viel hat mein Vater gesehen!, sagt Isaak. Er wanderte mit dem Wind.

Mit Gott ist mein Vater gewandert, weg von Haran und kreuz und quer mit den Herden durch Kanaan. Die Zelte hat er geliebt, meine Mutter und mich. Und das Band seiner Freundschaft mit Gott. Ich glaube, er durfte sogar mit Gott streiten. Da lächelt Abraham und öffnet die Augen. So war es, flüstert er heiser. Aber das ist lange vorbei.

Er hebt seinen Arm, um Isaak seinen Segen zu geben. Da löst sich das Band, das sich niemals löste, und fällt wie von selbst in Isaaks Hand. Mein Sohn, sagt Abraham, so ist es nun deins. Gott sprach, als er es mir gab: Für dich, mein Freund, und deine Kinder. Trag es mit Freude. Und nun: Geh mit Gott. Er schließt seine Augen und öffnet sie nicht mehr.

Weinend will Isaak Gottes Band knoten. Warte, sagt da Rebekka, es ist noch nicht fertig. Sie nimmt ein kleines Stück Holz, das die Zeltbahnen schließt, und fädelt es auf das Band. Für deinen Vater, sagt sie. Jetzt binde es fest und trage es immer. Abraham wird neben Sara begraben. Hand in Hand gehen Isaak und Rebekka dann heim. Auf dem Weg hören sie Gottes Stimme.

Isaak, du trägst jetzt mein Band! Sei mein Freund, wie dein Vater es war. Wie gern, antwortet Isaak. Und ich auch, ruft Rebekka. Denn wir beide gehören zusammen. Gott lächelt und sieht sie an. Rebekka, sagt er, du bist freundlich. Und Gott segnet die Liebe, die beide verbindet. Zweifach sind sie daher gesegnet, und als sie ein Kind erwarten – da sind es zwei: Zwillinge, Esau und Jakob.

Gott sieht Esau und Jakob – und erinnert sich an Kain und Abel

Für jeden eines, sagt Rebekka fröhlich, als Isaak kommt, um die neu geborenen Kinder zu sehen. Sieh, das ist Esau – der ist für dich. Er aber, Jakob, der soll mein Liebling sein. Isaak lächelt. Warum müssen wir teilen, Rebekka? Was dein ist, ist mein, und so soll es bleiben. Er nimmt aber Esau gern in den Arm. Ist er der Ältere?, fragt er und seine Frau nickt.

Esau sieht wild aus, dunkle Haare wachsen an Körper und Kopf. Jakob hingegen ist ruhig und zart. Nur als er den Vater sieht, weint er und streckt einen Arm nach ihm aus. Die kleine Hand sucht das Band, das Gott und den Vater verbindet. Jakob zieht an dem Band und will es nicht lassen. Was hat er nur? Isaak lacht. Rebekka aber ist still. Siehst du denn nicht? Es ist Gott, den er will.

Gott hat es gesehen, so wie Rebekka. Das jüngere Kind, das zweite, ringt um das Band. Aufmerksam sieht Gott zu, wie die Kinder wachsen. Wie Rebekka es sagte, geschieht es. Esau ist Isaaks Kind. Ruhelos zieht er kreuz und quer durch das Land. Er jagt wilde Tiere und bringt dem Vater Geschichten und Fleisch. Jakob aber bleibt bei den Zelten. Er hilft Rebekka und sorgt für das Vieh.

Jakob, der Hirte, denkt Gott voll Erschrecken. Und draußen der Wilde, in dem … es nagt. Woran erinnert mich das? Dass nur nicht Esau Streit anfängt mit Jakob und ihn erschlägt! Ich will besonders auf Esau achten, damit er nicht traurig ist. Esau jedoch ist immer sorglos und heiter. Er macht keine Pläne und gibt nichts auf Hab und Gut. Er nimmt, was er braucht, und ist ruhig.

Einmal kommt er müde vom Feld und hat großen Hunger. Jakob aber, der bei Rebekka geblieben ist, kocht ein Linsengericht. Der Duft steigt lockend in Esaus Nase. Gib mir davon!, bittet er seinen Bruder, denn ich habe Hunger. Jakob blickt auf und lächelt. Gewiss, sagt er, gern. Was aber, mein Bruder, kannst du mir geben? Esau staunt. Wieso geben?, fragt er. Ich verstehe dich nicht.

Wir tauschen, antwortet Jakob. Ich gebe dir Speise. Du aber gibst mir dein Wort: Wenn Vater stirbt, lass mir sein Band. – Das Band?, fragt Esau. Warum? Was ist es wert? – Wenn du es nicht weißt, Esau, sagt Jakob, kannst du es mir umso leichter geben. Der Eintopf riecht gut. Esaus Bauch ruft: Warum muss ich warten? Esau versteht Jakob nicht und sagt: Also gut. – Nicht gut, denkt Gott. Doch er schweigt.

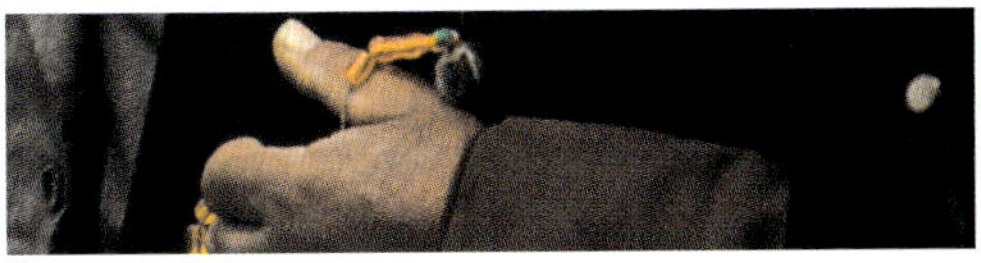

Jakob stiehlt das Band der Freundschaft

Isaak ist alt und seine Augen werden zum Sehen zu schwach.
Da legt er sich nach seinem langen Leben zum Sterben.
Nur eine Sorge quält ihn noch. Dein Band, Gott, sagt er leise.
Wer wird es weitertragen von den Söhnen? Da kommt Esau
an des Vaters Seite und er fasst ihn bei der Hand. Vater, sagt er,
heute gehe ich nicht fort. Du sollst nicht allein sein beim Sterben.

Doch, Esau, sagt Isaak plötzlich. Geh und jage. Ich möchte noch einmal
dein Wildbret essen. Und dann, Esau – denn du bist der Erste – sollst
du das Band weitertragen, das uns mit Gott verbindet. Willst du?
Gewiss, Vater, sagt Esau. Das Wort, das er Jakob gab, hat er vergessen.
Rebekka aber hört, was Isaak spricht. Und sie erinnert sich gut.
Als Esau zur Jagd eilt, nach Isaaks Willen, ruft die Mutter den anderen Sohn.

Kann es sein, Jakob, du willst Gottes Band nicht mehr haben?
Nichts will ich *mehr*, Mutter, sagt Jakob. Du weißt es. Dann rasch, sagt
Rebekka, bereite einen Braten für deinen Vater. Denn er hat zu Esau gesagt:
Geh und jage. Ich möchte noch einmal dein Wildbret essen.
Danach sollst du das Band weitertragen, das uns mit Gott verbindet.
Da schreit Jakob vor Zorn und tut, was ihm die Mutter vorschlägt.

Als Esau verkleidet geht Jakob in Isaaks Zelt. Vater, sagt er, hier bin ich,
so wie wolltest, mit Fleisch. – Danke, Esau, mein Sohn, sagt Isaak
matt und er isst. Als er gegessen hat, streckt er die Hand aus. Er tastet
nach Jakobs Arm, ob er rau sei. Jakob aber hat sich ein Fell um den Arm
gebunden, damit er rau ist wie Esaus. Isaak nickt. Du bist Esau, sagt er,
der Sohn, den ich liebe. Dein sei das Band, das mein Vater mir gab.

Er hebt seinen Arm, um dem Sohn seinen Segen zu geben. Da löst
sich das Band, das sich niemals löste, und fällt wie von selbst
in des Jungen Hand. Voll Ehrfurcht nimmt Jakob das gestohlene Band.
Er will es rasch knoten. Warte, sagt da Rebekka, es ist noch
nicht fertig. Sie nimmt eine Zwillingsnuss, in der Mitte durchbohrt,
und fädelt sie auf das Band. Für deinen Vater, sagt sie. Nun bind es fest.

Jakob flieht vor dem betrogenen Bruder

Esau kommt von der Jagd mit einem guten Stück Fleisch.
Er brät es und bringt es zum Vater, damit er es isst. Esau,
mein Sohn!, ruft Isaak gleich. Ich fühle, du bist es. Zuvor aber war
dein Bruder schon da und stahl sich das Band und den Segen.
Das Band, fragt Esau. Warum denn? Was ist es wert?
Esau hat es nie verstanden, sagt Rebekka und tritt hinzu.

Das Band zwischen Gott und uns – Jakob ist es heilig,
doch Esau nicht. Zürnt also nicht und sagt nicht: Er hat es
gestohlen. Er nahm, was ihm zusteht und was ihm gebührt.
Esau versteht nicht, worum es geht. Er sieht nur: Sein
Vater hat Sorge. Er kann nicht in Ruhe sterben, wie er
es verdient. Gib mir, Vater, ein anderes Band, bittet er eifrig.

Isaak schüttelt den Kopf. Kein anderes Band, Esau, ist so
wie dieses. Und wenn Jakob es trägt, so ist es für dich schon
verloren. Dann schließt er die Augen und öffnet sie nicht mehr.
Mutter, sagt Esau und weint. Er ist tot – ohne Frieden.
Das war nicht gut von dir und böse von meinem Bruder.
Ich werde das Band von ihm holen, und sei es auch mit Gewalt!

Als Esau bei seinem Vater wacht, sucht Rebekka nach Jakob.
Mein Sohn, ruft sie, du musst fliehen. Esau ist grimmiger,
als ich dachte. Ich fürchte, er schlägt dich tot. Esau hat
das Band nie beachtet, sagt Jakob. Warum sollte er kämpfen?
Um Isaaks willen, sagt Rebekka. Darum zögere nicht!
Flieh, geh zu Laban, meinem Bruder. Er kann dich retten.

Jakob gehorcht seiner Mutter. Er küsst sie und packt
und dann ist er fort, bevor Esau den Vater begraben hat.
Das Leben draußen ängstigt ihn sehr. Er war ja stets
bei den Zelten. Was, denkt er, wenn wilde Tiere kommen?
Ein Sturm? Eine Feuersbrunst? Wäre ich doch daheim,
sagt er am Abend und hüllt sich zum Schlafen in eine Decke.

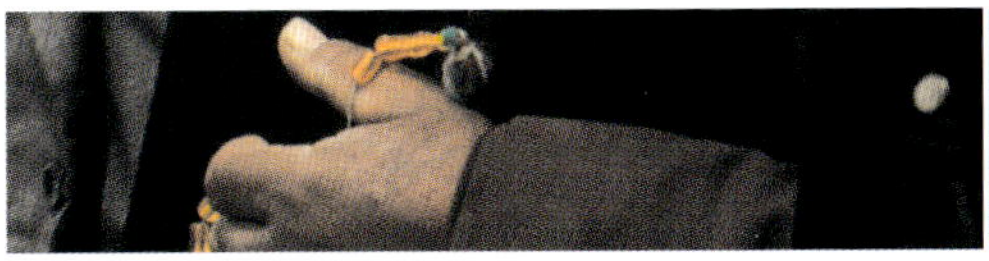

Jakob muss das Band der Freundschaft neu erringen

Kennst du das?
Da ist dieser Schatz – du wolltest ihn unbedingt haben.
Du hast ihn an dich genommen, ohne zu fragen, und glaubst: Er ist mein!
Aber du hast nicht den Schatz, nur die Truhe – und keinen Schlüssel zum Schloss.

Hör mal, sagt der Erzähler der Bibel, so ging es auch Jakob mit Gottes Band.
Es nützte ihm nicht, bevor er es sich unter Mühen verdiente …

Da ist eine Leiter. Sie reicht von der Erde bis zu den Wolken. Oben, der Himmel, steht offen, und Engel mit Flügeln eilen die Leiter hinauf und herab. Es sieht wundervoll aus, ganz so, als sei zwischen Gott und den Menschen ein ständiges Kommen und Gehen. An der Spitze der Leiter ist Gott und achtet von dort auf die Menschen.

Jakob aber, der Flüchtling in seiner Decke, ängstlich und frierend, voll Heimweh und Reue, weint, als er das Traumbild der Leiter sieht. Gott, sagt er, ich hoffte, ich wäre dir nahe, wenn ich das Band nur bekäme. Doch sehe ich jetzt: Du bist fern. Ich habe alles verloren. Denn hier wohnt dein Geist. Ich aber fliehe von hier in das Land, aus dem du Abraham riefst.

Du trägst mein Band, Jakob, sagt Gott auf einmal zu ihm. Kann es sein, du willst es nicht mehr? – Nichts will ich *mehr,* Gott, du weißt es, antwortet Jakob sofort. Jedoch: Wie ich es nahm, das war nicht recht. Gut, sagt Gott. Du weißt es. Du hast deinem Bruder Unrecht getan und du gehst einen schwierigen Weg. Doch hoffe auf mich: Denn zwischen dir und mir ist das Band.

Gott, ruft Jakob. Was heißt das? – Wenn du jetzt fortgehst, Jakob, sagt Gott, gehe ich mit. Ich werde bei dir sein, bis du zurück kannst. Dann bring ich dich heim. – Warum, Gott, fragt Jakob und glaubt es kaum. – Zwischen dir und mir ist das Band, sagt Gott und lässt Jakob allein. Als Jakob vom Schlaf erwacht, ist er voll Staunen. Gott, du bist freundlich, ich aber wusste es nicht.

Als nun Jakob von seinem Schlaf aufwachte, sprach er: Fürwahr, der Herr ist an dieser Stätte, und ich wusste es nicht! Und er fürchtete sich und sprach: Wie heilig ist diese Stätte! Hier ist nichts anderes als Gottes Haus, und hier ist die Pforte des Himmels. Und er nannte die Stätte Bethel.

1 Mose 28,
Verse 16 + 17.19

Jakob trifft Rahel, Labans Tochter, und fühlt sich zu Hause

Im Land der zwei Ströme, wo Abraham herkommt, leben noch viele Verwandte, darunter Laban, Rebekkas Bruder. Söhne hat er, Schafe und Ziegen; dazu zwei junge Töchter: Lea und Rahel. Lea, die Ältere, scheu und still, die Jüngere aber heiter und freundlich, ein Mädchen, wie einst Rebekka es war, die Schwester des Vaters.

Abend für Abend treibt Rahel des Vaters Schafe zur Tränke. Singend geht sie und das kleinste der Lämmer trägt sie auf dem Arm. An der Tränke wartet sie oft, bis andere Hirten kommen. Denn über dem Brunnen liegt schützend ein schwerer Stein. Zu zweit oder dritt lässt er sich wälzen. Dann, eines Abends – sie ist die Erste am Brunnen – sieht Rahel einen Fremden dort stehen, staubig und müde vom Weg.

Du trägst ein Lamm und du singst nach der Mühe des Tages, sagt der Fremde zu Rahel. Warte, ich werde dir helfen. Eifrig wälzt er den Stein von dem Brunnen, bevor auch nur ein einziger anderer Hirte ihm hilft. Rahel lacht und sagt: Danke. Ich ahnte nicht, dass du so stark bist. Stark wie mein Vater Isaak, sagt der Fremde. Mutig wie meine Mutter Rebekka.

Da ruft Rahel laut vor Freude: So sind wir verwandt! Denn Rebekka ist meine Tante. Und um Isaaks Frau zu sein, zog sie einst fort. Der Fremde legt ihr den Arm um die Schultern. Ich bin Jakob, sagt er, du aber – bist du Labans Tochter? Eine von zweien, sagt Rahel. Die zweite. Wie ich, sagt Jakob und dann erzählt er ihr alles von sich und von Esau, den er betrog.

Du hast getan, was Rebekka wollte, sagt Rahel, als sie alles gehört hat. Ich glaube, wir sollten dir helfen. Sie nimmt das Lamm auf die Schultern und ruft ihre Tiere. Komm, Jakob, sagt sie, wir gehen zu Vater. Er wird dir raten. Rahel, sagt Jakob. So freundlich wie du ist wohl keine. Nur meine Mutter – du ähnelst ihr sehr. Da lacht sie und führt ihn nach Hause.

Als aber Laban hörte von Jakob, seiner Schwester Sohn, lief er ihm entgegen und herzte und küsste ihn
und führte ihn in sein Haus.
Da erzählte er Laban alles,
was sich begeben hatte.
Da sprach Laban zu ihm: Fürwahr, du bist von meinem Gebein und Fleisch.

1 Mose 29, Verse 13 + 14

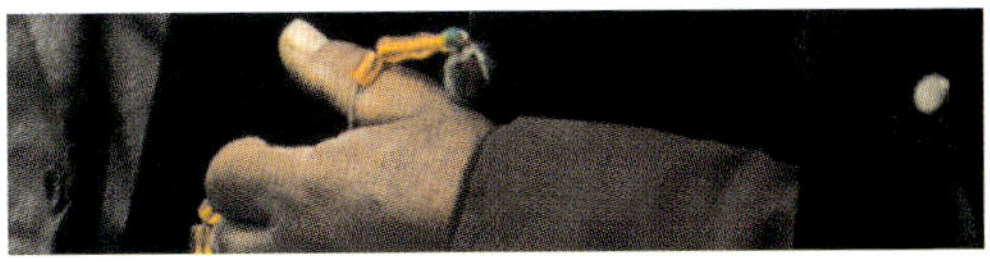

Laban ist freundlich zu Jakob und hat Gewinn davon

Laban gibt Jakob ein neues Zuhause. Er bleibt und er hütet für seinen Onkel die Herden. Sieh es dir an, sagt Laban einmal zu Rahel. Seit Jakob bei uns ist, fehlt es den Schafen und Ziegen an nichts. Ich glaube, ich werde noch reich, wenn ich Jakob nur bei uns behalte. Ja, Vater, sagt Rahel. Zwischen Gott und ihm ist ein heiliges Band.

Aber Laban sieht noch ein anderes Band. Er sieht Jakobs Blick, wie er hell wird, wenn Rahel kommt. Er hört Rahel singen, wenn Jakob sich zeigt. Er sieht, wie sie träumt, wenn er fortgeht. Warum soll ich mein Kind einem Fremden geben?, sagt Laban, wenn mein Verwandter sie gern hat? Lea, die ältere Tochter, hat ihn gehört. Vater, sagt sie, auch ich bin dein Kind.

Eines Abends an der Tränke sagt Jakob zu Rahel: Rahel, dein Vater hat mir gesagt: Er ist zufrieden mit meiner Arbeit. Er will, dass ich bleibe. Er fragt, welchen Lohn ich erwarte. Aus Rahels Zopf löst sich eine Locke und tanzt im Wind. Jakob fängt sie. Er dreht sie um seinen Finger. Ich dachte, sagt er leise, ich könnte ihm sagen … ich möchte gern dich.

Rahel lächelt. Sie nimmt das Messer, das sie zum Pflücken der zartesten Kräuter braucht. Sie schneidet die Locke aus ihrem Haar. Behalt sie, sagt sie zu Jakob und dann läuft sie weg. Jakob bindet das Haar an sein Band. Rahel, sagt er leise. Wenn du wüsstest, wie lieb ich dich habe. Sieben Jahre, sagt er zu Laban, sieben Jahre will ich dir dienen für Rahels Hand.

So diente Jakob um Rahel
sieben Jahre,
und es kam ihm vor,
als wären's einzelne Tage,
so lieb hatte er sie.

1 Mose 29, Vers 20

Jakob will Hochzeit feiern und wird betrogen, wie er Esau betrog

Nach sieben Jahren gibt Laban ein Fest. Er schenkt Wein aus und lädt viele Gäste. Es wird gegessen, gesungen, gelacht. Mein Neffe und meine Tochter, ruft Laban. Von nun an sind sie ein Paar! Und was Gott verbindet, soll kein Mensch je scheiden. Jakob nickt. Wäre Rahel endlich an meiner Seite! Drinnen wartet die Braut. Erst nachts, allein, darf Jakob zu ihr.

Das Mädchen, in Jakobs Haus, trägt einen Hochzeitsschleier. Haar und Gesicht sind darunter versteckt. Meine Frau, ruft Jakob glücklich. Trau mir. Denn keine ist mir lieber als du. Da merkt er: Das Mädchen unter dem Schleier zittert und weint. Rahel, sagt er und setzt sich zu ihr. Du schenktest mir ja deine Locke. Und dennoch … willst du mich nicht?

Sie will dich, sagt das Mädchen. Endlich hebt sie den Schleier. Sie will dich. Aber ich will dich auch. Da sieht er: Es ist Lea, die ältere Schwester. Nein, ruft Jakob voll Ärger und Schmerz. Was soll das? Ich wurde betrogen! Jetzt weißt du, wie Esau sich fühlt, sagt in ihm eine leise Stimme – er weiß nicht: Kommt sie von Gott? Zögernd fasst er nach Leas Hand.

Warum, fragt er. Was habt ihr getan? Ich bin die Erste, sagt Lea. Und die Erste heiratet erst, die Zweite muss folgen, denn so ist es Brauch und so hat es der Vater bestimmt. Und Rahel?, fragt Jakob. Lea antwortet fest: Ich soll dir von Rahel sagen, sie liebt mich wie dich und du sollst dich fügen. Trau auf mich, Rahel, sagt Jakob, bei Lea im Bett, niemals will ich dich lassen.

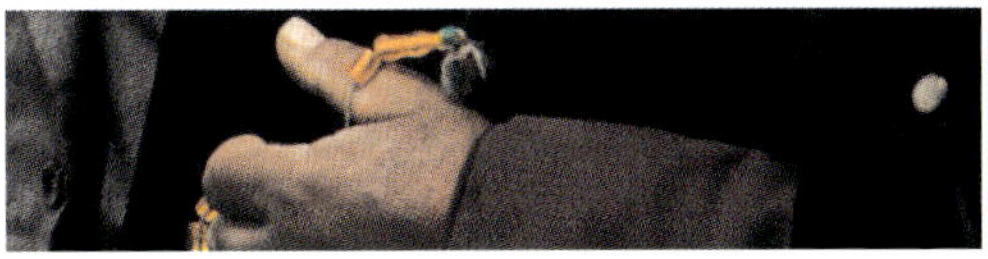

Jakob hält an Rahel fest und gibt dafür noch einmal sieben Jahre

Laban, sagt Jakob zu seinem Onkel. Du weißt, du hast mich betrogen. Ich dulde es aber, denn Rahel liebt Lea wie mich. Doch wenn du es gut machen willst, gib mir auch Rahel zur Ehe. Denn so ist es Brauch: Ein Mann kann zwei Frauen haben. Willst du es nicht, so müssen wir kämpfen. Ich raube dir Rahel und fliehe. Für Lea und dich bleiben Schande und Spott.

So nicht, Jakob, mein Neffe und Sohn, antwortet Laban rasch. Sondern du kannst Rahel haben – um den gleichen Preis, den du schon einmal gelobtest. Sieben Jahre, sagt Jakob und nickt. Sieben Jahre will ich dir dienen für Rahels Hand. Und sorge dich nicht: Ich will Lea ehren und Rahel lieben und deine Herden sollen gedeihen. Da gibt Laban auch Rahel in Jakobs Haus.

Mit Rahel ziehen Licht und Freude in Jakobs Haus. Wenn Rahel lacht, lacht auch er und er zaust ihre Locken. Er singt, wenn sie singt, und er träumt, wenn sie träumt. Lea jedoch schenkt ihm Söhne. Jeder Sohn ist ein Wunsch: Möge Jakob mich endlich lieben! Jakob liebt seine Söhne und dankt sie Lea. In seinem Herzen aber wohnt Rahel allein.

Je länger Rahel kinderlos bleibt, desto weniger singt sie und lacht. Am liebsten möchte ich sterben, sagt sie eines Abends, als Jakob allein mit ihr ist. Lieber möchte ich sterben als zusehen, wie immer nur Lea dir Kinder gebiert. Wie kannst du so lieblos reden, ruft Jakob empört. Nur du wohnst in meinem Herzen. Was täte ich, wenn du stirbst? Er nimmt sie fest in den Arm. Sie aber weint.

Im Laufe der Jahre beginnen die Leute, Verse zu dichten und Lieder zu singen über Jakob und seine Familie. Wie reich gesegnet ist Jakob, so singen sie. Zwei Frauen, zehn Söhne und Ziegen und Schafe, so viele – wer kann sie zählen? Die Söhne sind wie ein Abzählreim: Ruben, Simeon, Juda, Levi. Dan, Naphtali, Gad, Asser. Issachar und Sebulon.

Wie täuschen sie sich, sagt Jakob bitter zu Gott. Wie ist dein Segen doch leer! Sieh, Lea weint. Söhne hat sie, doch wäre sie lieber wie Rahel geliebt. Sieh, Rahel weint auch. Wie ist sie geliebt! Aber sie hat nicht ein einziges Kind. Und ich? Die Ziegen und Schafe gehören dem Onkel, mir aber nichts als mein Traum von Kanaans Weiden.

Das Band, sagt Gott. Du vergisst das Band zwischen dir und mir. Sagtest du nicht: Nichts willst du *mehr?* Da senkt Jakob den Kopf. Ja, Gott, dein Band und die Liebe Rahels. Er spielt mit der Locke an seinem Band. Ist es unrecht von mir, Rahel zu lieben und Lea nicht? Ist es unrecht, Laban zu dienen? Du bist gesegnet, sagt Gott. Aber Segen bewahrt nicht vor Schmerz.

Im siebten Jahr endlich findet Rahel ihr Lachen wieder. Jakob, ruft sie, wir erwarten ein Kind. Und sie lässt ihre Locken tanzen. Lea steht da, mit Ruben und Juda an ihrer Seite. Was ist ein Kind gegen zehn?, sagt sie stolz. Das eine, das zählt, flüstert Bilha ihr zu, Rahels Magd. Da geht sie und weint und betet zu Gott, Rahels Kind möge hässlich und schwach sein und sterben.

Mutter, sagt Juda, was hast du? Was schadet ein weiteres Kind? Wir sind schon so viele, auch einer mehr findet Platz. Ein Bruder noch, der uns hilft bei der Arbeit! Lea lacht unter Tränen. Hütet euch, sagt sie, dass ihr ihm nicht dient! Juda lacht auch. Mutter, du machst einen Scherz! Ruben aber ist still und sieht zu, wie zärtlich der Vater Rahel im Arm hält.

Gott gedachte aber an Rahel
und erhörte sie und macht sie fruchtbar.
Da ward sie schwanger und gebar
einen Sohn und sprach: Gott hat meine
Schmach von mir genommen.

1 Mose 30, Verse 22 + 23

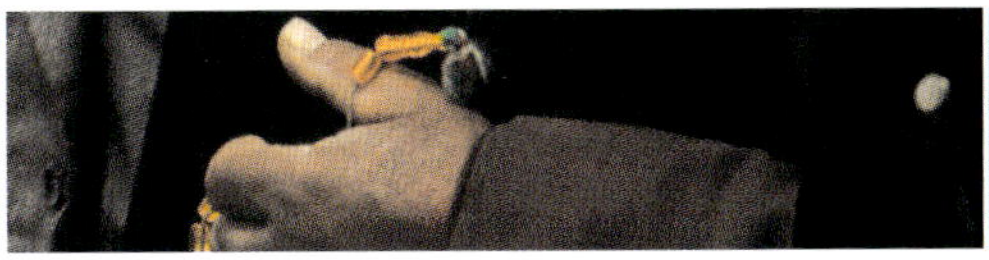

Jakob kann sich noch nicht zur Rückkehr entschließen

Was für ein Wunder!, sagt Rahel, als sie den eigenen Sohn in den Armen hält. Sie küsst Jakob, lobt Gott und sie singt: Welch ein Geschenk ist ein Kind! Ich nenne ihn Josef, sagt sie, das heißt: Oh mein Gott, schenke mir einen zweiten wie ihn! Da lacht Gott und sagt: Rahel, du willst viel zu viel. Diesen einen zieh groß und sorge, dass Jakob ihn heimbringt.

Josef macht Jakob mutig und als die sieben Jahre vergangen sind, die Jakob gelobt hat, für Rahel zu dienen, denkt er an Kanaan und an Gottes Wort: Ich bring dich zurück. Sollen wir aufbrechen, fragt er Rahel, in das Land, von dem Gott uns versprach: Er schenkt's meinen Kindern? Rahel lächelt. Sie streichelt das Kind. Wohin du auch gehst, Jakob, ich gehe mit.

Lass mich ziehen, sagt Jakob zu Laban. Lass meine Frauen und meine Kinder und trenne dich von mir in Frieden. Alles, was du wolltest, hab ich getan. Du hattest Nutzen davon. Das ist so wahr, antwortet Laban, dass niemand es leugnen kann. Du hast mich reich gemacht an Enkeln und Herden und keinem hier geht es besser als mir. So geh und mein Segen ist mit dir.

Ich fürchte aber: Lass ich dich ziehen ohne Lohn, wird Gott es verübeln. Gott hat zu deinem Tun seinen Segen gegeben. So sage mir, Jakob, mein Sohn und mein Neffe: Was kann ich dir geben als Lohn für den Dienst? – Da denkt Jakob wieder an Esau und dass es besser wäre, als ein reicher Mann heimzukehren, der mit Geschenken die alte Schuld gutmachen kann.

Du musst mir nichts geben, sagt Jakob zu Laban. Lass mich nur weiter in deinem Dienst. Von nun an aber: Lass mich eine eigene Herde erwerben, aus allen Ziegen und Schafen, die scheckig sind. Die weißen jedoch und die schwarzen – sie bleiben dein. Der Vorschlag gefällt Laban gut und Jakob bleibt weiter in Labans Dienst. Daneben erwirbt er sich eigene Tiere.

Jakob flieht wieder

Die Jahre vergehen und Jakobs Herde wird größer. Die scheckigen Tiere, so scheint es, gedeihen viel besser als die schwarzen und weißen. Sei auf der Hut, sagt ein Hirte zu Laban. Kann es sein: Jakob betrügt dich wie einst seinen Bruder? Laban denkt an die alte Geschichte, und das Gesicht, das er Jakob zeigt, ist nicht mehr freundlich.

Rahel und Lea, werdet ihr zu mir halten?, fragt Jakob am Abend seine zwei Frauen. Ich nehme meine Herde und fliehe. Denn euer Vater traut mir nicht mehr. Jakob, spricht Lea, die Ältere, mein Vater hat mich verloren, als er mich zu dir sandte, du aber hofftest auf Rahel. Nun bin ich dein, und wohin du auch gehst, geh ich mit.

Mich musst du nicht fragen, sagt Rahel. Du weißt es. Da brechen sie auf, nachts, und nehmen die Kinder und Herden und ihre Mägde mit sich. Labans Brüder aber haben ein Auge auf Jakob und sie bemerken die Flucht. Sie wecken den Bruder und er jagt ihnen nach und er schwört, dass es Kampf gibt, wenn sie sich treffen.

Höre, Laban, spricht zu ihm Gott, als er reitet. Wehe dir, wenn du dich nicht versöhnst mit Jakob, dem Mann deiner Töchter. Denn er diente dir gut und machte dich reich. Und ein Band ist zwischen Jakob und mir. Da versöhnt sich Laban mit Jakob, sobald er ihn findet. Er segnet die Enkel und sagt seinen Töchtern: Lebt wohl.

Esau will Rache, aber Gott gibt Acht

Hirten kommen und sagen zu Esau: Höre, dein Bruder kommt heim. Er ist mächtig und reich. Sieh: Er sendet Geschenke, um alte Schuld wieder gutzumachen. Was brauche ich Geschenke?, sagt Esau, denn groß sind seine Herden und reich ist sein Haus. Was brauche ich diesen Bruder, der mich und den Vater schändlich betrog?

Nachts, auf dem Lager, flieht ihn der Schlaf. Er denkt an Jakob und an das Band, das er niemals verstand. Was es auch war, sagt er laut, der Vater wollte: Ich soll es haben! Esau, sagt Gott. Höre mich! Ich kenne dich nicht, antwortet Esau, und lass mich jetzt schlafen. Denn morgen will ich Rache nehmen an Jakob, der mich und den Vater betrog.

In derselben Nacht kann auch Jakob nicht schlafen. Er weiß: Esau ist nah. Des Bruders Wut kann er beinah schon spüren. Jakob küsst Rahel und den Sohn, den er liebt, und schleicht sich ans Ufer des Flusses, von dem er weiß: Drüben ist Esau, der Bruder. Esau, ich weiß, wie sich's anfühlt, betrogen zu sein, sagt er leise. Besser als Rache ist es sich einfach zu vertragen.

Da rang ein Mann mit ihm, bis die Morgenröte anbrach. Und als er merkte, dass er ihn nicht übermochte, schlug er ihn auf das Gelenk seiner Hüfte, und das Gelenk der Hüfte Jakobs wurde über dem Ringen mit ihm verrenkt.
Und er sprach: Lass mich gehen,
denn die Morgenröte bricht an.
Aber Jakob antwortete:
Ich lasse dich nicht, du segnest mich denn.
Er sprach: Wie heißt du?
Er sagte: Jakob.
Er sprach: Du sollst nicht mehr Jakob heißen, sondern Israel.
Denn du hast mit Gott und Menschen gekämpft und hast gewonnen.
Und Jakob fragte ihn und sprach:
Sage doch: Wie heißt du?
Er aber sprach: Warum fragst du, wie ich heiße? Und er segnete ihn daselbst.

1 Mose 32, Verse 25 bis 30

Einfach?, ruft da Gottes Stimme. Glaubst du noch immer: Es wäre *einfach,* Jakob, du Liebling Rebekkas? – Das Band, das ihn hält, wird zur Schlinge. Es bindet und fesselt und würgt, bis er meint zu ersticken. Streif mich ab, hört er's zischen, wirf mich weg. Ich bin nicht leicht. Ich bin schwer. Hau mich durch – wenn aber nicht, so wisse: Ich will dein Leben!

Und wiederum wandelt es sich. Es wird lose und locker und windet sich weg. Nein!, ruft Jakob und packt es. Er hält es und greift es und klammert sich fest. Nein, niemals, ruft er. Ich lasse dich nicht. Denn nichts, höre, nichts will ich *mehr.* Nichts als dich und Rahels Liebe. Da wird es Morgen und still. Er erhebt sich, das Band am Arm, und Rahel ruft: Sieh, dein Bruder!

Da steht Esau, am anderen Ufer. Und mit ihm sind viele Männer. Jakob stellt sich schützend vor seine Frauen und Kinder. Dann geht er ihm langsam entgegen. Er geht durch das Wasser, da wo es flach ist, und drüben verbeugt er sich siebenmal, bevor er es wagt und sieht in Esaus Gesicht. Esaus Gesicht aber … lächelt. Glanz liegt auf Esaus Gesicht. Seine Arme breiten sich aus.

Esau, mein Bruder, sagt Jakob und Esau umarmt ihn. Jakob, mein Bruder, sagt er, was ist dir geschehen? Ich sehe, du hinkst. Ich bin, sagt Jakob, verletzt von einem Kampf der vergangenen Nacht. Du, aber Esau: Ich glaubte, du wolltest mich töten? Ich bin geheilt, sagt Esau, seit ich euch eben sah. Dich, so verletzt, und Gott, der dich hält. Jakob, ich erkenne das Band!

Was für ein Wunder!, ruft Jakob. Ich verstehe es nicht. Esau lacht. Und ich habe es niemals verstanden bis heute. – Bruder, deine Geschenke brauche ich nicht und deine Verneigungen auch nicht. Aber deine Frauen und Kinder möchte ich sehen. Auch ich habe Frauen und Kinder. Ich hoffe, wir können von nun an in Frieden beisammen sein mit Gottes Segen, ihr und wir.

Und Gott sprach zu Jakob, der nicht mehr Jakob hieß, sondern Israel:

Ich bin der allmächtige Gott;
sei fruchtbar und mehre dich!
Ein Volk und eine Menge Völker
sollen von dir kommen und
Könige sollen von dir abstammen.
Und das Land, das ich Abraham
und Isaak gegeben habe,
will ich dir geben und
will's deinem Geschlecht nach dir geben.

1 Mose 35, Verse 11 und 12

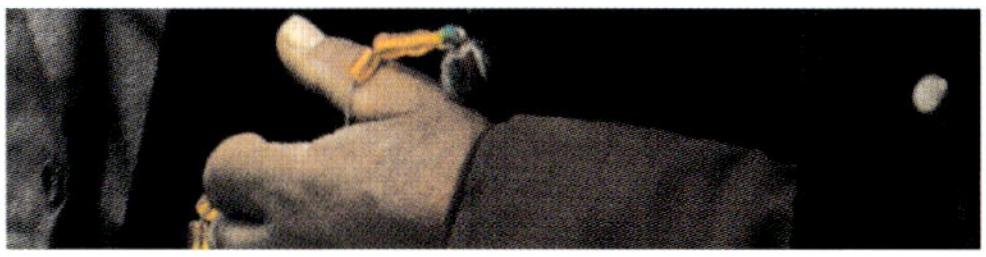

Der eine unter den vielen – das Band der Freundschaft Gottes hält

Es sollen wohl Berge weichen und Hügel hinfallen,
aber meine Gnade soll nicht von dir weichen …

Unbeirrte Liebe und Treue – sie fühlt sich warm an – von innen. Eine feste Schale, die dich schützend umfängt. Wenn du aber draußen bist und glaubst, du kommst nicht hinein? Dann mag sie dich wohl wahnsinnig machen.

Hör zu, sagt der Erzähler der Bibel, so ging es auch Josefs Brüdern.
Denn die Liebe, die der Vater hatte, galt immer nur einem.
Ja, hätten sie – mitlieben können …!

Als Rahel ihren Sohn Josef genannt hat, hat sie gebeten:
Oh mein Gott, schenke mir einen zweiten wie ihn!
Es dauert lange, bis sich ihr Wunsch, wie zaudernd, erfüllt.
Rahel trägt diesmal schwer an dem Kind, aber sie singt und tanzt vor Freude. Rahel, du könntest sterben an diesem Kind, warnt Lea. Was soll, nach elfen, der Zwölfte?

Jakob, sagt Rahel, als sie merkt, dass die Geburt nicht gelingt. Wenn ich sterbe: Liebe für mich unsere Söhne! Jakob sitzt bei ihr am Lager. Was redest du nur, sagt er angstvoll. Was tue ich denn, wenn du stirbst? – Du liebst unsere Söhne und traust auf Gott, sagt Rahel und lächelt. Du weißt: Zwischen Gott und dir ist das Band. Es ist ihr letztes Lächeln.

Sohn des Unglücks nennen wir ihn, sagt Lea, als Rahel tot ist und ihr kleiner Sohn schreit. Nein, sagt Jakob und sieht auf das Kind. Er heißt Sohn des Glücks. Rahel hatte ihn lieb, schon bevor sie ihn sah. Er soll mein Trost sein, *Benjamin,* wenn ich nun leben muss ohne mein Licht. Du hast auch noch mich, ruft Josef laut. Und mich, sagt Lea leise.

Josef träumt … … und Ruben handelt

Ich weiß, meine Brüder mögen mich nicht.
Aber ich mag sie auch nicht. Sie sind zu zehnt
und ich bin allein. Sie lassen mich merken:
Ihre Mutter ist da, aber meine Mutter ist tot.
Ruben, Simeon, Juda und Levi. Dan, Naphtali,
Gad, Asser. Issachar und Sebulon. Brüder!

Ich weiß, Josef kann nichts dafür, dass unser Vater
ihn mehr liebt als uns. Vater hat immer nur Rahel
geliebt. Nicht Lea, obwohl sie's verdiente. Nein,
dafür kann Josef nichts. Doch wie er angibt – und dann:
seine Träume! Um ein Haar hätten die Brüder ihn
heute verprügelt – lange halte ich sie nicht mehr zurück.

Als ob ich nicht es gesehen hätte, wie Juda und Levi
die Fäuste ballten! Die Narren, sie verstehen ja nichts!
Muss ich nicht meine Träume erzählen? Ich spüre:
Sie kommen von Gott. Wie zu meinem Vater sein
Band spricht, so sprechen zu mir die Bilder des Traums.
Außerdem – ich geb's zu: Ich erzähle sie gern.

Als ob wir nicht sähen, wie Josefs Augen vor Freude
blitzen! Da kam er aufs Feld, zur Mittagszeit. Gearbeitet
hatte er nicht. Er brachte das Essen. Und sagte uns stolz:
Ich sah einen Traum. Die Garben auf dem Feld, das wart
ihr. Ich aber stand in der Mitte. Und dann, meine Brüder –
nun wundert euch – verneigten sich eure Garben vor mir!

Ob ich einmal ein König werde? Ist es das, was Gott
im Traum zu mir sagt? Ich denke, dass es mir gut gefiele.
Die Brüder müssten mir dienen, anstatt mir immer nur
aus dem Wege zu gehen. Auch Ruben, der Große und
Kluge – ich könnte ihn rufen: Er käme. – Morgen erzähle
ich einen neuen Traum. Aber zuerst muss ich ihn träumen.

Diesmal ist Vater dabei gewesen. Wie bin ich erschrocken, als ich ihn sah – ich meine: in diesem Traum, als sich selbst die Sonne vor mir verneigte. Ich zitterte, als ich es ihm am Morgen erzählte. Er wurde blass und ging fort. Die Brüder dachten, er zürnt. Ich aber sah, er ist furchtbar erschrocken. Was, wenn es wahr ist?, hat er draußen gesagt.

Diesmal ist Vater dabei gewesen! Jetzt hat er es selbst gehört! Von nun an wird er uns glauben. Was für ein Traum ist dieser letzte gewesen: Josef hat die Sonne, den Mond und die Sterne gesehen, wie sie sich vor ihm verneigten. Das sind Jakob und Lea und ihr, sagte Josef zu uns. Da verlor Vaters Gesicht seine Farbe. Schweigend ging er hinaus.

Zugegeben: Es war nicht klug, aufs Feld zu den Brüdern zu gehen, nach meinem zweiten Traum, und dabei noch den bunten Mantel zu tragen, um den sie mich alle beneiden. Vaters Geschenk und sein Segen für mich. Aber gerade deshalb muss ich ihn tragen. Ich fürchte mich draußen und fühl mich allein. Mit dem Mantel gehe ich unter Vaters Schutz.

Meine Brüder nennen mich klug und beherrscht. Aber, bei Gott, als ich diesen Mantel sah …! – Juda hatte zu Levi gesagt: Wenn Josef kommt und öffnet den Mund, um einen Traum zu erzählen – diesmal bringe ich ihn zum Schweigen. Vergießt kein Blut, habe ich allen gesagt. Ihr wisst, wie es Kain einst erging. Und er hat es bereut.

Juda und Levi kommen drohend heran. Na, du Träumer, wieder geträumt?, sagt der eine. Der andere sagt: Hat dich dein Traum nicht gewarnt? Die Garben neigen sich nicht mehr und keine Sonne betet dich an. Sondern sie fallen alle über dich her und werfen dich in die Grube! Simeon lacht: Dem Vater werden wir sagen: Du bist unter die Wölfe gefallen!

Wölfe! Da horche ich auf. Nein, wie Wölfe will ich nicht sein. Nicht, meine Brüder, sage ich laut. Wir verlieren die Nähe zu Gott. Gebt Josef mir! Und sie stoßen ihn vor. Da seh ich den Mantel, ich sehe … rot! Wie Mutter weinte, als Rahel einst rief: Endlich ein Kind! Vater, wie tust du uns weh! Doch heute bezahlst du dafür!

Ruben! Ich flehe ihn an. Du bist groß und klug. Du rettest dem Vater mein Leben! Er aber … oh, ich sehe nur Hass! Er reißt an dem Mantel, er reißt ihn in Fetzen. Ja, sagt er, Josef, du bist in Wahrheit unter die Wölfe gefallen. Ab in die Grube! Wir töten dich nicht. Aber wir hoffen: Durst, Hunger und Tiere sorgen dafür: Wir sehen dich nie mehr wieder.

Wie furchtbar ist es, nach Hause zu kommen! Vater sitzt da, Benni im Arm, die Augen wieder voll Tränen. Wo ist denn Josef, ich will ihn doch sehen! – Wir nicht, Vater, sagt Levi und Simeon sagt: Ein Tag ohne Josef, ein guter Tag! Und ich trete vor, zeige Jakob die Fetzen von Josefs Mantel. Das Blut eines Schafes ist dran. Juda sagt: Seins.

Sie haben mich wirklich allein gelassen, in diesem tiefen, dunklen Schacht! Sie wissen, glaube ich, nicht mal, wie ängstlich ich bin. Mutter, rufe ich heut noch im Dunklen. Und weiß doch, Mutter ist tot. Hier unten im Schacht rufe ich: Gott! Wenn du je meinen Vater geliebt hast, hol mich hier raus. Und dann höre ich Schritte nahen …

Ich kann nicht schlafen. Der Schlaf kommt nicht zu mir. In meinen Gedanken bin ich bei Josef. Ich weiß: Wenn es dunkel ist, ruft er: Mutter! Mutter, ach komm! Und lutscht noch am Daumen. Nein, rufe ich laut und richte mich auf. Das geht nicht, das lass ich nicht zu. Und renne hinaus in die Nacht. Warte, Josef, und alles wird gut.

Sie sind, glaube ich, fremd und nicht freundlich. Aber sie ziehen mich aus dem Loch. Das will ich niemals vergessen. Sie haben Kamele und nehmen mich mit. Die Brüder werden mich nicht vermissen. Sie wollten es so. Sollen sie es dem Vater erklären! Allmählich erkenne ich meine Entführer: Sie handeln mit Sklaven für reiche Ägypter.

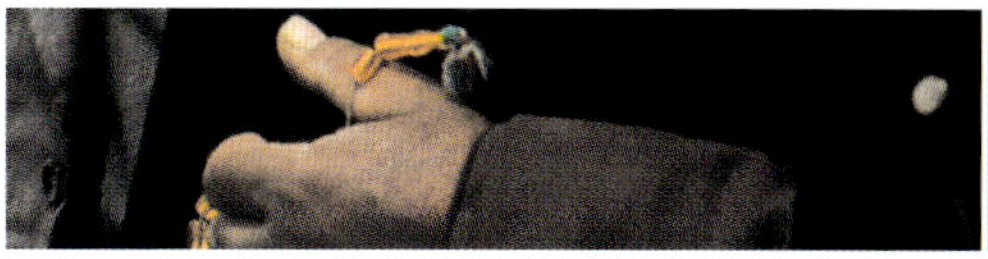

Nichts, gar nichts wird gut. Denn als ich die Grube erreiche, in die wir Josef geworfen haben, da ist sie leer. Nichts drin. Ich sehe Spuren von Männern und Tieren. Fort, Josef ist fort. Nichts, was ich gutmachen kann. Zu Hause sitzt Vater, Benni im Arm. Er weint um den ersten geliebten Sohn. Oh Mutter, er liebt doch nur Rahel.

Potifar heißt der Herr, der mich kauft – kauft, als sei ich ein Schaf oder Zelt. Du führst meinen Haushalt, sagt er. Doch wehe, du berührst meine Frau! Ich verstehe ihn nicht. Ich mag keine Frauen. Nur meine Mutter. Aber Rahel ist tot. Ich tu, was er sagt, und ich mache es gut. Ich weiß es. Er lobt mich und schenkt mir kostbare Kleider. Potifar in Ägypten.

Mit meinem Vater kann ich nicht sprechen. So sprech ich zu Gott: Gott, was wir meinem Bruder taten, das war nicht gut. Und was wir Jakob taten, noch schlimmer. Willst du, so nimm mir die Schuld. Und mach, dass es Josef gut geht. Wenn ich Josef nur wieder sehe, so will ich mich gern vor ihm neigen, wie er es erträumt. Gott lächelt mir zu. Warte es ab.

Ich weiß nicht, was mir geschieht. Ich weiß nur, ich kann nichts dafür. Potifars Frau erzählt böse Dinge von mir. Potifar reißt mir die Kleider vom Leib. Seltsam – sie haben mir nichts bedeutet. Ich muss ins Gefängnis, dunkel und kalt. Seltsam, die Dunkelheit schreckt mich nicht mehr. Gott, frage ich, was soll ich denn hier? Gott antwortet: Warte es ab.

Im Gefängnis ist mit mir ein Diener des Königs, des Pharao von Ägypten. Er fürchtet den Tod und nachts hat er Träume. Ich hatte auch einmal Träume, sage ich leise. Aber da war ich ein Kind. Verstehst du, was Träume bedeuten?, fragt mich der Diener. Was Träume bedeuten, weiß Gott, sage ich. Dein Traum aber bedeutet: Drei Tage noch – dann du bist frei. Drei Tage, ruft er und hüpft zur Tür.

Wie weit reicht wohl das Band, das dich an uns bindet? So frage ich Gott Tag und Nacht. Reicht es so weit wie die Weiden von Kanaan? Reicht es zurück nach Haran, so reicht es wohl auch nach vorn bis Ägypten? – Es geht uns nicht gut, ohne Josef. Es geht mir nicht gut mit dem Stein auf dem Herzen. Und Vater sitzt da mit Benni und weint.

Ich weiß nicht, woher ich es wusste. Aber ich habe die Wahrheit gesagt. Drei Tage später befreit Pharao seinen Diener aus dem Gefängnis. Ich vergesse dich nicht, sagt der Diener beim Abschied. Wenn Pharao einen Traumdeuter braucht, werde ich an dich denken. Was Träume bedeuten, weiß Gott, sage ich. Dann bin ich allein. Und wünsche mir einen Traum von daheim.

Ich bete: Gott! Du, der uns das Band gabst, das Band der Freundschaft mit Abraham, mit Isaak und mit Vater! Bist du nicht der, der Himmel und Erde geschaffen hat? Bist du nicht der, der den bunten Bogen in den Himmel stellte als Zeichen der Nähe? Dann reicht dein Arm auch zu Josef – wo er auch ist. Mach, dass es ihm gut geht.

Ich weiß nicht, wie lange ich hier bereits sitze, gefangen, vergessen, ohne Freude und Licht. Da, plötzlich, wird die Tür aufgetan. Der Aufseher kommt mit Wasser und Kleidern. Rasch, sagt er, Traumdeuter, wasch dich und zieh dich an. Ich schneide dir Haare und Bart. Warum, sage ich. Bin ich denn frei? – Der Pharao will dich sehen. Rasch, rasch!

Der Pharao will mich sehen, der König Ägyptens. In prächtigen Kleidern trete ich vor ihn hin. Ich sehe gleich, was ihm fehlt: Er sieht müde und traurig aus, wie nach einem sehr schweren Traum. Du hast geträumt, sage ich. Von fetten und mageren Kühen, von Ähren am Halm, prall und schön, von Ähren, trocken und schlecht.

Von außen gesehen geht es uns gut: Die Weiden sind saftig, die Herden gedeihen. Und keiner der Brüder ist krank. Aber wir lachen nicht mehr. Ja, nicht einmal streiten und raufen macht Freude. Lea wird alt und Benni wächst langsam heran. Wir lassen ihn ohne Murren bei Vater im Haus. Er arbeitet nicht und trägt bunte Kleider. Na und?

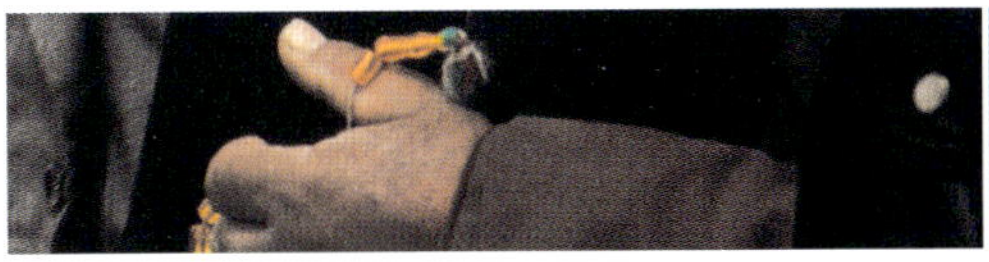

Der Pharao springt von dem Thron. Woher weißt du das?, ruft er. Wer hat dir davon erzählt? – Deine Augen, antworte ich. Glaub mir, mit Träumen kenn ich mich aus. – Sieben fette Kühe, sagt Pharao und sinkt auf den Stuhl, sah ich am Nilufer weiden. Und sieben goldene Ähren hingen am Halm. Dann aber waren die Kühe mager. Die Ähren welkten und starben.

Na – und, sagt der Pharao. Was soll es bedeuten? Was Träume bedeuten, weiß allein Gott, sage ich. Dein Traum aber bedeutet: Sieben Jahre noch währt eine fruchtbare, heilsame Zeit. Dann folgen sieben magere Jahre. Ich weiß nicht, woher ich es weiß. Aber trau auf mich: Ich sage die Wahrheit.

Lea ist tot, unsere Mutter. Jakob hat sie beweint und begraben. Dann sieht er mich an, seinen ältesten Sohn. Lea war eine gute Frau, sagt Vater. Es tut mir Leid, dass ich sie nicht liebte wie Rahel. Mit der Liebe, Vater, sage ich traurig, ist es wohl so wie mit Josefs Träumen. Sie kommt und ist da und du kannst sie nicht ändern.

Aber das geht nicht!, ruft Pharao. Wir müssen ja alle verhungern! Mein Rat ist, sage ich ihm: Lege Vorräte an. Dann hast du genug, auch wenn dann die Ernten verderben. Wenn du so klug bist, sagt Pharao: Tu es selbst. Sei mein Verwalter! Er gibt mir einen Mantel und einen Ring und einen goldenen Becher.

Zwei eigene Söhne habe ich schon und eine große eigene Herde. Auch Simeons, Levis und Judas Herden gedeihen. Die Leute sagen: Wir leben mit Gottes Segen. Aber noch immer frage ich mich: Was ist aus Josef geworden? Was tut er und wie sieht er aus? – Ich sehe zum Himmel. Gott, sage ich, wir brauchen jetzt Regen!

Es regnet schon lange nicht mehr und das Gras auf den Weiden versengt in der Sonne. Der Weizen wächst nicht mehr und die Ähren verdorren auf ihren Halmen. Den Menschen in Ägypten geht's schlecht und auch ihren Tieren. Ein Trost nur: Verhungern müssen sie nicht. Denn in den Scheunen der Vorrat ist groß.

Vater hat uns gerufen. Was wartet ihr noch?, fragt er streng. Es heißt, in Ägypten gibt es Getreide. Nehmt also Gold, so viel ihr habt. Reist nach Ägypten und kauft Korn, so viel die Kamele tragen. Ich will nicht, dass meine Familie hungert. Ruben, Simeon, Juda, Levi. Dan, Naphtali, Gad, Asser. Issachar und Sebulon – ihr alle sollt reisen.

Da kommt eine Karawane aus Osten gezogen, staubig und arm sehen die Männer aus. Ich weiß sofort: Sie wollen Korn. Aber werden sie auch bezahlen? Ich raffe meinen Mantel und gehe ins Haus. Ein Fürst bin ich geworden, ein mächtiger Herr. Mit armen Fremden sprech ich nicht mehr. Dafür habe ich meine Leute.

Diese Reise ist eine Qual. Der Weg, so weit und so staubig, die Sonne so heiß und so feurig. Die Kamele straucheln und Gad wird krank und Sebulon übergibt sich. Nil, der große Strom, die Lebensader des Landes, ist nur noch ein Bach. So unbarmherzig herrscht in Ägypten die Dürre. Wie klug ist der Pharao, sagt Juda, der Vorräte schuf gegen solch eine Not!

Ich schaue doch aus dem Fenster. Aus Osten, die Karawane. Aus dem Osten kam einst auch ich. Was, wenn sie Kanaaniter wären? Was, wenn sie Jakob kennen, meinen Vater? Das ist vorbei, sage ich mir. Damals war ich ein Kind. Ich sehe in eines der müden Gesichter. Ich sehe … Vater darin. Ruben, denke ich. Kann das Ruben sein?

Herein mit euch, der Herr will euch sehen!, empfängt uns ein Diener des Herrn allen Korns. Keine Ahnung, warum, fügt er hinzu, naserümpfend über die staubigen Kleider. Wir betreten das Haus und verneigen uns tief. Der Fürst vor uns hat einen Ring und bunte Gewänder. Gebückt bleibe ich stehen. Da sehe ich von ihm nichts mehr als silbern bestickte Sandalen.

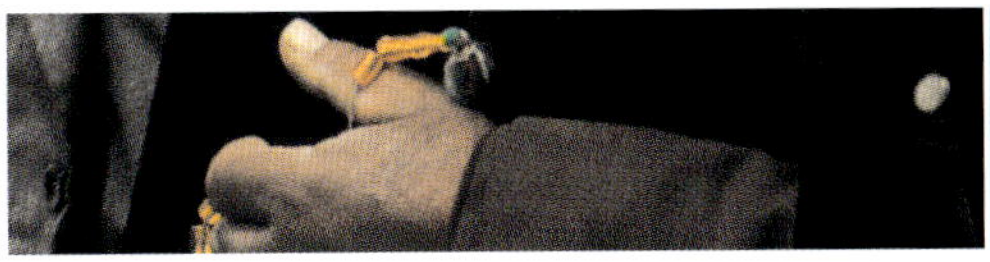

Ich habe in ihre Gesichter gesehen und ich habe sie gleich erkannt.
Ruben, Simeon, Juda, Levi. Dan, Naphtali, Gad, Asser.
Issachar und Sebulon. Alle sind sie da, alle bis auf Benjamin.
Der Vater hat sie geschickt. *Ihn* hat er behalten.
Der Vater! Lebt er? Lebt er denn noch? Auf einmal
ist mir so ... am liebsten möcht ich am Daumen lutschen.

Ich sage: Herr, wir brauchen Korn. Ich sehe nur seine
Sandalen. Seine Stimme klingt hart. Du lügst, sagt er laut.
Was wenn ihr es böse meint? Ich denke, ihr seid Spione!
Herr, sage ich. Nur Hunger trieb uns den weiten Weg.
Zu Hause, in Kanaan, warten Frauen und Kinder. Und ...
euer Vater?, unterbricht da der Fürst. Ich sehe nur seine
Sandalen.

Ruben, du Großer, du Kluger! Wie stehst du da! Wagst keinen
Blick in mein Gesicht. Oh, sähst du mich an! Ich würde weinen.
Ich glaube, ich fiele dir um den Hals. Aber eure Verneigungen –
und ich in der Mitte ... Träumte ich nicht: So würde es mir
gefallen? Nein, es gefällt mir nicht. Es macht mich böse und hart.
Ich sperre euch ein, drohe ich. Ich weiß, ihr seid alle Spione!

Der Fürst hat Simeon ins Gefängnis geworfen. Er soll mein
Pfand sein, hat er gesagt. Wenn ihr nicht wiederkommt
und bringt mir den Jüngsten der Brüder, so soll für euch
alle Simeon sterben. Dann weiß ich: Ich hatte Recht mit
meinem Verdacht. Ihr seid nicht so gut, wie ihr tut. –
Wie sollen wir das dem Vater sagen? Ich fürchte: Er kann
es nicht tragen.

Ob sie wohl wiederkommen? Ob sie es wagen und
bringen mir Benjamin? Sie könnten dem Vater auch
eine Lüge sagen: Simeon wurde von Schlangen gebissen,
von Tieren zerrissen, vor Durst und Hunger fiel er tot um.
Ich weiß, sie verstehen sich darauf, solche Lügen zu
sagen. Oder, könnte es sein, sie sind besser geworden?

Vater spielt rastlos mit seinem Band, als ich ihm vom Befehl des Fürsten erzähle. Es ist das zweite Mal, Ruben, sagt er, dass du heimkommst und hast einen Bruder verloren. Vater, sage ich fest, ein drittes Mal wird es nicht geben. Fordere nicht Benjamin, schreit Vater mich an. Erst gib die anderen wieder: Simeon. Und Josef, im bunten Mantel!

Ich stehe am Fenster, Tag für Tag, und jede Karawane aus Osten empfange ich persönlich. Ruben? Juda? Levi? Dan, Naphtali, Gad, Asser? Issachar und Sebulon? Sie sind es nicht. Sie sind es nie. Sie lassen mich wieder im Stich. Ich drehe den goldenen Becher in meinen Händen. Den Becher des Pharao. Na wartet, diesmal will ich mich rächen!

Vater, ich bürge mit meinem Leben, sage ich fest. Du kannst mir Benjamin geben. Niemand weiß besser als ich, was es heißt: einen Bruder verlieren. Unter einer Bedingung, sagt Vater und sieht mich an. Die Wahrheit, Ruben. Du weißt, was ich meine. Du meinst Josef, sage ich still. Was, wenn ich ihn in den Brunnen geworfen habe? Und fand ihn später nicht wieder?

Wieder ein Zug aus Osten, weiß und still sind die Männer. Ein Trauerzug, denke ich und Zittern ergreift mich. Da sind sie. Ruben und Juda voraus, mit einem Jungen in ihrer Mitte. Ich schreie. Der Junge hat Locken wie Rahel. Du hast gerufen, Herr?, fragt ein Diener. Ein Festmahl, befehle ich, Speisen, Naschwerk und Wein! Für mich aber: einen Schleier!

Der Abschied von Vater hat weh getan. Seine Augen lagen auf mir. Er hat Benjamin an die Hand genommen. Du gehst mit Ruben. Er wird auf dich achten wie ich. Ein zweiter wie Josef – so nannte dich Rahel. So geht, meine Söhne, und geht mit Gott. Benjamin flüstert: Endlich mal raus! Wie danke ich dir, Ruben, mein großer Bruder! – Wir aber dachten: Er fürchtet sich.

Ich gebe mich freundlich und feire mit ihnen. Sie aber: so ängstlich, so unruhig. Juda lässt Simeon nicht aus den Augen und Ruben hält Benjamin an der Hand. Der Junge wehrt sich. Er wäre gern frei. Aber Ruben hält ihn, hält ihn fest an der Hand. Na warte, Ruben, ich nehm ihn dir weg! Heimlich schmuggle ich meinen Becher in Bennis Gepäck.

Welch ein Unglück! Welche Qual! Gestohlen hat er! Benjamin! Mein kostbarstes Stück, sagt der Fürst, als wir vor ihm knien.
Den Becher aus Gold gab mir Pharao. Wie kommt er in das Gepäck dieses Jungen? Ich habe ihn nicht hineingetan, sagt Benjamin laut und fest. Du Narr, denke ich zornig. Wer sonst? Laut sage ich: Wie dem auch sei. Ich stehe für ihn. Gib ihn frei.

Ich lache, damit er mein Weinen nicht hört. Ich stehe für ihn … Wirklich, Ruben, mein Bruder? Ein zweiter Josef, nicht wahr? Du musst ihn verraten, den Mantel zerreißen. Ihn in die Grube schmeißen. Und ihn verkaufen wie ein Schaf und ein Zelt. Das sei ferne!, sage ich kalt. Sondern der, der schuldig ist, soll bezahlen. Ja, sagt da Ruben und wirft seinen Mantel zu Boden. Das bin ich.

Und ich, sagt Simeon und stellt sich neben mich. Auch ich, sagt Levi und Juda tritt vor. Dan, Naphtali, Gad, Asser. Issachar und Sebulon – auf einmal sind sie mehr als nur Namen.
Wir haben unseren ersten Bruder fortgewünscht, sage ich laut zu dem Fürsten. Bis er dann wirklich verschwand. Seitdem wünschen wir ihn zurück. An Benjamin handeln wir besser.

Das ist wahr!, rufe ich laut und lasse den Schleier fallen. Ich hebe Rubens Mantel auf und lege ihn wieder um Rubens Schultern. Sieh, meine Träume sind wahr geworden wie eure Wünsche. Ob es recht war oder unrecht: Heute ist es gut!
Wie er mich ansieht! Mit Vaters Augen. Ruben, du Großer, du Kluger! Lass mich nur endlich … nach Hause.

Und seine Brüder gingen hin und fielen vor ihm nieder und sprachen: Siehe, wir sind deine Knechte. Josef aber sprach zu ihnen: Fürchtet euch nicht! Stehe ich denn an Gottes statt? Ihr gedachtet es böse mit mir zu machen, aber Gott gedachte es gut zu machen, um zu tun, was jetzt am Tage ist, nämlich ein großes Volk zu erhalten.

1 Mose 50, Verse 18 bis 20

Israel zieht nach Ägypten und aus dem einen Band werden zwölf

Eigentlich wollte ich nur kurz vors Haus und nach meinem Bruder sehen. Aber dann machte ich Umwege und lief weit weg. Als ich heimkehren wollte, war es schon dunkel, und ich traute mich nicht mehr. So blieb ich und wartete und hoffte auf einen Ruf.

Hör zu, sagt ein Erzähler der Bibel, so wird es auch Israel einmal gehen. Für Jakob und seine elf Söhne aber bedeutet Ägypten: Leben. Wie gut von Gott, dass er Josef vorausgeschickt hat!

Boten des Pharao halten vor Jakobs Haus. Sie haben Wagen und Güter. Juda tritt vor den Vater und sagt ihm: Komm! Pharao selbst lädt dich ein. Er sagt: Israel soll kommen und wachsen und stark werden in Ägypten. Denn Israels Sohn hat mein Land gerettet und alle, die sich von ihm nähren. – Israels Sohn?, fragt Jakob. Er stützt sich auf Judas Arm. Juda sagt: Josef lebt.

Josef lebt, sagt Jakob wieder und wieder. Aber warum kommt er nicht heim? Dies ist das Land, von dem Gott sagte: Abrahams Kinder und Enkel sollen es haben. – Siehst du nicht, Vater, sagt Juda. Das Land verdorrt. Kein Halm wächst auf den Feldern. Wir können in Kanaan sterben, nicht leben. Ägyptens Kornkammern, Vater, sind voll. Für uns aber will es sie öffnen.

Josef lebt, sagt Jakob, schlaflos auf seinem Lager. Zwölf Söhne, Rahel und Lea! Gott hat sie alle bewahrt. – Doch nicht, damit sie in Ägypten leben ...? Er dreht das Band mit den Zeichen der Väter. Hör mal, Jakob, sagt plötzlich Gottes Stimme. Abraham und du, Israel, ihr wart schon immer wanderndes Volk. Zelte gehören zu euch wie der Wind. Geh nur. Ich komme mit.

Da bricht Jakob auf mit Zelten und Herden und zieht nach Ägypten. Auf dem Weg kommt ihm einen Karawane entgegen. Ein Mann allein geht voran. Er trägt einen bunten Mantel und hat Locken wie Rahel. Josef, ruft Jakob und rennt. Vater, ruft Josef und rennt noch schneller. Niemand hört, was sie sich sagen. Nur einmal ruft Jakob laut: Jetzt kann ich in Ruhe sterben! Mein Josef lebt!

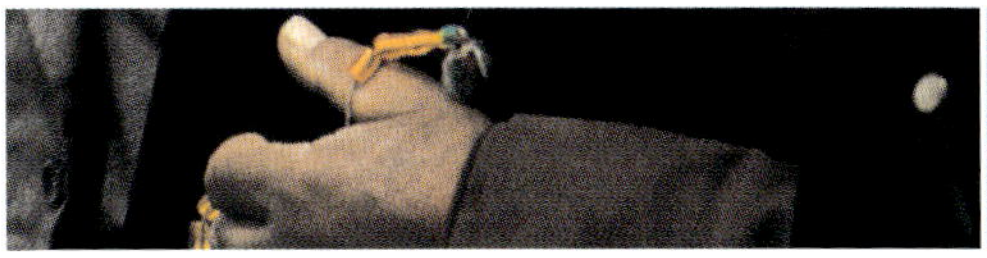

Jakob stirbt nicht, bevor er die Söhne wieder gefunden hat. Er stirbt nicht, bevor er vom Pharao hörte: Israel ist willkommen im Land der Ägypter. Er stirbt nicht, bevor er ein Haus hat und alle Söhne und Enkel um sich versammelt. Er sieht sie wachsen, mit Gottes Segen, und manche von ihnen lachen und singen wie Rahel. Dann lächelt Jakob. Gott sei Dank.

Als Jakob stirbt, sind alle Söhne mit ihren Frauen und Kindern an seinem Lager. Es sind mehr, als er zählen kann. Und er segnet sie alle und legt seine Hände zum Abschied auf ihre Köpfe. Wenn ihr zurückkehrt nach Kanaan, sagt er zu Josef, gib mir dein Wort, mein Sohn: Nehmt meine Knochen mit. Sorge, dass sie ruhen bei Rahel und Lea.

Als Josef sein Wort gibt, ist Jakobs Arm noch erhoben. Da löst sich das Band, das sich niemals löste, und fällt wie von selbst in Jakobs Schoß. Sie sehen es alle: Ruben, Simeon, Juda, Levi. Dan, Naphtali, Gad, Asser. Issachar und Sebulon. Josef und Benjamin. Und jetzt?, sagt Josef. Für dich, hat Gott zu Abraham gesagt. Und deine Kinder.

Das Band ist schon alt, an den Enden zerfasert. Aus zwölf Fasern, das sehen sie jetzt, ist Gottes Band der Freundschaft zusammengesetzt. Für jeden eines, sagt Ruben leise. Er nimmt das Band ehrfürchtig auf. Die Fasern lösen sich leicht. Zwölf Fasern desselben Bandes, sagt Jakob. So will es Gott. Das ist Israel. Er sagt es und schließt seine Augen.

Und Israel sprach zu Josef:

Siehe, ich sterbe;
aber Gott wird mit euch sein
und wird euch zurückbringen
in das Land eurer Väter.

1 Mose 48, Vers 21

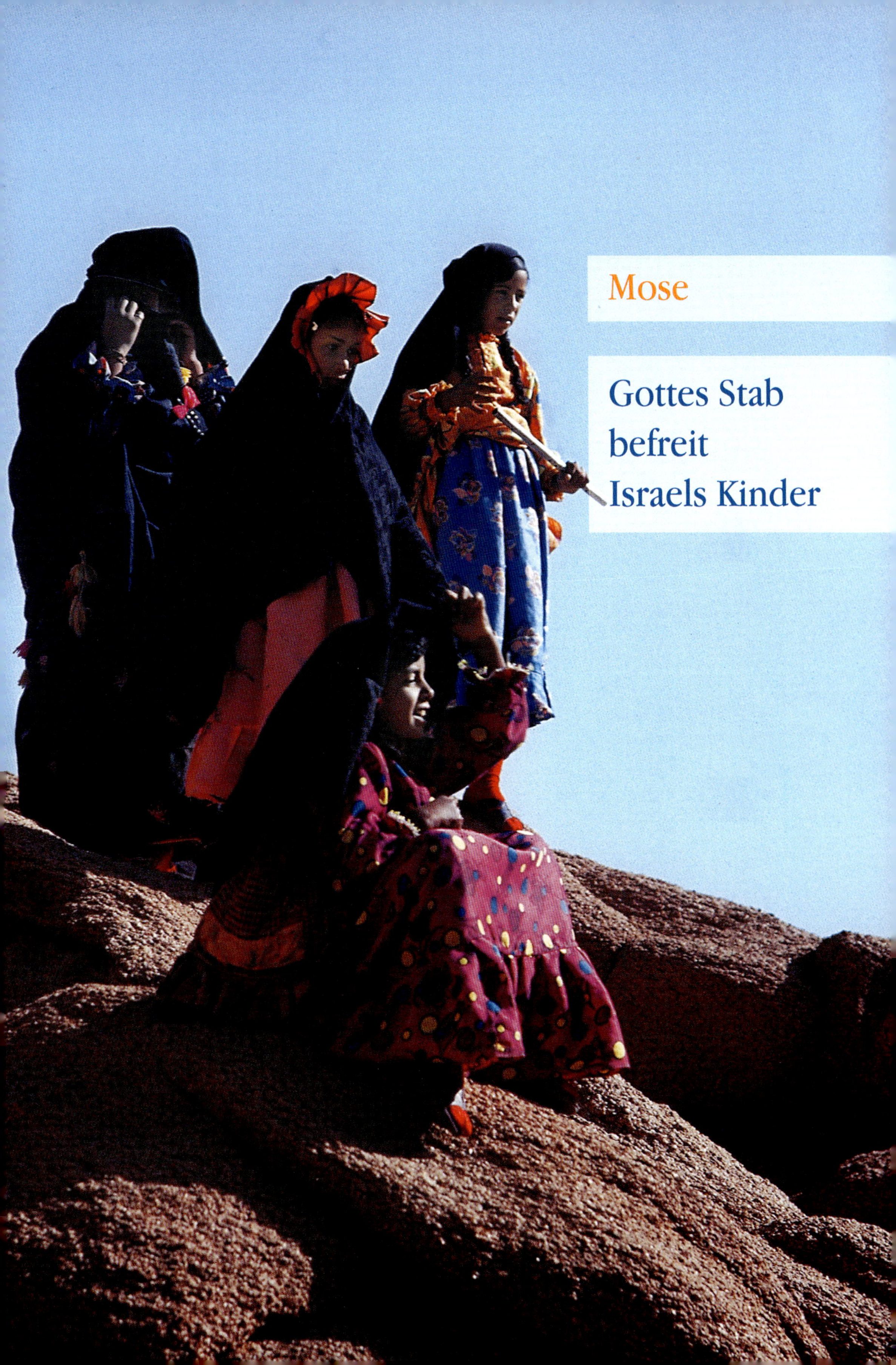

Mose

Gottes Stab befreit Israels Kinder

Höre, Mose, sagt Gott,
du sollst etwas für mich tun:

Wenn die Menschen,
die ich liebe,
leiden,
wenn sie ihre Not
beweinen
und
sich fürchten müssen,

wenn sie nicht mehr
wissen, wie sie
leben,
und nur Hass ist
um sie her

wenn sie
Unrecht
dulden,
Grausamkeiten –

dann ist mitgehen
nicht genug.
Dann tut
Rettung Not.
Ich bin, der ich bin,
und ich
will sie befreien.

Nimm den Stab, Mose!
Ich will: Du sollst
sie mir
befreien.

Mose sang:

Merkt auf, ihr Himmel,
ich will reden,
und die Erde höre die Rede
meines Mundes.

Meine Lehre rinnt wie der Regen,
und meine Rede rieselt wie Tau,
wie der Regen auf das Gras und
wie die Tropfen auf das Kraut.

Denn ich will den Namen des Herrn
preisen.
Gebt unserm Gott allein die Ehre!
Er ist ein Fels.
Seine Werke sind vollkommen;
denn was er tut, das ist recht.
Treu ist Gott und kein Böses an ihm,
gerecht und wahrhaftig ist er.

5 Mose 32, Verse 1 bis 4

Aaron erzählt: Wie Mose zu Gottes Stabträger wird

Ein Kind ist geboren – welch eine Freude! Denke daran, wie Sara sich freute über Isaak oder Rahel über Josef.

Ein Kind ist geboren – die Eltern weinen und verbergen es hastig? Wenn das nicht ein Zeichen ist: Diese Welt ist verkehrt.

Höre, sagt ein Erzähler der Bibel, als Israels Kinder in Ägypten waren, hatten sie nichts zu lachen. Aber sie hätten sich nicht gerettet, hätte nicht Gott selbst einen Retter gesandt.

Ich bin Aaron und Mirjam heißt meine Schwester.
Unsere Eltern sind Amram und Jochebed. Sie sind
Enkelkinder von Levi, von Jakobs viertem Sohn. Jakob,
den Gott Israel nennt. Sagt nicht: Na und? Das ist wichtig.
Israels Kinder sind in Ägypten fremd. Das wollen wir
nie vergessen. Denn eines Tages kehren wir heim.

Der neue Pharao hasst uns, die Kinder von Israel.
Er will: Wir sollen zu Grunde gehen. Er lässt uns
arbeiten wie Sklaven, Tag für Tag. Und jetzt
gehen Soldaten von Hütte zu Hütte und sagen es an:
Wo immer ein Kind Israels neu geboren wird
und ist ein Junge: Her mit ihm, dass wir ihn töten!

Heute bekommt Mutter ihr Kind, flüstert Mirjam
mir zu. Wir haben ein Versteck am Ufer des Nil.
Mitten im Schilf. Niemand kann uns da finden.
Es wird ein Junge sein, sage ich. Mirjam nickt.
Wir wissen es beide. Mirjam sieht Bilder im Traum.
Ich habe Gottes Stimme im Ohr. Leise nur, weit entfernt.

Wir sollten sagen: Es ist ein Mädchen, sagt Mirjam.
Wir sollten sagen: Er ist gestorben, sage ich.
Da hören wir seine Stimme. Ein fernes, schwaches Weinen. Und unsere Eltern loben Gott. Wir laufen zur Hütte, sie ist schlecht und klein. Ägypten ist reich. Israels Kinder sind arm. Drinnen sagt Vater: ein Junge.

Ein gesunder, kräftiger Junge, sagt Vater. Sieh, Jochebed, wie hübsch, wie wunderschön. Diese Augen, die … Still, doch, unterbricht unsere Mutter. Pharaos Soldaten können dich hören! Vater seufzt. Was sollen wir tun? Du kennst den Befehl. Israels Kinder, wenn es Jungen sind, müssen sterben.

Nicht dieser, sagt Mutter. Ob hässlich, ob schön, ob schwach oder stark: Gott hat ihn gemacht und ich hab ihn lieb. Nicht nur du, sagt Vater. Ich steh an der Tür. Ich sehe, wie er schluckt. Wir müssen das Kind gut verstecken. Ich halte den Atem an. Ich höre schon schwere Schritte.

Vater, rufe ich und betrete die Hütte. Soldaten! Soldaten kommen! Sie wollen Mose. Aber, bei Gott, sie sollen ihn nicht bekommen! Vater sieht mich seltsam an – Habe ich wieder gesagt, was noch keiner weiß? Es geschieht oft. Gottes Stimme in meinem Ohr. Mose?, sagt Mutter. Warum nennst du ihn so?

So heißt er, sagt Mirjam. Sie tritt mir zur Seite. Gott nennt ihn so. Aaron hat es gehört. Ich aber sah es im Traum. – Was sollen wir tun?, frage ich. Wo können wir Mose verstecken? Die Schritte sind schon sehr nah. Da schiebt Mutter Mose zu sich unter die Decke. Und Vater geht langsam hinaus.

Wenn er nur nicht weint, flüstert Mutter. Mirjam setzt sich zu ihr. Ich aber krieche zu Mose unter die Decke. Mose ist warm, winzig klein; jedes Hündchen ist größer. Er wimmert. Ich halte ihn und gebe ihm meinen Finger zum Nuckeln. Wie nah er mir ist! Er ist ja mein Bruder.

Da ist doch ein Kind, sagt der Oberste der Soldaten. Er kommt herein. Er kommt näher. Ihr habt ein Kind, wir hörten es schreien. Rasch, lasst uns sehen, ob es ein Junge ist. Ich drücke Mose an mich. Ich merke, Mirjam steht auf. Mutter ist krank, ruft sie laut.

Lasst sie in Ruhe! Sie hat nicht geboren. Da unter der Decke, sagt ein Soldat. Sie heben die Decke und Mutter schreit. Die Soldaten sehen … mich. Sie lachen. Na so was! Ein so großer Junge! Versteckt sich bei Mami unter der Decke. Los, zeig dich! He, bist du feige?

Mein Bruder ist wie Mutter so krank, lügt Mirjam. Lasst ihn in Ruhe. Wenn er euch nahe kommt, … *steckt er euch alle an.* Ich atme nicht. Rühre mich nicht. Ich bin eine Festung; mein Körper schützt Mose. Die Soldaten gehen rückwärts zur Tür. He, wer ist hier feige, sie oder ich?

Mose kommt in den Nil und in das Haus einer Prinzessin

Drei Monate haben wir Angst. Nur den engsten Freunden zeigen wir unseren Mose. Drei Monate lang sind Mirjam und ich auf der Hut, dass Mose leise ist, wenn die Soldaten wieder kommen. Im dritten Monat aber hat uns jemand verraten. Vater kommt heim, bleich im Gesicht. Soldaten, ruft er. Sie wissen von Mose!

Schweigend holt Mutter ein Körbchen hervor. Sie hat es kürzlich geflochten. Sie hat sogar einen Deckel gemacht und alles abgedichtet gegen Wasser und Sonne. Mit flüssigem Pech hat sie die Flechten verklebt. Ich ahnte, dass es so kommt, sagt Mutter und legt, in eine Decke gehüllt, unseren Mose in ihren Korb.

Aaron, Mirjam, rasch!, ruft sie uns zu. Bringt Mose zum Nil und verbergt das Körbchen im Wasser. Ich weiß, ihr habt ein geheimes Versteck. Von dort sollt ihr wachen. Wenn die Gefahr überstanden ist, will ich nach euch rufen. Das Leben des Bruders liegt in eurer Hand. Behüte euch Gott, meine Kinder!

Wir haben getan, was Mutter uns sagte. Wir sitzen in unserem Versteck und sehen das Körbchen im Wasser tanzen. Aber Mutter ruft nicht nach uns. Wir warten von Morgen bis Mittag. Aaron, lauf nach Hause, sagt Mirjam. Sieh, wie es steht. Ich wache so lange allein. Das Körbchen schaukelt. Mose weint.

Zu Hause sind noch immer Soldaten. Ich höre: Sie warten auf … *mich.* Da bist du, Aaron!, ruft Vater erleichtert. Stell dir vor: Sie glauben, du hättest bei dir ein neugeborenes Kind. – Vater, ich habe dem Onkel geholfen, sein Dach neu zu decken, lüge ich rasch. Du hattest es mir ja befohlen.

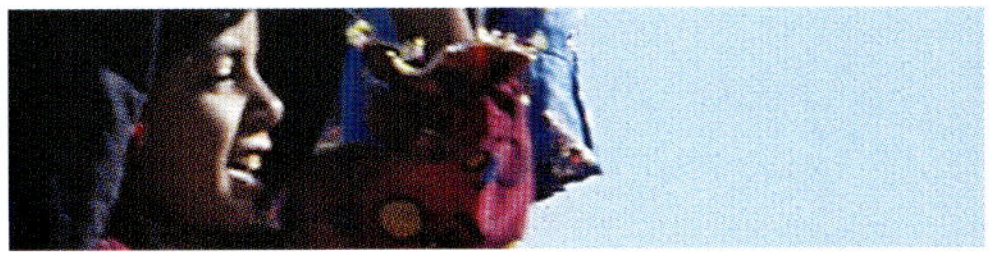

Welch ein Schrecken, als ich zurück zu Mirjam komme! Mädchen und Frauen lagern am Ufer, Ägypterinnen, reich und schön. In ihrer Mitte, die Schönste – sie ist bestimmt eine Prinzessin! Vor sich hat sie den Weidenkorb liegen, geöffnet und leer. In ihren Armen liegt … *Mose!*

Mirjam hält mir den Mund zu, bevor ich schreie. Die Tochter des Pharao, flüstert Mirjam mir zu, sie fand den Korb und das Kind. Aaron, sie hat sich darüber gefreut! Sie will Mose retten, sie will ihn behalten. Denk doch, Aaron: Bei ihr ist er sicher. Kind Israels in Pharaos Haus. Ich glaube: Es ist Gottes Wille.

Zwei mal sieben Jahre sehen wir wenig von Mose. Ohne Mirjam hätten wir ihn wohl ganz aus den Augen verloren. Aber Mirjam war schlau. Als die Prinzessin verkünden ließ, sie brauche eine Dienerin für ihr Kind, da war es Mirjam, die rief: Meine Mutter! Meine Mutter wird gut für ihn sorgen.

So ist unsere Mutter Dienerin geworden für ihren eigenen Sohn. Sie sagt es ihm heimlich: Mose, du bist ein Kind Israels. Ob er es aber versteht? Mose trägt ägyptische Kleider. Er spricht die Sprache Ägyptens. Eine Ägypterin ruft er Mutter. Und trägt den Stab eines ägyptischen Prinzen.

Den Kindern Israels geht es immer schlechter. Pharao lässt uns Ziegel machen für viele prächtige Städte. Einst sind wir als Gäste nach Ägypten gekommen, höre ich die Alten sagen. Doch seht: Sklaven sind wir geworden. Warum gehen wir nicht fort?, frage ich. Wohin?, sagen die Alten und heben die Schultern.

Warum gehen wir nicht fort?, frage ich Vater. Ein
Aufseher hat ihn mit der Peitsche geschlagen.
Die Ägypter mögen uns nicht, sagt Vater. Doch
zweifle ich, dass sie uns gehen lassen. Wir arbeiten gut.
Einst sind wir als Gäste nach Ägypten gekommen.
Doch sieh: Gefangene sind wir geworden.

Warum kehren wir nicht heim?, frage ich Gott.
Ich sitze am Ufer des Nil. Ein anderer Fluss fällt
mir ein. Die Alten erzählen davon. Jordan. Er fließt
durch ein Wunderland, ein Paradies voller Früchte
und Blüten. Sie haben den Weg wohl vergessen,
sagt Gottes Stimme in meinem Ohr, leise nur, weit fern.

Mose wird beinahe ein Ägypter, aber er muss sich entscheiden

Aaron, komm! – Mirjam ruft mich. Sie winkt mich in unser Versteck. Was, Mirjam? Wer ist da? Ein Ägypter, mit dem Stab eines Prinzen …? Es ist Mose, sagt Mirjam. – Er sieht aus wie ein echter Ägypter, rufe ich. – Ihr alle solltet Ägypter werden, sagt Mose. Dann hättet ihr Frieden und Pharao hätte euch gern.

Mose, sage ich, wir sind Israels Kinder. Zwischen Gott und Israel ist ein Band. Abraham hatte Gottes Wort: In Kanaan sollen wir leben. Nicht hier. – Wie könnten wir Ägypter werden? Die Ägypter quälen und schlagen uns und töten unsere Kinder. In Kanaan wartet Gott, der das Leben liebt, nicht den Tod.

Mose sieht mich an. Er verändert sich. Auf einmal ist Feuer in seinen Augen, so rot wie Blut. Mirjam lächelt. Aaron zaubert mit Worten, nicht wahr? Er tut es im Namen von Israels Gott. – Mose ist zornig. Sind die Ägypter wirklich so schlecht? fragt er. Wir sind ihre Sklaven, sagt Mirjam. Ihre Gefangenen, sage ich.

Von da an ist Mose an meiner Seite. Er lernt Israels Kinder kennen. Allen verrate ich, wer er ist. Israels Kind in Pharaos Haus! Das ist Gottes Wille, flüstern sie. Und ihre Augen sind hell. Pharao hört auf dich, sagen sie Mose. Willst du nicht bei ihm für uns sprechen? Nein, sagt Mose. Pharao hört mich nicht.

Wir kommen dorthin, wo die Ziegel gemacht werden. Aufseher mit Peitschen gehen umher. Israels Kinder arbeiten in Sonne und Staub. Ohne Wasser und Pausen. Sieh, da ist Vater, sage ich Mose. Ich sehe, sagt Mose. In seinen Augen ist wieder das Feuer, wie Blut. Herren und Sklaven. Wie wäre das jemals … recht?

Kannst du bei Pharao für uns sprechen, Mose?, fragt Vater. Die Arbeit des Tages ist endlich getan. Nein, sagt Mose mit Augen wie Feuer. Pharao hört mich nicht. Zornig zerbricht er den Stab, den er trägt wie ein Prinz. Er dreht sich um und rennt weg. Mose, ruft Vater. Aaron, sagt Gott in mein Ohr. Aaron, rasch! Geh mit!

Ich komme zu spät. Der Platz mit den Ziegeln ist leer.
Nur Mose ist da und der alte Schuni, ein Sohn von Gad.
Am Boden liegt ein Aufseher – tot. *Er* war's, sagt Schuni
und zeigt auf Mose. Dein Bruder, der ägyptische Prinz.
Um meinetwillen hat er den Ägypter erschlagen.
Erschlagen?, frage ich. Der alte Schuni nickt.

Ich sollte bleiben und schuften, als alle anderen
gingen, erzählt mir der Alte. Da kam Mose und
wie war er zornig! Da war Feuer in seinen Augen.
Darum also redet er nicht. Er kann besser schlagen!
Ich nehme Schunis Hand. Vergiss, was Mose getan hat,
beschwöre ich ihn. Niemand darf es erfahren!

Mose und ich begraben den toten Ägypter. Aaron,
sagt Mose. Ich habe mich heute entschieden. Ich hasse
die Ägypter wie ihr. Ich bin Israels Kind, so wie du.
Ein Kind des Todes bist du, sage ich, wenn Pharao
je erfährt, was du hier getan hast. Und Gott?
Glaubst du, Gott würde das Töten gefallen?

Schuni hat nicht geschwiegen. Allen Kindern Israels
hat er erzählt, wie Mose den Ägypter erschlug. *Mose*
redet nicht, Mose schlägt, so singen sie in den Hütten.
Mose wird Israel retten, wenn Gott es so will.
Der Tag wird kommen, da zittert Ägypten vor Mose!
Pharao wird zu Mose sagen: Nimm Israels Kinder und geh.

Zuerst aber haben *wir* vor den Ägyptern gezittert –
ob Pharao hört, was Israels Kinder singen. Vater hat
Mose geraten: Zieh fort. Verschwinde für eine Weile
aus Pharaos Nähe. Mose hat seinem Vater gehorcht.
Bei Nacht ist er aufgebrochen, heimlich, nur Mutter
hat er geküsst und Mirjam und mich fest umarmt.

Zweimal sieben Jahre haben wir nichts mehr von
Mose gehört und gesehen. Unser Trost war allein:
Wir hörten *nicht,* er sei tot. Uns ist es elend ergangen
in diesen Jahren. Die Arbeit ist immer schwerer
geworden, die Aufseher treiben uns immer härter
und ihre Peitschen lassen uns niemals in Ruhe.

Aaron, komm! – Mirjam ruft mich. Sie winkt mich in unser Versteck. Was, Mirjam? Wer ist da? Ein Fremder, mit dem Stab eines Hirten …? Es ist Mose, sagt Mirjam. Er sieht aus wie einst Abraham, rufe ich. Wir alle müssen wie Abraham werden, sagt Mose. Ziehen mit den Herden und zelten mit Gott.

In unserem Versteck sitzen wir, Mose, Mirjam und ich, so wie vor vielen Jahren. Wieder ist Feuer in Moses Augen – hell wie die Sonne, denke ich jetzt. Wie froh sind wir, zu sehen, es geht ihm gut, zu hören, er hat eine Frau gefunden und hat einen Sohn. Wo er war und wie er heimkehrt, das ist eine lange Geschichte.

Mose lernt in der Fremde Israels Gott kennen

Von Gott erzählen die Alten den Jungen. Nichts,
was sie von Gott wissen, soll verloren und vergessen sein.
Die Jungen lernen von den Alten: So ist Gott.

Aber das Bild, das Worte formen, ist schwach. Wie anders wäre es:
Wir ständen Gott selbst gegenüber?

Hör zu, sagt ein Erzähler der Bibel: Mose hat es erlebt. Von einem
Augenblick zum anderen hat er entdeckt:
So ist Gott. Und gespürt, was Gott von ihm will.

Ich wusste nicht, wohin, singt Mose.
So ging ich, woher Jakob kam,
nach Osten, Richtung Sonne.

Ich wusste nicht, wo, singt Mose,
aber ich blieb, wo ich Freunde fand,
im Land Midian, nah bei Kanaan.

Ich wusste nicht, wie, singt Mose:
Jitro, ein Priester und Herr vieler Herden:
Gern nahm er mich in sein Haus.

Ich wusste, warum – als ich lernte
zu zelten und mit den Herden zu ziehen.
Das ist unser Leben und so will es Gott.

Aaron, sagt Mose, weißt du, was Gott von uns will?
Wir befreien Israels Kinder! Wir führen sie durch die Wüste
nach Kanaan, wohin sie gehören. – Kanaan? Ich atme kaum.
Ist das kein Traum? – Ihr müsst mir helfen, alle beide,
sagt Mose, Licht im Blick. Ich habe es immer gewusst!,
ruft Mirjam. Mose, nicht wahr, du bist Gottes Mann?

Und dann erzählt Mose die Geschichte vom brennenden Dornbusch

Als Mose bei den Schafen wacht,
am Fuße eines Berges,
die Sonne brennt, es ist sehr heiß,
da reibt er sich die Augen.

Denn vor sich sieht er einen dürren
Busch, der brennt. Jedoch die
Flammen fressen ihn nicht auf.
Er bleibt und er ist, der er ist.

Mose tritt neugierig näher heran.
Dann zaudert er. Es könnte
ja sein, denkt er, dass dieser Ort
hier ... *heilig* wär.

Er zieht die Schuhe von den Füßen
und wartet, bis er eine Stimme
hört: *Abraham, Isaak und Jakob –*
sie alle trugen mein Band ...

So spricht die Stimme aus dem
Busch. *Wo ist es jetzt? Kannst du*
es sagen? Da flüstert Mose leis:
Wer weiß es, wenn nicht du?

Ich höre meine Kinder weinen,
sagt die Stimme, *und sehe, dass*
sie leiden. Das will ich nicht.
Sie sollen nicht verloren sein.

Und darum Mose: Auf! Nimm
meinen Stab. Sag Pharao: Lass
meine Kinder gehen! Ach Gott,
sagt Mose, sehr erschrocken.

Tu's lieber selbst. Das kann ich nicht.
Denn schließlich: Keiner hört
auf mich! – *Er muss dich hören,*
beharrt Gott. *Du hast ja meinen Stab.*

Den alten Hirtenstab?, fragt Mose.
Wie alt auch immer, sagt die Stimme.
Hab keine Angst, dir fällt was ein.
Und schließlich: Du bist nicht allein.

Du hast an deiner Seite Mirjam
und Aaron, deinen Bruder.
Mein Wort und meinen Namen,
die rechte Sache und den ... Stab.

Ich kehrte um, singt Mose, nahm
Abschied von Jitro, nahm Frau und Sohn
und diesen ... *alten Stab.*

Wir schauen alle zweifelnd auf den Stab, der neben
Mose liegt. Da schreit auf einmal Mirjam auf.
Ich seh sie an: die Augen groß, weit fern.
Sie sieht ein Bild, so wahr, dass wir es mit ihr sehen:
Der Stab ist eine Schlange, lang und stark,
die zischt und sich gefährlich windet.

Ein Zauberstab?, fragt Mirjam. Komm, Mose, fass
ihn an. Du bist gewiss sein Herr. Und Mose hebt
die Hand. Da ist das Bild verschwunden. Der
Stab ist bloß ein Stab. *Das* zeige Pharao, meint Mirjam.
Das wird ihn sehr erschrecken. – Ich weiß nicht,
was der Unsinn soll, zischt Mose, plötzlich blass.

Das dient doch nicht dem Leben! Er sieht den Stab
voll Abscheu an. Er kann, sagt er, seit meinem Aufbruch,
mancherlei: Wasser wird Blut und meine Hand ein welkes
Blatt. Dann sag ich nein – und alles ist vorbei. Doch
was gewinne ich damit? Das ist kein Zeichen Gottes!
Ich rücke näher. Ich glaub, ich weiß, was ihn empört.

Du hast in Gott *was anderes* gesehen? Moses Augen
werden immer heller. Der Dornbusch brannte, Aaron,
doch verbrannte nicht, sagt er. Das ist es, was Gott tut.
Er gibt sein Feuer. Doch er tut kein Leid.
Und ich will sein wie er. Nicht töten – und nicht
sterben, bis Gott mir einmal sagt: Nun ist es gut.

Mein Bruder, rufe ich. Das werde ich mir merken! Und,
wenn du willst, an deiner Seite sein! Ich auch, sagt Mirjam.
Wir reichen Mose unsre Hände. Gut, sagt er froh, und
hört zum Schluss: Ich fragte Gott nach seinem Namen.
Nach seinem *Namen?* Er heißt *Gott!* – Er heißt, sagt Mose,
wie er ist: Ich bin, der ich bin, und ich bin für euch da.

Und der Herr sprach:

Ich habe das Elend meines Volkes
in Ägypten gesehen und ihr
Geschrei über ihre Bedränger gehört;
ich habe ihre Leiden erkannt.
Und ich bin hernieder gefahren, dass
ich sie errette aus der Ägypter Hand
und sie herausführe aus diesem Land
in ein gutes und weites Land, in das
Land, in dem Milch und Honig fließt.

2 Mose 3, Verse 7 + 8

Mose und Aaron gehen zum Pharao, aber der Pharao will nicht hören

Mose hält eine Rede vor Israels Kindern. In Wahrheit bin ich es, der redet. Mose steht neben mir, hebt seinen Stab und ich sage, was Mose nicht sagen kann: Hier steht Mose, sage ich, Israels Kind bei Pharao. In der Ferne fand Mose Gott. Gott sprach zu ihm: Ich habe Israels Elend gesehen. Rette meine Kinder, nimm meinen Stab. Führe sie fort aus Ägypten.

Ich warte, dass Israels Kinder murren. Sie aber schweigen. Sie sehen auf Mose und seinen Stab. Ihre Gesichter sind hell, fast wie die Augen von Mose. Mose fand Gott, murmeln sie. Wir aber glaubten: Gott hat uns vergessen. Gott heißt, wie er ist, sagt Mose. Es ist das einzige Mal, dass er spricht. Ich bin, der ich bin, und ich bin für euch da.

Mit dem Segen der Kinder Israels gehen wir zu Pharao, Mose, Mirjam und ich. Pharao ist prächtig geschmückt. Und sein goldener Stab … Moses Stab ist daneben arm und schlecht. Ich habe gehört, du bist zurück, sagt Pharao zu Mose. Meine Schwester singt Freudenlieder um deinetwillen – ich aber zweifle, dass ich dich gern seh. Was sollen die Sklaven an deiner Seite?

Mose öffnet den Mund. Doch er spricht nicht. Aaron, flüstert er nur und hält seinen Stab. Keine Sklaven, Pharao, sage ich mit einer Verbeugung, sondern Kinder des Gottes, der heißt: Ich bin, der ich bin, und ich bin für euch da. – Pharao: Gott ruft Israel aus Ägypten. In der Wüste sollen wir mit ihm zelten. Entlass uns also aus deinem Dienst. Lass uns in Frieden ziehen.

Pharao lacht. Das könnte euch passen!, ruft er. Kinder der Faulheit seid ihr. Söhne der Unverschämtheit! Was ist das für ein Gott und was kann er? Mag er doch rufen – Pharao hört nicht! Da tritt Mirjam vor und ich sehe: Sie ist voll Zorn und voller Bilder. Sieh, Pharao, ruft sie und zeigt auf den Stab. Da ist der Stab eine lebendige Schlange. Speit Gift in Pharaos Ohren.

Sieh, sagt Mirjam wieder. Da ist Moses
Hand von Ausschlag bedeckt. Ansteckend,
sagt Mirjam, nimm dich in Acht! Sie berührt
Moses Hand und alles ist gut.
Sieh, ruft Mirjam zum dritten Mal.
Blut fließt in Pharaos Brunnen statt Wasser.
Das alles kann unser Gott, sagt Mirjam.
Und mehr.
Willst du noch immer nicht auf ihn hören?
Sie berührt Moses Stab und Blut wandelt
sich wieder in Wasser.

Pharao sieht furchtsam aus. Zauberei,
flüstert er. Dann aber fasst er sich wieder.
Das können meine Zauberer auch!
Er wendet sich gegen Mose. Dein Gott
will Antwort? Da ist sie: Von heute an dient
ihr mir besser! Ziegel streichen –
aus unserem Häcksel und Ton?
Kinderspiel! Nein! Sondern besorgt
euch eigenen Häcksel.
Aber wehe, ihr macht nicht eben so
viele Ziegel wie sonst!

Ach, wären wir niemals vor Pharaos Thron getreten!
Ich klage zu Gott. Ach, hätte ich klüger gesprochen!
Hätte doch Mirjam das Zaubern gelassen! Gott, alles war falsch.
Jetzt ist es nur schlimmer geworden. Vater ist krank von der
Arbeit. Mutter hat alle Hoffnung verloren. Israels Kinder –
sie müssen uns hassen! Und du, Gott? Siehst du es an und tust … *nichts?*

Aaron, höre ich Gottes Stimme. Leise nur und weit entfernt.
Mose hat meinen Stab. Er muss sich was einfallen lassen.
Sprach ich zu Israel: Zieh nach Ägypten und bleib dort für immer?
Nein, sondern ich sagte: ziehe und zelte, das ist dein Leben.
Habt ihr denn keinen Mut mehr und keine Freude am Wind?
Gott, sage ich, wir dürfen ja nicht. Oh doch, sagt Gott. Und ob.

Aaron, komm! – Mirjam ruft mich. Sie winkt mich in unser Versteck. Was, Mirjam? Wer ist da? Ein kranker Mann mit einem zerbrochenen Stab …? Es ist Mose, sagt Mirjam. Er sieht nicht wie Mose aus, sage ich, sondern wie ein bestrafter Verräter. – Verräter, sagt Mose, so nannten sie mich. Israels Kinder nannten mich Freund der Ägypter.

Mose, sage ich, Gott will nicht, dass wir länger dem Pharao dienen. Wir sollen ziehen und zelten, das ist sein Wort. Die Kinder Israels müssen dir folgen. – Mirjam nimmt Moses zerbrochenen Stab. In ihrer Hand wird er heil. Habt ihr Pharaos Furcht gesehen, als ich für Mose die Zeichen tat?, fragt sie. Die Schlange, die Hand und das Wasser zu Blut?

Mehr davon, sagt Mirjam, und wie wird Pharao zittern! Und mit ihm Ägypten. Mose, wird Pharao sagen, nimm dein Volk und geh! – Ja, so wollen wir's machen. – Ich sehe sie an und denke an Gottes Worte: *Ihr sollt euch was einfallen lassen …* Und weil ich es nicht besser weiß – und Mose auch nicht – begleiten wir Mirjam noch einmal vor Pharaos Thron.

Da sprach der Herr zu Mose:

Nun sollst du sehen,
was ich dem Pharao antun werde;
denn durch eine starke Hand
gezwungen,
muss er sie ziehen lassen,
ja er muss sie,
durch eine starke Hand gezwungen,
aus seinem Land vertreiben.

2 Mose 6, Vers 1

Mose hält den Stab und Mirjam beschwört einen grausamen Traum

Hat es mit Gott zu tun, wenn am Ende alles gut geht?
Wenn es mit Gott zu tun hatte – warum war es so mühsam?
Hat es nicht Wunder gegeben, Beweise der Macht,
ging es nicht wie von selbst?

Hör zu, sagt der Erzähler der Bibel. Später, als Israels Kinder längst in Sicherheit waren, erzählten sie sich, wie Gott den Pharao mit schrecklichen Strafen bezwang, bis er Israel frei gab.
Alles, was je an Unheil über Ägypten gekommen war, nannten sie Gottes Werk.

Als es aber galt, Israel zu befreien, trug Mose Gottes Stab.
Und Mose war angstvoll und schwach so wie du und ich.

Ohne den Segen der Kinder Israels gehen wir diesmal zu Pharao, Mose, Mirjam und ich. Pharao hat einen neuen Stab. Er ist prächtiger als der alte, besetzt mit funkelnden Steinen. Ich habe gehofft, du kommst diesmal allein, Mose, sagt Pharao. Meine Schwester öffnet dir ihre Arme und du vergisst, dass du je ein anderer warst als ihr Sohn, ein ägyptischer Prinz.

Vergebens gehofft, wie ich sehe, fährt Pharao fort. Mit bösem Gesicht sieht er meine Schwester und mich. Was sollen wieder die Sklaven an deiner Seite? Mose öffnet den Mund. Doch er spricht nicht. Aaron, flüstert er nur und hält seinen Stab. Keine Sklaven, Pharao, sage ich mit einer Verbeugung, sondern Kinder des Gottes, der heißt: Ich bin, der ich bin, und ich bin für euch da.

Pharao stößt seinen Stab auf den Boden. Was soll das?, ruft er. Du sagst mir nichts Neues. – Pharao, sagt Mirjam, du willst etwas Neues? Dann sieh! – Sie tritt vor und ich sehe: Sie ist voll Zorn und voller Bilder. Ich weiß, was sie tun will, und weil ich's nicht besser weiß, mache ich mit. Pharao, sage ich. So spricht Gott: Lass mein Volk ziehen. Tust du es nicht, so muss ich dich plagen.

Aber der Pharao verhärtete sein Herz auch diesmal und ließ das Volk nicht ziehen.

2 Mose 8, Vers 28

Die erste Plage!, ruft Mirjam laut und Mose hebt seinen Stab. Wir sehen den Nil, die Lebensader des Landes, und siehe: Sein Wasser ist Blut. Blut ist das Wasser der Bäche und Seen, Blut das Wasser der Quellen. Die Fische im Fluss müssen sterben. Die Saaten am Ufer verderben. Kein Mensch kann sich waschen, das Wasser zum Trinken ist fort.

Wehe, ruft Pharao. Das würdet ihr tun? – Das würde Gott wider dich tun, sage ich, wenn du weiter nicht auf ihn hörst. Nein, sagt Pharao. Das sei fern. Pharao, sage ich, so spricht Gott: Lass mein Volk ziehen. Tust du es nicht, so muss ich dich plagen. Ich lasse euch ziehen, sagt Pharao. Später einmal, wenn die Arbeit getan ist. Macht mir Ziegel, so viele ich brauche. Dann aber: Fort!

Die zweite Plage!, ruft Mirjam laut und Mose hebt seinen Stab. Wir sehen den Nil und die Bäche, die Seen und Quellen, und von überallher kommen Frösche und steigen an Land. Frösche wimmeln über Felder und Wege, sie dringen in Höfe und Häuser und kriechen sogar bis in Pharaos Bett. Kein Brot wird gebacken, in dem nicht die Leiber von Fröschen stecken.

Wehe, ruft Pharao. Das würdet ihr tun? – Das würde Gott wider dich tun, sage ich, wenn du weiter nicht auf ihn hörst. Nein, sagt Pharao. Das sei fern. Pharao, sage ich, so spricht Gott: Lass mein Volk ziehen. Tust du es nicht, so muss ich dich plagen. Ich lasse euch ziehen, sagt Pharao. Später einmal, wenn die Arbeit getan ist. Macht mir Ziegel, so viele ich brauche. Dann aber: Fort!

Die dritte Plage!, ruft Mirjam laut und Mose hebt seinen Stab. Wir sehen den Nil und über dem Nil schwebt eine finstere Wolke. Summend nähert sie sich. Es sind Mücken, dicht aneinander gedrängt wie Körner von Staub. Die Mücken stechen Menschen und Tiere, sie sitzen in Augen und Nasen, sie sirren und schwirren ohne ein Ende und ohne Erbarmen. Kein Mittel kann ihnen wehren.

Wehe, ruft Pharao. Das würdet ihr tun? – Das würde Gott wider dich tun, sage ich, wenn du weiter nicht auf ihn hörst. Nein, sagt Pharao. Das sei fern. Pharao, sage ich, so spricht Gott: Lass mein Volk ziehen. Tust du es nicht, so muss ich dich plagen. Ich lasse euch ziehen, sagt Pharao. Später einmal, wenn die Arbeit getan ist. Macht mir Ziegel, so viele ich brauche. Dann aber: Fort!

Die vierte Plage!, ruft Mirjam und Mose hebt seinen Stab. Wir sehen den Nil und über dem Nil schwebt eine finstere Wolke. Summend nähert sie sich. Es sind Fliegen, dicht aneinander gedrängt wie Körner von Staub. Die Fliegen sitzen in Augen und Nasen, sie sirren und schwirren ohne ein Ende … Nein, ruft da Pharao. Erbarmen! Gib Frieden, Mose, lasst mich allein!

Ach, wären wir niemals vor Pharaos Thron getreten!
Ich klage zu Gott. Ach, hätte ich klüger gesprochen!
Hätte doch Mirjam das Zaubern gelassen! Falscher als falsch!
Wieder ist alles schlimmer geworden. Unsere Ältesten
hat Pharao ins Gefängnis geworfen. Die Jungen arbeiten
härter denn je. Und du, Gott, siehst du es an? Bitte, sprich!

Aaron, höre ich Gottes Stimme. Leise nur und weit fern.
Mose hat meinen Stab. Er muss sich was einfallen lassen.
Sprach ich zu Israel: Leide und dulde, was man dir tut?
Nein, sondern ich sagte: ziehe und zelte, das ist dein Leben.
Habt ihr denn keinen Mut mehr und keine Freude am Wind?
Gott, sage ich, wir dürfen ja nicht. Oh doch, sagt Gott. Und ob.

Aaron, komm! – Mirjam ruft mich. Sie winkt mich
in unser Versteck. Was, Mirjam? Wer ist da? Ein müder
Mann mit einem besudelten Stab …? Es ist Mose,
sagt Mirjam. Er sieht nicht wie Mose aus, sage ich, sondern
wie ein erschöpfter Verlierer. – Verlierer, sagt Mose, ja, Aaron,
so nennen sie mich. Sie zweifeln an mir, Israels Kinder.

Mose, sage ich, Gott will nicht, dass wir dulden, was Pharao
tut. Wir sollen ziehen und zelten, das ist sein Wort. Die
Kinder Israels werden dir folgen. – Mirjam nimmt Moses
verdorbenen Stab. In ihrer Hand wird er rein. Habt ihr
Pharaos Entsetzen gesehen, als ich die Bilder der Plagen
malte? Wasser zu Blut, Frösche und Schwärme von Mücken?

Mehr davon, sagt Mirjam, und wie wird Pharao wanken! Und
mit ihm Ägypten. Mose, wird Pharao sagen, nimm dein Volk
und geh! – Ja, so wollen wir's machen. – Ich sehe sie an und
denke an Gottes Worte: Ihr sollt euch was einfallen lassen …
Und weil ich es nicht besser weiß – und Mose auch nicht –
begleiten wir Mirjam ein drittes Mal in Pharaos Haus.

Mose aber kam wieder
zu seinem Herrn und sprach:

Herr, warum tust du so übel
an diesem Volk?
Denn seitdem ich hingegangen
bin zum Pharao, um mit ihm
zu reden in deinem Namen,
hat er das Volk noch härter
geplagt, und du hast dein Volk
nicht gerettet.

2 Mose 5, Verse 22 + 23

Ich habe gehofft, Mose, du gibst endlich auf, sagt Pharao, als wir zum dritten Mal vor ihm stehen. Meine Schwester hätte dir alles vergeben. Aber ich sehe: Du bringst mir erneut diese Sklaven. Mose öffnet den Mund. Aaron, flüstert er und hält seinen Stab. Keine Sklaven, sage ich ohne Verbeugung, Diener des Gottes, der heißt: Ich bin, der ich bin, und ich bin für euch da.

Pharao stößt seinen Stab auf den Boden. Was soll das?, ruft er. Du sagst mir nichts Neues. – Pharao, sagt Mirjam, du willst noch mehr Neues? So sieh! – Sie tritt vor und ich sehe: Sie ist voll Zorn und voller Bilder. Ich weiß, was sie tun will, und weil ich's nicht besser weiß, mache ich mit. Pharao, sage ich. So spricht Gott: Lass mein Volk ziehen. Tust du es nicht, so muss ich dich plagen.

Die fünfte Plage!, ruft Mirjam laut und Mose hebt seinen Stab. Wir sehen den Nil, die Lebensader des Landes, und siehe: Sein Wasser ist Pest. Pest ist das Wasser der Bäche und Seen, Pest das Wasser der Quellen. Alles Vieh, das davon trinkt, fällt tot um. Schafe und Ziegen und Kühe mit ihren Kälbern. Nur Israels Vieh, welch ein Wunder, bleibt leben.

Wehe, ruft Pharao. Das würdet ihr tun? – Das würde Gott wider dich tun, sage ich, wenn du weiter nicht auf ihn hörst. Nein, sagt Pharao. Das sei fern. Pharao, sage ich, so spricht Gott: Lass mein Volk ziehen. Tust du es nicht, so muss ich dich plagen. Ich lasse euch ziehen, sagt Pharao. Später einmal, wenn die Arbeit getan ist. Macht mir Ziegel, so viele ich brauche. Dann aber: Fort!

Und der Pharao sprach zu Mose:

Geh von mir und hüte dich,
dass du mir nicht mehr
vor die Augen kommst,
denn an dem Tag, an dem
du mir vor die Augen kommst,
sollst du sterben.

2 Mose 10, Vers 28

Die sechste Plage!, ruft Mirjam laut und Mose hebt seinen Stab.
Wir sehen den Nil, die Lebensader des Landes, und siehe:
Sein Wasser ist faul. Faul ist das Wasser der Bäche und Seen,
faul das Wasser der Quellen. Alle Menschen, die davon
trinken, fallen tot um. Blattern heißt die schreckliche Seuche,
die keinen in Ägypten verschont. Nur Israels Kinder bleiben gesund.

Wehe, ruft Pharao. Das würdet ihr tun? – Das würde Gott
wider dich tun, sage ich, wenn du weiter nicht auf ihn hörst.
Nein, sagt Pharao. Das sei fern. Pharao, sage ich, so spricht Gott:
Lass mein Volk ziehen. Tust du es nicht, so muss ich dich plagen.
Ich lasse euch ziehen, sagt Pharao. Später einmal, wenn die Arbeit
getan ist. Macht mir Ziegel, so viele ich brauche. Dann aber: Fort!

Die siebte Plage!, ruft Mirjam laut und Mose hebt seinen Stab.
Wir sehen den Nil und über dem Nil schwebt eine finstere Wolke.
Sie ist schwärzer als schwarz und lagert sich über Pharaos Haus.
Unter Blitz und Donner zerreißt der Himmel. Die Wolke zerplatzt.
Hagel springt auf die Erde. Körner, wie Kinderköpfe so groß,
erschlagen Menschen und Vieh, verwüsten Wälder und Felder.

Wehe, ruft Pharao. Das würdet ihr tun? – Das würde Gott
wider dich tun, sage ich, wenn du weiter nicht auf ihn hörst.
Nein, sagt Pharao. Das sei fern. Pharao, sage ich, so spricht Gott:
Lass mein Volk ziehen. Tust du es nicht, so muss ich dich plagen.
Ich lasse euch ziehen, sagt Pharao. Später einmal, wenn die Arbeit
getan ist. Macht mir Ziegel, so viele ich brauche. Dann aber: Fort!

Die achte Plage!, ruft Mirjam laut und Mose hebt seinen Stab.
Wir sehen den Nil und über dem Nil schwebt eine finstere Wolke.
Drohend kommt sie heran. Heuschrecken, in endlosem Schwarm.
Gedrängt wie Körner von Staub. Sie stürzen blind auf das Korn, und
was nicht der Hagel zerschlagen hat, das fressen sie gierig und lassen
nichts heil. Nein, ruft Pharao. Gib Frieden, Mose. Lasst mich allein!

Mose verliert die Geduld und Pharao fast seinen Stab

Ich trau dir nicht mehr, Pharao, sagt Mose durch mich. Wenn ich gehe, wirst du mein Volk umso härter bestrafen. Ich bleibe, bis du mir sagst: Nimm Israels Kinder, Mose, zieh heim. Ihr seid frei. Geht mit Gott und in Frieden. Pharao lacht. Das wirst du nie von mir hören. Sklaven seid ihr. Nur wir sind frei. – Da sehe ich Feuer in Moses Augen.

Pharao, ruft er mit eigener Stimme und schlägt seinen Stab gegen Pharaos Stab. Die Sonne soll nicht mehr scheinen über Ägypten, solange einer wie du hier den Stab trägt und herrscht! – Ich weiß nicht, wie es geschieht. Aber da wird es finster, drinnen und draußen, und die Sonne am Himmel wird schwarz. Pharao schreit und sein Stab fällt zu Boden.

Ich habe schon einmal einen Ägypter erschlagen!, ruft Mose und hebt seinen Stab. Pharao sitzt reglos und kann sich nicht wehren. In all dem Dunkel ist keiner, der hilft. Lass mich leben, Mose, sagt Pharao. Ich fürchte den Tod. Ägyptens Totenreich ist ohne Sonne, ohne ein einziges Licht. Rette mich! Mein Liebstes gebe ich dir für mein Leben.

Dein Liebstes, sagt Mose und stockt. Wie Abraham einmal glaubte, er müsste Isaak opfern … Ich sehe: In Mirjam ist wieder ein Bild. Ein Bote Gottes mit einem Schwert. Er zieht von Haus zu Haus und tötet … tötet Kinder. Pharao hat es auch getan mit den neugeborenen Söhnen von Israels Kindern … Rot wie Blut brennt in Moses Augen das Feuer.

Aber der Dornbusch verbrannte nicht, sage ich. Mose nickt. Licht ist in seinen Augen, nicht Feuer noch Blut. Ich bin, der ich bin. Das ist Gott, sagt Mose. Er will das Leben, nicht den Tod. Mose bückt sich und nimmt Pharaos Stab. Nimm ihn, sagt er. Und du, sagt Pharao, nimm Israels Kinder. Geht, ihr seid frei. Da scheint die Sonne wieder und glänzt auf Moses Gesicht.

Mose bereitet die Kinder Israels auf den Auszug aus Ägypten vor

Wir wollen es gemeinsam schaffen? Dann brauchen wir einen,
der vor uns den Stab trägt.
Dann brauchen wir eine Mitte. Dann brauchen wir Regeln,
an die jeder sich hält.

Hör mal, sagt der Erzähler der Bibel. Den Stab trägt Mose;
er hat ihn von Gott. Die Mitte ist Gott selbst, denn er heißt: *Ich bin, der ich bin,*
und ich bin für euch da.
Und darum die oberste Regel: Traut auf Gott und auf den mit dem Stab.

Noch immer glänzt Moses Gesicht, als wir am Abend
nach Hause kommen. Wir brechen auf! Macht euch bereit.
So ruft er in alle Hütten. Das hören Israels Kinder.
Wie Fieber packt sie die Kunde. *Wir brechen auf* …
aber dann? Keine Qualen mehr, aber viele Gefahren?
Mose, sage ich leise, gib ihnen Zeichen, auf die sie bauen.

Zum Aufbruch, sagt Mose, das Nötigste nur. Kein rohes
Fleisch, das kann verderben. Kein saures Brot. Einen
Sauerteig zu bereiten, fehlt euch die Zeit. Bittere Kräuter
zum Abschied, denn dies war ein bitteres Leben. Wir
kehren nie wieder. Heimlich brechen wir auf. Boten sollen
an unsere Türen klopfen, in der dunkelsten Stunde der Nacht.

Vor allem aber: Seht meinen Stab. Gott selbst gab ihn mir
in die Hand. Gott sollt ihr loben und nie mehr vergessen:
Gott war es, der Pharao sagte: Lass meine Kinder ziehen.
Haltet heilig die Zeit und den Tag, an dem solches geschah.
Ein Fest sei ab jetzt jedes Jahr, zu erinnern an unsere Befreiung.
Gedenkt: Wir sind Gottes Kinder – des Gottes, der sagt: Ich bin da.

Mehr hat Mose nie geredet – so lange ich ihn kenne, nicht.
Israels Kinder hören und glauben. Sie nicken und sagen: Amen,
so sei es. Dann aber eilen sie und rüsten sich für den Weg.
Erst wenn Ägyptens Grenzen in ihren Rücken liegen,
werden sie glauben: Pharao hält sein Wort so wie Gott, der
da spricht: Ich bin, der ich bin, du kannst auf mich trauen.

Ihr sollt diesen Tag
als Gedenktag haben und
sollt ihn feiern als ein Fest
für den Herrn, ihr und alle
eure Nachkommen,
als ewige Ordnung.

2 Mose 12, Vers 14

Josua erzählt: Wie es Israels Kindern in der Wüste ergeht

Und immer, wenn wir am schwächsten waren, war Gott für uns stark. Denn sein Name ist: Ich bin, der ich bin, und ich bin für euch da.

Josua, sag mal, was dürfen wir nicht vergessen? Mose fragt mich. Immer fragt Mose mich. Er hat einen Sohn, Gerschom, aber immer fragt er mich, Hoschea, den Sohn des Nun. Er fragt mich und nennt mich, wie keiner mich nennt. Vater gab mir den Namen Hoschea. Nicht Josua, wie Mose sagt.

Die Knochen von Josef, Herr, sage ich. Ich habe die alte Geschichte niemals vergessen. Wenn ihr heimkehrt, bat Josef, bevor er starb, so nehmt mich mit. So dass ich, wenn nicht im Leben, so doch im Tod, wieder nach Kanaan komme, wohin ich gehöre. Die heute alt sind, haben es damals versprochen. Mose nickt. Ja, Josua.

So ziehen wir los, tief in der Nacht, Alte und Junge, Frauen und Kinder. Viel Vieh. Und Esel, beladen mit Zelten und Decken. Dazu, in einer kostbaren Hülle, die Knochen des Mannes, der Israels Kinder einst nach Ägypten holte – da herrschte Hunger in Kanaan und Josef besaß zu Ägyptens Kammern die Schlüssel.

Fort, nur fort, singt Mirjam, die Schwester von Mose. Leise singt sie und rau. Es klingt wie eine Beschwörung. Ich fürchte Mirjam. Alle Jüngeren fürchten Mirjam. Sie sieht Bilder. Und wenn sie uns davon erzählt, zieht ein Schaudern durch unsere Reihen. Ich fürchte auch Aaron, den Bruder. Sie nennen ihn Moses Mund.

Und Mose selbst fürchte ich auch, das Feuer in seinen Augen. Aber er lässt mich nicht und hört nicht auf, mich zu fragen. Und so muss ich neben ihm gehen, ob ich will oder nicht. Und höre Mirjam singen, ob mir's gefällt oder nicht. Und horche auf Aarons Flüstern in Moses Ohr, ob ich es versteh oder nicht.

Ich bin mir nicht sicher – ich bin fast noch ein Kind –, aber es kommt mir vor, je länger wir laufen, als folgten wir einer feurigen Säule, einem Flimmern, rot und hell, vorn in der Ferne, das immer zurückweicht, sobald wir uns nähern. Herr, wage ich schließlich zu fragen. Was ist dieses Zeichen am Himmel, dem Boden so nahe?

Gott hat mir seinen Namen genannt, antwortet Mose. Ich bin, der ich bin, und ich bin für euch da. Zu Recht, Josua, sagst du: Der Feuerschein ist ein Zeichen. Ein Zeichen für Gottes Nähe, mein Freund. Gott zeigt uns den Weg, den wir gehen, damit wir uns nicht verirren. Er führt uns geradewegs in die Wüste!, ruft Moses Mutter.

Na und?, sagt Mirjam. Sie lacht. Mose aber weiß keine Antwort. An der Küste sind wilde Krieger, sagt Aaron vernünftig. Die sollten wir lieber meiden. Denn zum Kampf sind wir nach den Qualen Ägyptens zu schwach. Wie sicher ist dagegen die Wüste! Da sind wir allein. Den Weg durch die Wüste macht niemand uns streitig.

Als wir so reden, wird es schon hell. Die Feuersäule verlischt. Was nun?, denke ich ängstlich. Wir sehen das Zeichen nicht mehr. Da steigt aus dem Nichts eine andere Säule empor, aus Wolkenstoff diesmal, fedrig und weich. Ein Zeichen für den Tag und eines für die Nacht, sagt Aaron zufrieden. Ebenso machte Gott Sonne und Mond.

Und der Herr zog vor ihnen her,
am Tage in einer Wolkensäule,
um sie den rechten Weg zu führen,
und bei Nacht in einer Feuersäule,
um ihnen zu leuchten, damit sie
Tag und Nacht wandern konnten.
Niemals wich die Wolkensäule
von dem Volk bei Tage noch die
Feuersäule bei Nacht.

2 Mose 13, Vers 21 + 22

Das Wunder am Schilfmeer

Was ist das, Josua?, fragt Mose, Tage später. Denn es glitzert vor uns, als wir gehen. Ein großes Wasser, antworte ich und ich denke: Wir könnten wohl welches gebrauchen. Die Tiere sind durstig, die Leute staubig. Vielleicht könnten wir sogar baden? – Ja, Josua, sagt Mose. Das Schilfmeer. Wir müssen hindurch.

Ist es schwer?, fragt Gerschom, Moses Sohn, der da neben uns geht. Es hängt davon ab, sagt sein Vater. Ich kenne das Schilfmeer von damals her. Als ich nach Midian floh, war es freundlich und still. Wenn aber der Wind auf das Wasser drückt – ich weiß nicht, wie es dann wütet. Gott hilft uns!, sagt Mirjam. Sie dreht sich zu denen, die folgen.

Da schreit sie auf. Und alle, die ihrem Blick folgen, schreien mit ihr. Fern, wo sich Himmel und Erde berühren, ist Staub aufgewirbelt und eine Wolke kommt näher. Waffen blitzen und Hufe stampfen. Pharao mit seinen Soldaten! Du hättest ihn umbringen sollen!, sagt Mirjam zu Mose mit glühenden Augen. Wortbrüchig ist er, unehrlich, mies!

Gott hilft uns, sagt Mose knapp. Josua, die Leute sollen sich sammeln und eilen. Wir müssen über das Wasser, bevor das Heer uns erreicht. – Ich fürchte Mose nicht mehr. Ich bewundere ihn. Welch eine Gefahr! Doch Mose bleibt ruhig. Die anderen schreien und rennen wild durcheinander. Ruhe!, rufe ich laut. Ruhe bewahren und rasch an das Meer!

Gott, schreit Mose. Er steht am Ufer. Er hebt seinen Stab. Du bist, der du bist, und du bist uns nah! So hilf! Wir müssen hinüber! – Ich kann nicht erklären, was da geschieht. Aber, so wahr ich hier stehe, das Wasser flieht. Der Boden des Meeres liegt trocken vor uns. Rennt, lauft, beeilt euch!, ruft Mirjam wild. Und Mose trägt Gerschom, sein Kind.

Da sprach Mose zum Volk:

Fürchtet euch nicht,
steht fest und seht zu,
was für ein Heil der
Herr heute an euch tun wird.
Denn wie ihr die Ägypter
heute seht, werdet ihr sie
niemals wiedersehen.

Der Herr wird für euch streiten,
und ihr werdet stille sein.

2 Mose 14, Vers 14

Am anderen Ufer sammeln wir uns. Habt ihr's gesehen? Habt ihr's bemerkt? – So reden Israels Kinder. Die Worte wirbeln und tanzen. Wie Wände standen die Wasser! Kein einziger Zeh wurde nass! Mose hat es getan, mit seinem Stab. Aber nein, es ist Gottes Stab, Gott selbst ist gekommen und hat dem Wasser geboten: Gib Raum! – Gelobt sei Gott, er ist stark.

Noch ein Wunder ist zu berichten. So leicht es uns fiel, das Wasser zu überwinden, so unüberwindlich gibt sich das Meer gegen Pharao und sein Heer. Sie kommen mit Pferden und Wagen, Scharen, gerüstet wie keiner von uns. Sie stehen und schauen und drohen. Doch niemand, niemand von ihnen wagt sich ins Meer. Sie stehen. Am Ende ziehen sie ab.

Wir aber: Da erst sind wir in Wahrheit befreit! Der Stein ist von der Quelle gewälzt, das Siegel zerbrochen, Ketten springen und Riegel zerbrechen. So fühlen wir uns. Wir liegen uns in den Armen, Israels Kinder, weinend und lachend vor Glück. Mose singt laut ein Loblied auf Gott. Und alle stimmen wir ein.

Wie stark bist du, du,
der du bist, der du bist. Du bist da!
Wie stehst du so treu
für uns ein.

Wie schwach waren wir,
mutlos und müde, vor Schrecken starr.
Musste Pharao denn
nicht siegen?

Stark für die Schwachen,
ja, so bist du. Stark für uns – du bist da.
Du Weg durch das Meer
in der Not.

Da steht Mirjam auf – ich weiß, Mose ist noch nicht fertig, er hat seinen Stab gehoben. Mirjam aber nimmt eine Pauke. Sie trommelt und tanzt. Sie beginnt einen Reigen und eine nach der anderen schließen die Frauen sich an. Bis alle tanzen und keine mehr sitzt. Mose und Aaron treten zögernd hinzu. Weil sie es nicht besser wissen, denke ich, machen sie mit.

Wie stark ist Gott, er,
der treu ist und fest. Er ist stark!
Wie kämpft er voll Eifer für
Israel!

Wie schwach sind Israels
Feinde, wenn Gott allein wider sie ist.
Er hebt seinen Arm und
zerstört sie.

Welch große Tat hat Gott
getan! Nimmt Ägypten und schleudert's ins
Meer. Ertränkt es mit Wagen
und Waffen.

Der Dornbusch verbrannte *nicht,* höre ich Aaron zu Mose sagen. Mose nickt. Das ist wahr. Aber lass die Leute jetzt feiern. Anschließend lehre ich sie, Gott richtig zu danken. In der Wüste, Aaron, sind wir mit Gott allein. Später aber, in Kanaan, sind andere Götter und Menschen. Da müssen wir zeigen: Einer nur ist unser Gott! Der das Leben will, nicht den Tod.

Und Mirjam sang ihnen vor:

Lasst uns dem Herrn singen,
denn er hat eine herrliche Tat getan.

Ross und Reiter hat er ins Meer
gestürzt.

2 Mose 15, Vers 21

Das Wunder der Quelle in der Wüste

Wir wandern weiter und weiter. Nichts als Wüste ist um uns her. Der Zug kommt langsam und schleppend voran. Josua, sagt Mose, was sagen Israels Kinder? Ich höre doch, wie sie flüstern und murren. – Herr, sage ich, sie haben furchtbaren Durst. Finde Wasser für sie, eine Quelle. Sonst zweifeln sie an der Macht deines Stabs.

Wasser!, ruft Gerschom plötzlich. Er ist dem Zug ein wenig voraus. Ich sehe Wasser! Da ist eine Quelle! Die noch Kraft haben, rennen. Ich bleibe bei Mose. Er braucht mich, um Ordnung zu halten im Zug. Wir sehen sie hasten, jubelnd und durstig. Wir sehen: Sie prallen zurück. Dann stehen sie starr wie Stein.

Was ist? Warum trinkt ihr nicht?, fragt Mirjam, als wir die Quelle erreichen. Bitteres Wasser, sagt Amram und flucht. In Jochebeds Augen sind Tränen. Sie legt eine Hand auf Moses Arm. Mein Sohn, das ist unser Ende. Da ist keine Macht mehr in Moses Stab. So murren die Alten. Sein Gott – Ich bin da – hat ihn verlassen.

Und du, Josua? – Ich habe gewusst, dass Mose mich fragt! Herr, sage ich. Halt deinen Stab in das Wasser. Er kann, wenn Gott will, auch das bitterste Wasser versüßen. Ja, sagt Mose und hebt seinen Stab. Hört, ruft Aaron für alle. So spricht Gott: Traut auf mich. Ich bin, der ich bin. Und Mose taucht seinen Stab tief in das bittere Wasser.

Was für ein Wunder, rufen die Leute. Sie knien an der Quelle und trinken sich satt. Das Wasser ist frisch und kein bisschen bitter. Gelobt sei Gott. Er ist da. Merkt euch das jetzt, befiehlt Mose. Ihr sollt auf Gott trauen. Wenn nicht, so fürchtet, ihn zu erzürnen! Die Leute sehen sich an. Gott kann zornig sein? Auf seine eigenen Kinder?

Das Wunder des Mahls in der Wüste

Wir wandern weiter und weiter. Nichts als Wüste ist um uns her. Der Zug kommt langsam und schleppend voran. Josua, sagt Mose, was sagen Israels Kinder? Ich höre doch, wie sie flüstern und murren. – Herr, sie hungern, sag ich. Finde Speise für sie, mach sie satt. Sonst zweifeln sie an der Macht deines Stabs.

Und du, Josua?, fragt Mose, wie ich es erwarte. Du trägst den Stab, Herr, antworte ich. Dir fällt schon was ein. Aaron kommt und flüstert. Mose nickt und in seinen Augen brennt helles Feuer. Lagert euch, befiehlt er plötzlich. Josua, an diesem Ort wollen wir bleiben, bis Israel lernt, auf Gott zu vertrauen.

Was willst du von uns, Mose?, fragen die Alten, als unsere Zelte schon stehen. Warum hast du uns aus Ägypten geführt? Damit wir hier in der Wüste vergehen? Ach, hättest du uns doch in Ruhe gelassen! Pharao zu dienen war hart. Nichts zu essen und zu trinken ist härter. Mose antwortet nicht. Aaron, sagt er und hebt den Stab.

So spricht Gott, sagt Aaron. Ich habe das Murren meiner Kinder gehört. Ich bin, der ich bin, und ich mache sie satt. Am Abend gibt's Fleisch und morgens Brot. Aber ich will: Sie sollen mir endlich trauen. – Ja, sagen die Alten. Sind wir erst satt, so wollen wir Gott wieder loben. Da lodert das Feuer in Moses Augen noch mehr.

Eine Wolke zeigt sich am Himmel, wo vorher nichts war als nur Blau. Gott!, ruft Mirjam. Seht, da ist Gott! Er verhüllt sein Gesicht, weil ihr so misstrauisch seid. Ich sehe ihn, sagt Mose betroffen. Er senkt seinen Stab. Da, plötzlich, fällt ein Schwarm Wachteln hernieder. Wir müssen nichts tun, als sie fangen und braten.

Und als die Israeliten es sahen,
sprachen sie untereinander:
Ma hu?
Denn sie wussten nicht, was das war.
Mose aber sprach zu ihnen:
Es ist das Brot, das euch der Herr
zu essen gegeben hat.

2 Mose 16, Vers 15

Am anderen Morgen, als wir erwachen, glänzt es wie Tau um uns her. Rund und klein liegen sie da, weiße Scheiben wie Naschwerk. Mirjam, die Seherin, ist die Erste, die davon probiert. Süß wie Honig und knusprig wie Keks, ruft sie laut. Nennt es Manna – und dankt dafür Gott. Sagte nicht Gott: Und morgen gibt's Brot?

Er sagte noch mehr, ruft Aaron an Moses Seite. Hört, was Gott sagte, als er mit Mose allein war. So spricht Gott, sagt Mose mit eigener Stimme. Damit ich sehe, dass ihr mir traut: Nehmt das Brot, das ich euch schenke. Nehmt, so viel ihr braucht, für *einen* Tag. Neu will ich geben, Tag für Tag.

Sie staunen und jubeln und loben Gott. Aber, ach Gott, ich sehe auch, was sie tun. Nicht alle trauen auf Gottes Wort. So mancher nimmt heimlich, so viel er findet, für zwei oder drei Tage und mehr. Wer weiß schon, was morgen geschieht?, hör ich sie flüstern. Gott hat es gesagt, denke ich traurig. Aaron und Mose verrate ich nichts.

In der Nacht hört man es in den Zelten lärmen und fluchen. Igitt!, höre ich rufen. Überall Würmer!, flüstern Israels Kinder, unsanft vom Schlaf erwacht. Merkt ihr nicht, wie es stinkt? Mose wird wach. Josua, sagt er. Was ist da los? Herr, sage ich, sie haben zu viel gesammelt. Über Nacht wird es schlecht.

Narren! Selbst im Dunkel des Zelts sehe ich seine Augen blitzen. Herr, sage ich, sie haben Angst. Müssen sie Angst haben, Josua, wenn Gott ihnen schenkt? Herr, sage ich, sie sehen ihn nicht so wie du. Da ist er still und ich glaube, er schläft. Am Morgen geht er durchs Lager. Trau doch auf Gott, sagt er jedem. Neu – Tag für Tag.

Sechs Tage vergehen und immer, am Morgen, finden wir Manna, neu, Tag für Tag. Am sechsten Tag aber kommen die Alten erschrocken zu Mose. Was soll das?, fragen sie ihn. Heute finden wir doppelt so viel. Mose nickt. Für heute und morgen, sagt er. Nehmt. Morgen ist Gottes heiliger Tag. Da sollt ihr ruhen, nicht raffen.

Ich sehe aber, sie verstehen ihn nicht. Auf Aaron schauen sie fragend. In sechs Tagen, sagt Aaron, schuf Gott die Welt. Am siebten Tag aber ruhte er aus. Da machte er nichts. Er freute sich nur; so gut war alles, was er gemacht hat, gelungen. Diese Ruhe, ihr Kinder Israels, und diese Freude will Gott mit euch teilen.

Wahrhaftig: Wir sammeln doppelt so viel. Und nicht ein einziges Stück verdirbt in der Nacht. Wir halten die Ruhe des siebten Tags. Wir lernen uns freuen mit Gott. Das Wandern geht weiter. Das Manna kommt mit. Immer am sechsten Tag reicht es für zwei. Da lernen wir es, durch Gottes Brot: Am siebten Tag darfst du ruhen.

Und die Israeliten aßen Manna vierzig Jahre lang, bis sie in bewohntes Land kamen; bis an die Grenze des Landes Kanaan aßen sie Manna.

2 Mose 16, Vers 35

Das Wunder der Quelle im Fels

Wir wandern weiter und weiter. Nichts als Wüste ist um uns her. Der Zug kommt langsam und schleppend voran. Josua, sagt Mose, was sagen Israels Kinder? Ich höre doch, wie sie flüstern und murren. – Herr, sage ich, sie haben furchtbaren Durst. Finde Wasser für sie, eine Quelle. Sonst zweifeln sie an der Macht deines Stabs.

Und du, Josua?, fragt Mose nach seiner Gewohnheit. Du trägst den Stab, Herr, antworte ich. Dir fällt schon was ein. Aaron kommt und flüstert. Mose nickt und in seinen Augen brennt dunkles Feuer. Lagert euch, befiehlt er plötzlich. Ich bin müde, Josua. Ich ertrage das Murren nicht länger und mir fällt auch nichts ein.

Was willst du von uns, Mose?, fragen die Alten, als unsere Zelte schon stehen. Warum hast du uns aus Ägypten geführt? Damit wir hier in der Wüste vergehen? Ach, hättest du uns doch in Ruhe gelassen! Pharao zu dienen war hart. Nicht zu essen und zu trinken ist härter. Mose antwortet nicht. Aaron, sagt er und wendet sich ab.

So spricht Gott, sagt Aaron. Ich habe das Murren meiner Kinder gehört. Ich bin, der ich bin, und ich gebe ihnen zu trinken. Nimm deinen Stab, Mose, und führe die Ältesten auf meinen Berg. Steige hinauf, bis dass du mich siehst. Dann schlage den Stab an den Fels und siehe: Wasser wird sprudeln. Ich weiß ja: Sie müssen trinken.

Ich sehe, dass Mose nicht will. Er geht ohne Worte und die Alten folgen zögernd und still. Ich warte. Als sie wiederkommen, sind sie fröhlich und frisch. Josua, fragst du nicht, was geschehen ist?, staunt Mose. Warum soll ich fragen, Herr? Aaron hat Gottes Worte verkündigt. Wie Gott aber spricht, so geschieht es.

Das Wunder des Sieges über die Amalekiter

Wir wandern weiter und weiter. Noch immer umgibt uns nur Wüste. Aber wir haben Spuren gesehen. Von vielen fremden Männern und ihren Tieren. Josua, sagt Mose, was sagen Israels Kinder? Ich höre doch, wie sie flüstern und murren. – Herr, sie haben große Angst. Was, wenn ein Überfall droht? Wer kann für uns streiten?

Du, Josua, sagt Mose. Du bist jung und stark. Wenn Gott es will: Du sollst mein Heerführer sein. Herr!, ruf ich laut. Aber ich sage nicht nein. Ich traue darauf: Wenn Gott es will, ist er nah. – Es ist so weit!, ruft Mirjam am folgenden Tag. Amalek und seine Männer! Sie greifen an! Ich rufe laut: Auf, ihr Männer! Greift zu den Waffen!

Ich habe gedacht, Mose bliebe an meiner Seite. Er aber nimmt Aaron und seinen Stab und klettert auf einen Felsen. Sieh meinen Stab, Josua, ruft er mir zu. So spricht Gott, der uns sagt: Ich bin da. Solange der Stab erhoben ist, kann dir und den Deinen gar nichts geschehen! Da wird mein Herz leicht und ich traue auf Gott.

Der Kampf ist lang und zäh. Er dauert von Aufgang der Sonne bis Untergang. Und Moses Arm wird schwach. Da tritt Aaron zu ihm und stützt ihn. So, dass der Stab stets erhoben ist. Bis schließlich die Letzten von Amaleks Männern fliehen. Wie jubeln die Kinder Israels über den Sieg. Ich aber wasche mich sauber vom Blut.

Josua, jubelst du nicht?, fragt Mose an meiner Seite. Ich sehe mit Grauen mein blutiges Schwert. Gott liebt das Leben, Herr, nicht den Tod. Was wir heute taten, ist traurig. Ja, sagt Mose. Und doch: Ich sehe nach vorn und sehe dich kämpfen. Wenn ich nicht mehr bin, Josua, trägst du Gottes Stab. Im Krieg erst. Später im Frieden.

Das Wunder der Gotteserscheinung am Sinai

Wir wandern weiter und weiter. Noch immer umgibt uns die Wüste. Und mittendrin ist ein Berg. Gottes Berg, sagt Mirjam. Dort werden wir lange bleiben. – Josua, sagt Mose, was sagen Israels Kinder? Ich höre doch, wie sie flüstern und murren. – Nein, Herr, sie murren nicht, sage ich. Sie sind selbst zum Murren zu müde.

Und du, Josua?, fragt Mose. Herr, deine Schwester sagt: Der Berg vor uns ist Gottes Berg. Was wird uns da geschehen? – Gott will sich zeigen, antwortet Mose. Damit Israels Kinder lernen: Trauen auf Gott, der ihr Schreien hört wie ihr Murren und nimmt sich ihrer an. Wird er uns schlagen, Herr?, frage ich angstvoll.

Das kommt darauf an, sagt Mose, ob sie ihn hören. Gott schlägt nicht, er spricht, sagt Aaron. Wir dürfen ihm nicht zu nahe treten, sagt Mirjam mit fernem Blick. Ich weiß, sie sieht Bilder, die Seherin. Hört, was Gott tut, ruft sie laut: Er macht einen heiligen Kreis um den Berg. Wer ihn verletzt, ist des Todes.

Sage uns, Mose, fragen die Alten, als unsere Zelte schon stehen. Was bedeutet für uns dieser Berg, von dem Mirjam sagt: Es ist Gottes Berg? Was sollen wir hier und was wird uns geschehen? Wir fürchten den Gott, der stark genug war, so viele Wunder zu tun. Ägypten und Amalek schlug er. Was aber tut er mit uns?

Mose antwortet nicht. Aaron, sagt er und hebt den Stab. So spricht Gott, sagt Aaron. Bis hierher habe ich euch geleitet. Ich bin, der ich bin, und ich habe euch wieder und wieder gerettet. Darum frage ich euch – und wenn ihr antwortet, zeigt eure Gesichter: Wollt ihr für immer zu mir gehören und trauen auf mich ganz allein?

Höre, Israel, der Herr ist unser Gott, der Herr allein. Und du sollst Gott, deinen Herrn, lieb haben von ganzem Herzen, von ganzer Seele und mit all deiner Kraft.

5 Mose 6, Verse 4 + 5

Eine Wolke zeigt sich über dem Berg, wo vorher nichts war als Himmel. Gott, ruft Mirjam. Seht, da ist Gott! Da fährt er nieder auf seinen Berg in einem Wolkenkleid. Tretet ihm nur nicht zu nah! Seht doch, wie groß er ist, mächtig. Gewaltig! Den ganzen Berg hüllt er ein, Blitze sind seine Begleiter! Und seine Stimme ist Donnerhall.

Mose, flüstern die Alten erschrocken. Bitte, Mose, sprich du! Geh hin und antworte Gott. Sage ihm: Ja, wir wollen zu Gott gehören, und ja, wir trauen auf Gott allein. Wir werden bleiben und warten, was auch geschieht. Da nimmt Mose den Stab. Josua, sagt er. Wahre die Ordnung im Lager. Und fürchte dich nicht.

Aaron geht an Moses Seite. So ist es immer gewesen. Doch da bleibt Mose stehen und wehrt ihn ab. Nein, mein Bruder, diesmal nicht. Gott ruft mich allein. Wie damals, du weißt es, im Dornbusch. Bleibe und warte auf mich. Ich werde dir später alles erzählen. Stumm wendet Aaron sich ab. Ich sehe, Mose hat ihn verletzt.

Die Bilder, die Mirjam gerufen hat, sind mir verloren gegangen. Keine Wolke mehr, keine Blitze. Da ist der Berg, mächtig und schroff, und Mose mit seinem Stab. Ich zittere, als ich ihn fortgehen sehe. Er ist so allein. Ich fürchte, er kommt als ein anderer wieder. Wird er dann alles besser wissen und aufhören mich zu fragen?

Das Gesetz, das ich dir heute gebiete, ist dir nicht zu hoch und nicht zu fern.

Es ist nicht im Himmel, dass du sagen müsstest: Wer will für uns in den Himmel fahren und es uns holen, dass wir's hören und tun? Es ist auch nicht jenseits des Meeres, dass du sagen müsstest: Wer will für uns über das Meer fahren und es uns holen, dass wir's hören und tun? Denn es ist das Wort ganz nah bei dir, in deinem Mund und in deinem Herzen, dass du es tust.

5 Mose 30, Verse 11 bis 14

Die Kinder Israels verlieren die Geduld und Aaron gibt nach

Er kommt nicht wieder. Wir warten und bleiben. Singend loben wir Gott. Aber Mose kommt nicht wieder. Gott hat Mose allzu gern, sagen die Alten. Er wird ihn behalten. Unsinn!, ruft Mirjam durchs Lager. Was sind denn Tage vor Gottes Gesicht? Ein Menschenleben ist Gott wie ein Tag. Mose ist noch nicht lange fort. Kommt, lasst uns tanzen!

Er kommt und kommt nicht wieder. Wir warten. Murmelnd bitten wir Gott: Lass Mose gehen. Kann es sein, sagen die Alten: Gott will uns strafen? Er hat uns geprüft, doch wir versagten. Darum nimmt Gott uns den Stab weg und seinen Träger und lässt uns allein. Ein Opfer, ruft Mirjam und zerreißt ihren Schleier. Gewiss: Mose könnte ein Opfer sein!

Er kommt und kommt und kommt nicht wieder. Weinend fragen wir Gott: Was soll denn nur aus uns werden? Die Alten bedrängen Aaron: Du und Mose, murren sie, warum habt ihr uns aus Ägypten geführt? Damit wir hier in der Wüste vergehen? Ach, es ist eine Falle! Der Gott, den ihr nennt *Ich bin da:* Er ist ohne uns weiter gezogen.

Er kommt nicht und kommt nicht und kommt nicht. Aaron, denke ich, sprich Gottes Wort. Mirjam, denke ich, zeige uns Bilder. Zeichen, sage ich beiden, wir brauchen ein Zeichen, dass Gott Israels Kindern noch nah ist. Sie hören und sehen ihn nicht so wie ihr. In Ägypten, sagt Mirjam langsam, da hatten die Götter goldene Bilder …

Hört, was wir tun!, ruft Mirjam durchs Lager. Wir machen uns ein Bild von Gott. Kommt er nicht, so holen wir ihn. Gebt Schmuck und Gold, was ihr auch habt. Wir machen daraus einen Gott, der uns niemals verlässt. Auf den wollen wir bauen. Ich merke: Aaron steht schweigend dabei. Nur weil er es nicht besser weiß, denke ich, macht er mit.

Als aber das Volk sah, dass Mose ausblieb und nicht wieder vom Berge zurückkam, sammelte es sich gegen Aaron und sprach zu ihm:

Auf, mach uns einen Gott, der vor uns hergehe! Denn wir wissen nicht, was diesem Mann Mose widerfahren ist, der uns aus Ägyptenland geführt hat.

2 Mose 32, Vers 1

Ich sehe zu. Je länger ich zusehe, desto unruhiger bin ich. Sie schmelzen das Gold. Sie formen Körper und Kopf, vier Beine dazu – es sieht aus wie ein Kalb. So sieht Gott nicht aus, sage ich. Es ist ein Zeichen, Josua, sagt Aaron. Wir wissen es nicht besser. Dann sollten wir es lassen, denke ich. Ich bin nicht sicher genug, es zu sagen.

Ob vier oder zwei Beine, sagt Mirjam rasch, es ist unser Gott und wir wollen tanzen! Kommt, lasst uns feiern! Wir sind nicht mehr allein. Ich bin, der ich bin, und ich bin da, sagt Gott, und seht: Da ist er! Sie trägt das goldene Kalb auf ihren Armen und setzt es mitten ins Lager. Und alle – außer mir – tanzen!

Ich sehe ihn als Erster. Er kommt, er kommt wieder! Mose, mit großen Schritten. Glanz auf seinem Gesicht und helles Licht in den Augen. Im Arm trägt er zwei Tafeln aus Stein und im Herzen, das seh ich, unendliches Staunen. Herr!, flüstere ich. Näher bei Gott ist wohl keiner. Da sieht er, was Israels Kinder tun, und steht still.

Es ist furchtbar zu sehen, wie er sich wandelt. Das Licht in den Augen wird loderndes Feuer. Der Glanz flieht von seinem Gesicht. Finsternis legt sich darüber. Er hebt beide Arme und öffnet den Mund. Verflucht, ruft er laut. Wisst ihr, was ihr tut? Er schmettert die beiden Tafeln zu Boden. Da stehen die Tanzenden still.

Der Herr aber sprach zu Mose:

Geh, steig hinab; denn dein Volk, das du aus Ägyptenland geführt hast, hat schändlich gehandelt. Sie sind schnell von dem Wege gewichen, den ich ihnen geboten habe. Sie haben sich ein gegossenes Kalb gemacht und haben's angebetet und ihm geopfert und gesagt: Das ist dein Gott, Israel, der dich aus Ägyptenland geführt hat. Und der Herr sprach zu Mose: Ich sehe, dass es ein halsstarriges Volk ist …

2 Mose 32, Verse 7 bis 9

Mose ängstigt Israels Kinder

Feuer, sagt Mose. Macht mir ein großes Feuer. Die Kinder Israels folgen ihm, ohne zu fragen. Er sieht so zornig aus, dass sie sich fürchten. Ich halte mich fern. Ich sammle die Scherben der Tafeln. Aaron und Mirjam stehen bei Mose, die Blicke gesenkt, die Hände wie bittend geöffnet. Das Feuer brennt.

Da nimmt Mose das goldene Kalb und schleudert es selbst in die Flammen. Warum?, flüstert Aaron. Es war nur ein Zeichen. Mirjams Augen sind groß und weit offen. Nein, sagt sie, jetzt sehe ich es: Wir haben Gott sehr verletzt. Er selbst hat uns und die Welt gemacht. Wie konnten wir's wagen, uns einen Gott zu machen?

Du sollst dir kein Bild machen von Gott, sagt Aaron laut. Auf einmal ist er wieder Moses Mund. Gott ist anders als jedes Bild. Täusche dich nicht: Du kannst Gott nicht holen noch halten. Er geht und er kommt, wie er will. Er will nicht mehr, sagt Mose plötzlich. Er hat genug von euch. Untreu seid ihr und ohne Vertrauen.

Das Feuer ist verbrannt und das Kalb ist geschmolzen. Die Asche löst Mose in Wasser. Trinkt, befiehlt er Israels Kindern. Jeder soll trinken. – Warum?, fragen die Alten. Mose, wird es uns töten? Mose hebt seinen Stab und alle beginnen zu zittern. Trinkt, sagt Aaron. Er selbst trinkt als Erster. Wenn ihr getrunken habt, findet ihr Antwort.

Du sollst dir kein Bildnis noch irgendein Gleichnis machen, weder von dem, was oben im Himmel, noch von dem, was unten auf Erden, noch von dem, was im Wasser unter der Erde ist: Bete sie nicht an und diene ihnen nicht.

2 Mose 20, Verse 4 + 5a

Mirjam sieht Bilder, Feuer und Schwert. Die Rache des goldenen Kalbes! Brüder werden Brüder töten, ruft sie, und Söhne ihre Väter. Denn wie können Treue und Liebe gedeihen, wenn Gott, der ist, der er ist, nicht mehr da ist für uns? – Israels Kinder sinken betroffen zu Boden. Sie haben den Tod schon vor Augen. Narren, sagt Mose.

Er hält den Stab. Aaron: Glaubst auch du, du wirst sterben? – So spricht Gott, sagt Aaron laut. Euer Bild war kein Gott. Es kann weder helfen noch schaden. Wie könnte da seine Asche Macht haben über Leben? Doch weil ihr auf falsche Macht traut, nicht auf mich, und seid mir untreu geworden: Ich habe genug. Ich will mich nicht mehr mit euch plagen.

Mose, flüstern die Alten erschrocken. Bitte ihn, Mose, für uns! Geh noch einmal auf den Berg und sage zu Gott: Israels Kinder haben ihre Fehler erkannt. Wir wollen von nun an trauen auf Gott und in allem nur ihm angehören. Wenn er nur bei uns bleibt, so wie es war. – Mose nimmt seinen Stab. Josua, sagt er. Willst du mich begleiten?

Mose verhandelt mit Gott und Josua ist dabei

Ich habe die Scherben in einen Beutel gesammelt. Ich halte ihn in der Hand, als ich Mose folge. Herr, sage ich, was war auf den Tafeln? Das will ich dir sagen, antwortet Mose mit grimmiger Miene. Zehn Gebote von Gottes eigener Hand. Damit wir leben können im Frieden mit Gott und untereinander.

Von Gottes eigener Hand …, flüstere ich. Mein Beutel mit den Scherben wiegt plötzlich doppelt so schwer. Herr, durftest du sie zerschlagen? Mose schnaubt. Durften denn Israels Kinder das Kalb umtanzen?, fragt er zornig zurück. Sie hatten Angst, sage ich. Herr, sie sehen Gott nicht wie du.

Wir steigen höher auf den Berg. Josua, sagt Mose, fürchtest du dich? Wie bin ich froh, dass er fragt. Nein, Herr, sage ich. Ich traue auf Gott und auf dich. Da nimmt Mose mich bei den Schultern und sieht mich an. In seinen Augen sehe ich – Gott. Keine Wolke, keinen Blitz. Klares helles Licht, das wärmt.

Ein Feuer, das lodert, doch nicht verbrennt, sage ich leise. Wie wir es zum Leben brauchen. Ich denke an den blauen Stein, den mir einst eine Ägypterin zeigte. Saphir, sagte sie. Ich sagte: Himmelsblau. Das ist die Farbe von Gott. Ja, Saphir mit Silberglanz – so seh ich Gott und seh ihn in Moses Augen.

Das Feuer wird stärker und Mose wird schwach. Er sinkt zu Boden, umklammert den Stab. Ich sehe, warum: Gott selbst zerrt am Stab. Gib ihn her! Ich führe Israels Kinder nicht mehr. Untreu sind sie und ohne Vertrauen. Aber Mose hält fest. Mein Gott, sie haben bloß Angst. Sie sehen dich nicht wie ich. Da spür ich: Der Zug lässt nach.

Und Mose sprach zu dem Herrn:

Habe ich Gnade vor deinen Augen gefunden, so lass mich deinen Weg wissen, damit ich dich erkenne und Gnade vor deinen Augen finde. Und sieh doch, dass dies Volk dein Volk ist!

2 Mose 33, Vers 13

Sie sind nicht verloren, Herr, sage ich. Sieh, hier sind die Scherben der Tafeln. Mose kommt näher. Josua, sagt er. Das hast du gut gemacht. Lass uns mal sehen, was wir finden! Sieh, das ist der Anfang! *Ich bin, der ich bin, und führte euch aus Ägypten. Traut doch auf mich – und keinen sonst: Ich werde euch weiter begleiten.*

Traut doch auf mich, sage ich leise. Ja, sagt Mose, das ist das erste Gebot. Das zweite ist hier: Niemand außer mir, der Himmel und Erde gemacht hat, kann von sich sagen: *Ich bin, der ich bin, und ich bin für euch da. Deshalb: Seid achtsam mit meinem Namen. Und tretet mir nicht zu nah.* Das ist das zweite Gebot.

Tretet mir nicht zu nah, wiederhole ich still. Ja, so spricht auch Mirjam. Und doch tanzte sie um das Kalb. – Weiter, sagt Mose. Ich glaube, dies ist das dritte: *Der siebte Tag der Schöpfung ist ein gesegneter Tag. Da sollst du ruhen, nicht raffen.* – Weißt du noch, Herr, sage ich. Wir lernten die Ruhe durch Gottes Brot.

Am siebten Tag darfst du ruhen, das ist das dritte Gebot. Das vierte, sagt Mose und sucht in den Scherben: *Eltern und Kinder, achtet einander. Denn zwischen euch ist ein heiliges Band.* Ja, sage ich, wie Söhne den Vätern Kummer bereiten und was daraus wächst, das lernen wir an Ruben und Josef, an Jakobs Söhnen. So soll es nicht wieder sein.

Ein jeder achte das Leben, liest Mose auf einer Scherbe. Dass er nicht tötet, was Leben von Gott hat wie er. Ja, hätte Kain das bedacht, sage ich. Oder ich, sagt Mose, bevor ich den Ägypter erschlug. Oder ich, sage ich, als ich gegen Amalek kämpfte. Du hast es bedacht, sagt Mose und sieht mich an. Du kämpftest, um Leben zu … retten.

Ein jeder achte das Leben, sage ich noch mal. Das ist das fünfte Gebot. Und das sechste, Herr? Du sagtest ja, es sind zehn. – Ein jeder Mann achte die Frau, die ihm angehört, und jede Frau achte den Mann, der ihr angehört, dass sie sich nur nicht verletzen. Nur wenn sie fest zueinander stehen, wird ihr gemeinsames Leben gelingen, sagt Mose.

Männer und Frauen, achtet die Ehe, sage ich. Wie viel weniger Leid hätte Lea gehabt, wenn Jakobs Herz nicht an Rahel gehangen hätte. Und doch, sagt Mose, war die Liebe zwischen Rahel und Jakob ein heiliges Band. Labans Betrug hat das Unheil gebracht. Und so heißt das achte Gebot: *Achte die Wahrheit und meide Betrug.*

Du hast das siebte vergessen, erinnere ich Mose. Ich finde es nicht, sagt Mose und sucht in den Scherben. Weißt du, wie Jakob das Band stahl, das Esau gebührte? Es ist gewiss auch nicht richtig, zu stehlen. Da ist es, ruft Mose. Du hast Recht, Josua. *Jeder achte des andern Hab und Gut,* so steht hier geschrieben das siebte Gebot.

Es sind gute Regeln, sage ich, die das Leben leichter machen. Was noch? Die letzten beiden, sagt Mose; ich dachte zuerst, sie sind doppelt: *Jeder achte auf sein eigenes Hab und Gut und trachte nicht nach andrem.* Das ist das neunte. Das zehnte aber: *Jeder achte auf das, was ihm anvertraut ist, und träume nicht von andrem.*

Die sind, sage ich, für den Frieden im eigenen Herzen. Ich denke an Lea, und wie sie Unglück wünschte für Rahels Kind. Und wie Rahel Lea beneidete um ihre Söhne! Wie viel Freude haben sie sich und Jakob dadurch verdorben! Josua, sagt Mose, nun haben wir alle Gebote wieder gefunden. Gott weiß, wir danken es dir.

Auf einmal sind das Zelt und der Thron nicht mehr leer. Das goldene Licht wandelt sich. Himmelblau, flüstere ich und ziehe ein Tuch vors Gesicht. Saphir mit silbernem Glänzen. *Meine Wohnung unter Israels Kindern,* sagt Gottes Stimme. Zu Mose sagt er: *Du bist mein Freund.* Wie du sagtest, Herr, denke ich: Gott ist treuer als treu.

Draußen höre ich Mirjam rufen: Seht die Wolkensäule! Still steht sie über dem Zelt. Seht: Gott ist in sein Zelt gekommen. Er besucht Mose wie einen Freund! Israels Kinder singen Lieder für Gott. Morgen werden wir ihnen Gottes Gebote verkünden. Aaron wird wieder für Mose sprechen. Alles ist gut, denke ich, Gott ist da.

Und Gott redete all diese Worte:

Das erste Gebot:

Ich bin der Herr, dein Gott,
der ich dich aus Ägyptenland,
aus der Knechtschaft,
geführt habe.
Du sollst keine anderen Götter
haben neben mir.

Das zweite Gebot:

Du sollst den Namen des Herrn,
deines Gottes,
nicht missbrauchen.

Das dritte Gebot:

Gedenke des Sabbattages,
dass du ihn heiligst.

Das vierte Gebot:

Du sollst deinen Vater und
deine Mutter ehren.

Das fünfte Gebot:

Du sollst nicht töten.

Das sechste Gebot:

Du sollst nicht ehebrechen.

Das siebte Gebot:

Du sollst nicht stehlen.

Das achte Gebot:

Du sollst nicht falsch Zeugnis
reden wider deinen Nächsten.

Das neunte Gebot:

Du sollst nicht begehren deines
Nächsten Haus.

Das zehnte Gebot:

Du sollst nicht begehren
deines Nächsten Weib, Knecht,
Magd, Rind, Esel, noch alles,
was dein Nächster hat.

2 Mose 20, Verse 1 bis 17

Vom Gottesberg weiter – was hat sich verändert?

„Gottes Treue und seine Gebote – hätten wir nicht
daran wachsen müssen? Aber Gott hatte Recht:
Wir sind, wie wir sind – und sind alles andere als heilig.
Mose aber, Mirjam und Aaron – sie wurden allmählich bitter.

Wer tut die Wunder?

Wir wandern weiter und weiter. Nichts als Wüste ist um uns her. Der Zug kommt langsam und schleppend voran. Josua, sagt Mose, was sagen Israels Kinder? Ich höre doch, wie sie flüstern und murren. – Herr, sage ich, sie haben furchtbaren Durst. Finde Wasser für sie, eine Quelle. Sonst zweifeln sie an der Macht deines Stabs.

Und du, Josua?, fragt Mose nach seiner Gewohnheit. Du trägst den Stab, Herr, antworte ich. Dir fällt schon was ein. Aaron kommt und flüstert. Seitdem wir Gottes Geboten und seinem Thron ein Zelt in der Mitte des Lagers bauten, ist Aaron ein Priester und trägt prächtige Kleider. Zuerst aber ist er Moses Mund, so wie immer.

Mose nickt und in seinen Augen brennt mattes Feuer. Lagert euch, befiehlt er müde. Ich bin es leid, Josua. Ist das nicht alles wie immer? Tage um Tage vergehen. Das Volk murrt. Wir aber kommen und kommen nicht an. Herr, schlag doch wieder den Stab an den Fels, sage ich. Ich merke: Auch mir fehlt das Feuer. Ach, Josua …

Was willst du von uns, Mose?, fragen die Alten, die übrig sind. So mancher ist längst gestorben. Warum hast du uns aus Ägypten geführt? Damit wir hier in der Wüste vergehen? Pharao zu dienen war hart. Nicht zu essen und zu trinken ist härter. Da lodert das Feuer in Moses Augen. Kommt, sagt er. Dann werdet ihr sehen!

Aaron sieht es zu spät. Wohin geht Mose?, fragt er mich. Eine Quelle öffnen ohne Gott und mich? Wird er es können?, frage ich. Aarons Stirn sieht wolkig aus. Mein Bruder glaubt ja, dass er *alles* kann. Weißt du noch, als neulich meine Söhne starben? Ich suchte Trost, doch Mose sagte bloß: Ja, hätten sie auf mich gehört!

Herr, sage ich, er weint um deine Söhne. Um jeden Toten dieses langen Wegs. – Aaron schweigt. Da kommen sie wieder, fröhlich und frisch. Mose und die, die murrten. Mose tut Wunder, singen sie. Gelobt sei der Träger des Stabs! Was braucht er Gott? Er schlug an den Felsen und sieh: Da kam Wasser!

Gott wird dich strafen, Mose, ruft Aaron. Kanaan wirst du nie betreten. So spricht Gott: Wenn Mose vergisst, der Stab tut Wunder nur durch Gott, so will auch Gott vergessen, dass er Mose liebt. – Aaron rafft seinen prächtigen Mantel und geht. Die Alten folgen leise. Traurig legt Mose den Stab aus der Hand. Ach, Josua …

Ich weiß nicht, was ich sagen soll. Ich bleibe einfach da. Aaron, das war gehässig, denke ich. Ich suche und suche die rechten Worte. Herr, höre doch den neuen Segen: *Gott segne und behüte dich,* er zeige dir seinen Glanz. Er sehe dich an. Er nenne dich wieder: Mein Freund. Ich reiche Mose den Stab. Er lächelt und öffnet die Hand.

So sollt ihr sagen zu den Israeliten, wenn ihr sie segnet:

Der Herr segne dich und behüte dich;
der Herr lasse sein Angesicht leuchten über dir und sei dir gnädig;
der Herr hebe sein Angesicht über dich und gebe dir Frieden.

Denn ihr sollt meinen Namen auf die Israeliten legen, dass ich sie segne.

4 Mose 6, Verse 23 bis 26

Wer trägt den Stab?

Wir wandern weiter und weiter. Nichts als Wüste ist um uns her. Der Zug kommt langsam und schleppend voran. Josua, sagt Mose, was sagen Mirjam und Aaron? Ich höre doch, wie sie flüstern und murren. – Herr, sage ich, würdest du doch wie früher nach ihnen fragen. Achte sie wieder! Sie neiden dir sonst die Macht deines Stabs.

Und du, Josua?, fragt Mose. Hast du nicht auch Grund zur Klage? – Herr, sage ich, *du* trägst den Stab. Wär's möglich, so würd ich dir helfen. – Du tust es, sagt Mose und drückt meine Hand. Mirjam, Aaron, ruft Mose später durchs Lager. Gott will euch sehen! Rasch in sein Zelt. – Und ich?, frage ich. Josua, antwortet Mose, das ist nichts für dich.

Im Dunkel der Nacht sehe ich Mirjam fliehen. Am Arm hat sie Aussatz. Steif hält sie ihn von sich weg. Die Brüder stehen beim Zelt. Aaron bittet und Mose gewährt. Sieben Tage, höre ich ihn sagen. So lange bleibt Mirjam uns fern. *Ansteckend,* Aaron, ich kann es nicht ändern. Denn so spricht Gott: Mose ist's, der den Stab trägt, Mose allein.

Herr, frage ich, was ist deiner Schwester geschehen? *Ansteckend,* Josua, sieben Tage. Zum ersten Mal sehe ich Mose voll Zweifel an. Wer tut die Wunder, du oder Gott? So scheußliche Wunder wie dieses? Ich sage es nicht. Ich glaube aber, er sieht, was ich denke. Wir warten auf Mirjam, sagt Mose still. Weißt du denn nicht: Ich habe sie gern?

Wer betritt das Land, von dem Gott sagt: Es soll Israels Kindern gehören?

Weißt du, wo wir sind, fragt Mose eines Tages.
Ich antworte: Aaron, der Priester, hat's ja gesagt.
So spricht Gott: Kanaan ist nah, das gelobte Land.
Sendet nun Kundschafter aus. Sie sollen gehen und
sehen, wie es steht um das Land und seine Bewohner.
Du, Josua, sagt Mose, sollst gehen, und elf mit dir.

Ich nehme Kaleb mit, einen guten Freund, und zehn
dazu, je einen von jedem der Stämme. Da liegt ein Land
zwischen Bergen und Meer, und Jordan, der Strom, fließt
hindurch. Kanaan mag vielleicht rau erscheinen.
Dem aber, der lange gewandert ist, scheint es
ein Garten, ein Paradies voller Früchte und Blüten.

Sieh nur, rufe ich Kaleb zu! Wie Gott sagte: Honig und
Milch! Ich finde Trauben und Datteln und Feigen. Ich
pflücke davon und hänge sie an einen Stab. Den bring ich
Mose zurück und ich glaub, meine Augen glänzen. Was
die anderen finden, kümmert mich nicht. Ich liebe
das Land, von dem Gott verspricht: Er will es uns geben.

Das Land, das wir durchzogen haben, um es zu erkunden, ist sehr gut. Wenn der Herr uns gnädig ist, so wird er uns in dies Land bringen, ein Land, darin Milch und Honig fließt.

4 Mose 14, 7+8

Hebron, sagt Kaleb vor Mose und Israels Kindern. Eine starke, feindliche Stadt. Anaks Söhne und Amaleks, dazu Ammoniter, Hetiter und Jebusiter. Keiner von ihnen wird sagen: Willkommen. So müssen wir kämpfen und siegen. Traun wir auf Gott. Wie er es will, wird es gelingen. Kanaan, sage ich. Gott schwor ja, er will es uns geben.

Grimmige Krieger, geht das Gerücht, und unbezwingbare Festen, Mauern, wie Türme so hoch. Und manche der Kämpfer sind Riesen! Niemand von uns würde den Kampf überleben! Täuscht euch nicht, Kinder Israels! Besser ist's, in der Wüste zu sterben, als dass wir tun auch nur einen Schritt in dies Land, in dem Essig und Rizinus fließen.

Mose, Aaron, Mirjam!, denke ich. Wo sind eure Worte und Bilder? Herr, dein Stab? Alle drei stehen und blicken nicht auf. In Moses Augen – kein Funke Feuer!
Ich packe Kaleb am Arm. Israels Kinder!, rufe ich laut. Traut doch auf Gott und fürchtet euch nicht! Kaleb und ich wollen euch führen. Gott selbst hält Mose den Stab!

Sie lachen böse. Dann stürmen sie vor. Sie packen Kaleb und mich und drohen mit den Fäusten! Israels Kinder – so wütend, verzweifelt und voller Angst!
Ich denke, es geht mir ans Leben. Aber ich wehre mich nicht. Herr, denke ich: Siehst du das an? Da endlich: Feuer in Moses Augen. Er hebt seinen Stab. Oh wehe!

So spricht Gott, sagt Aaron und Mose hält den Stab. Euch geschieht, wie ihr wünscht. Ihr werdet das Land nicht betreten, von dem ich schwor: Ich will es euch geben. Ihr nicht, keiner von euch. Ihr traut euch ja nicht und nicht mir. Vierzig Jahre wird es noch dauern. Dann seid ihr alle gestorben. Kaleb und Josua führen dann eure Kinder.

Schweigen fällt auf das Lager. Ich seh Gottes Wolke verschwinden. Mose nimmt mich beim Arm und führt mich zum Zelt. Lass sie, sagt er. Es ist alles gesagt. Es wird ihnen Leid tun, Herr, sage ich. Kannst du nicht Gott für sie bitten? Mose setzt sich und stützt sein Kinn auf den Stab. Es ist keine Strafe, Josua, sagt er. Es ist die Wahrheit.

Wer darf den Mantel des Priesters tragen?

Wir wandern und wandern. Nichts als Wüste ist um uns her. Der Zug kommt langsam und schleppend voran. Josua, sagt Mose, was sagen Israels Kinder? Ich höre doch, wie sie flüstern und murren. – Nicht gegen dich, Herr, antworte ich. Aber sie fragen voll Neid: Darf Aaron denn näher bei Gott sein als wir?

Müssen sie immer murren?, fragt Mose müde. Ist es nicht schlimm genug, dass wir den Weg verloren und tiefer und tiefer uns in der Wüste verlaufen? Was wollen sie denn? Moses Mund sein? Herr, sage ich, der Prunk des Priestermantels gefällt ihnen gut und auch die besondere Ehre. Mose lacht. Ehre, wem Ehre gebührt.

Ihr streitet, sagt Mose, abends im Lager. Ihr wünscht Aarons Mantel für euch. Lasst euch gesagt sein: Dieser Mantel ist schwer. Gott hat ihn auf Aarons Schultern gelegt. Sei's drum. Ihr wollt es nicht glauben und darum muss es sich zeigen. Macht Lose! Für jeden der Stämme nehmt einen Stab. Schreibt drauf die Namen der Häupter.

Mirjam verteilt zwölf Stäbe. Die Häupter der Stämme machen darauf ihre Zeichen. *Aaron* steht auf Levis Stab. In Gottes Zelt, bei der Lade, sollen sie liegen, sagt Mose. Kein anderer als Gott hat die Wahl. Stumm steht neben ihm Aaron, sein Mund. Herr, denke ich, auch dir ist die Kunst des Redens gegeben! Hast du denn Aaron jemals gebraucht?

Am anderen Morgen: Was für ein Wunder! Aarons Stab grünt! Knospen trägt er, Blüten und Mandeln. Aus Levis Stamm kommen Gottes Priester!, ruft Mirjam laut. Nach Aaron sein Sohn und so fort und so fort. Ist noch einer im Lager, der zweifelt, so greife er nach dem Mantel! Doch wehe: Er wird ihn verbrennen. Da senken sie alle den Kopf.

Wir wandern und wandern. Nichts als Wüste ist um uns her. Der Zug kommt langsam und schleppend voran. Josua, sagt Mose, was sagen Israels Kinder? Ich höre doch, wie sie flüstern und murren. – Nein, Herr, sie murren nicht, sage ich. Sie sind viel zu traurig zum Murren. So viele sind auf dem Weg schon gestorben.

Weißt du, wo Mirjam ist?, fragt mich Mose. Herr, sage ich: Gerad, als ich dachte, sie darf nicht sterben, da wurde sie schwach. Heut nahm sie Abschied von Aaron. Sie legt sich zum Sterben und lässt dir sagen: Lebwohl. Mose bleibt stehen wie ein Stein. Josua, du musstest mich rufen! – Das wollte sie nicht. Herr, Aaron ist Priester. Traue auf ihn.

Mirjam, meine Schwester! Mose verhüllt sein Gesicht. Ich weiß, dass er weint. *Gott segne und behüte dich,* sagt er leise. Er zeige dir seinen Glanz. Er sehe dich an. Er nenne dich immer und immer: *Mein Kind.* – Amen, so sei es, sage ich ernst. Ich nehme ihn bei der Hand und führe ihn weiter. Mirjam, denk ich. … und Aaron?

Wir wandern und wandern. Nichts als Wüste ist um uns her. Der Zug kommt langsam und schleppend voran. Niemand murrt. Wir achten die Stille der Trauer. Ach Mirjam… Josua, sagt Mose, ich muss es dir sagen. Gott hat mir gesagt, es sei Zeit. – Für dich, Herr, frag ich betroffen. Mose lächelt: Bald, Josua, heute noch nicht.

Aaron aber: Gott will, ich soll mit ihm auf den Berg. Den Priestermantel soll ich ihm nehmen. – Auf den Berg, Herr? Den Mantel nehmen? – Weitergeben, sagt Mose. An Eleasar. Ach nein, Herr, flüstere ich. Wenn Aaron wie Mirjam geht, bist du allein. – Ich habe immer noch dich, Josua, sagt Mose still. Und Aaron lebt weiter in seinem Sohn.

Aaron geht auf den Berg und kommt nicht wieder. Wir weinen um ihn dreißig Tage. Ich aber lasse Mose nicht mehr aus den Augen. Drei waren sie! So tanzt es in meinem Kopf. Zwei sind schon fort. Wann, mein Gott, rufst du den Dritten? – Halt dich an Kaleb, sagt Gott, und an Eleasar. Ihr drei: Kanaan heißt euch willkommen, wie ich es Jakob versprach und Israels Kindern.

Wir wandern und wandern. Nichts als Wüste ist um uns her. Der Zug kommt langsam und schleppend voran. Niemand murrt. Wir achten die Stille der Trauer. Ach Aaron… Josua, sagt Mose, ich muss es dir sagen. Gott hat mir gesagt, es sei Zeit. – Für dich, Herr, frage ich still. Mose nickt. Gott will: Ich soll zu ihm auf den Berg.

Josua, wir sind dem Ziel wieder nah. Gott will mir das Land noch zeigen, das ich nun nicht mehr betrete; das Land, in dem Milch fließt und Honig. – Herr, sage ich, wenn du gehen musst, geh ich mit. Josua, antwortet Mose, Gott hat mir gesagt: Komm allein. Er will mich selbst empfangen. Niemand soll sehen, was mir geschieht.

So nimm meinen Stab und beende, was wir so lange gemeinsam versuchten. Herr, ruf ich plötzlich. Das kann ich nicht. Ich weiß gar nicht, wie! – Ach Josua … Mose sitzt abseits mit mir. Es ist nicht so schwer, Gottes Stab ist deine Stütze, sein Zelt ist dein Zuhause. Du kennst Gottes Weisung und nah ist das Ziel.

Ich senke den Kopf. Ja, ich weiß und ich traue auf Gott. Ich habe genug, sagt Mose, jetzt ist es gut. Dann geht er fort und ich weiß: Niemand sieht ihn je wieder. Ich klammere mich an den Stab. Das Land, ja das Land liegt jetzt vor uns. Kaleb kommt zu mir und Eleasar, der Priester. Kaleb fragt: Warum weinst du?

Mose, mein Herr, sage ich, *Gott segne und behüte dich.* Er zeige dir seinen Glanz. Er hole dich heim. Er nenne dich immer und immer: Mein Freund. – Josua, sagt Kaleb. Wir sind am Jordan. Und Gott sagt: Wir sollen hinüber. Eleasar hebt den Arm und zeigt voraus. So spricht Gott: Seid nicht so erschrocken. Traut doch auf mich, meine Kinder.

Und es stand hinfort kein Prophet in Israel auf wie Mose, den der Herr erkannt hätte von Angesicht zu Angesicht, mit all den Zeichen und Wundern, mit denen der Herr ihn gesandt hatte, dass er sie täte …

5 Mose 34, Verse 10 + 11

Und Mose sprach zu Josua:

Sei getrost und unverzagt; denn du wirst dies Volk in das Land bringen, das der Herr ihren Vätern geschworen hat, ihnen zu geben, und du wirst es unter sie austeilen. Der Herr, aber, der selber vor euch hergeht, der wird mit dir sein und wird die Hand nicht abtun und dich nicht verlassen. Fürchte dich nicht und erschrick nicht.

5 Mose 31, Verse 7 + 8

Empfangt doch mein Volk – es bringt Segen!

„Wir waren nicht allein in dem Land. Da lebten Kanaaniter. Sie waren viel stärker als wir und jeder Kampf war gefährlich. Aber manchmal kam wie ein Wunder der Frieden. Dann wussten wir: Gott ist, der er ist, und er ist uns nah."

Singt nicht
von großen Königen,
von Waffen und
Körperkraft!

Josua und
die nach ihm kamen,
haben es anders
geschafft!

Kleinstes Volk
im Jordantal:
Wie waren die Mauern
so hoch!

Trompeten und
Kinderstimmen
siegten in
Jericho doch!

Du bist zwar klein,
aber Gott hat dich lieb.
Trau nicht auf dich –
trau auf ihn.

Du bist ein heiliges Volk dem Herrn, deinem Gott.
Dich hat der Herr, dein Gott, erwählt zum Volk des Eigentums aus allen Völkern, die auf Erden sind.

Nicht hat euch der Herr angenommen und euch erwählt, weil ihr größer wäret als alle Völker – denn du bist das kleinste unter den Völkern –,
sondern weil er euch geliebt hat und damit er seinen Eid hielte, den er euren Vätern geschworen hat.

Darum hat er euch herausgeführt mit mächtiger Hand und hat dich erlöst von der Knechtschaft, aus der Hand des Pharao, des Königs von Ägypten.

5 Mose 7, Verse 6 bis 8

Gott hatte einen Freund am Euphrat,
fern im Osten, wo Abraham aufbrach.
Bileam nannte man ihn, den Propheten.
Was immer Gott wollte – er sagte es an.

Einst kamen Boten aus Westen.
Sie brachten reiche Geschenke. Balak,
der König, sprachen sie, schickt uns.
Er braucht deine Hilfe. Willst du?

Wobei soll ich Balak helfen?, wollte
Bileam wissen. Wenn es gut ist vor
Gott, dann will ich es tun. Doch ist es
schlecht, wird Gott es verwehren.

Du kannst Balak retten, sprachen
die Boten. Ohne Zweifel, das ist gut
und recht! Denn Fremde kommen.
Balaks Königreich ist in Gefahr.

Bileam fragte: Was sind es für Fremde
und was könnte ich gegen sie tun?
Volk aus Ägypten, sprachen die
Boten. Balak sagt: Fluche ihnen!

Ich soll sie verfluchen?, rief Bileam.
Das ist eine sehr ernste Sache und
Gottes Wahl ganz allein. Wartet bis
morgen. Ich werde Gott fragen.

Des Nacht aber kam Gott und sagte
zu Bileam: Nein! Dies Volk aus
Ägypten, das sind meine Kinder.
Sie sind mir teuer und lieb.

Ich komm nicht mit euch, sagte am
anderen Morgen Bileam zu Balaks
Boten. Gott sagte mir deutlich: Nein.
Und ich, wie ihr wisst, bin sein Freund.

Die Boten brachten Bileams Worte
zu Balak. Nein, rief der König.
Das nehm ich nicht hin! Schickt
klügere Boten, dass sie ihn holen!

Wieder kamen Boten und wieder
baten sie Bileam um einen Fluch.
Gut, sagte Gott, dann geh mit. Aber
tu nichts, als was ich dir sage.

Bileam nahm seine Eselin und ging
mit den Boten, damit sie ihn führten,
das Volk aus Ägypten zu sehen. Das
sah ein Engel und sah es nicht gern.

Da stellte sich Gottes Engel Bileam
in den Weg. Die Eselin sah ihn und
hielt. Bileam aber sah nichts und so
schalt und schlug er sein armes Tier.

Die Eselin trug ihn weiter, aber an einer
engen Stelle, Mauern zur Rechten
und Linken, stand wieder drohend
der Engel und sie wollte nicht gehen.

Weiter!, rief Bileam böse und schlug
sie. Sie aber folgte ihm nur bis zu
einer noch engeren Stelle. Da stand der
Engel und sie konnte nicht durch.

Dummes Vieh!, schrie Bileam und schlug
sie noch ärger. Geh jetzt, sonst lass ich
dich schlachten! Da gab Gott dem Tier
eine Stimme und seinem Seher ein Ohr.

Herr, sprach die Eselin. Es ist unrecht
von dir, mich zu schlagen. Habe ich dir
denn je Ärger bereitet? – Nein, sagte
Bileam – und dann sah er den Engel!

Bileam warf sich zu Boden. Gott, du weißt,
ich bin dir immer gefolgt! Dies aber …
hab ich nicht besser gewusst! – Du bist
dumm, sprach der Engel. Steh auf!

Dein Esel ist klüger als du. Dafür aber
hast du ihn geschlagen! Was du tun willst,
ist falsch. Ich trete dir in den Weg. Wärst
du weitergegangen – du wärest längst tot!

Esel, es tut mir Leid, sagte Bileam und streichelte dankbar das Fell. Nun aber, Engel: Wenn du es willst und auch Gott, so kehre ich um und reite nach Haus.

Nein, sprach da Gott, sondern folge den Boten zu Balak. Du sollst mein Volk sehen. Dann aber: Tu nichts, als was ich dir sage. Da trat der Engel beiseite.

Balak führte Bileam auf einen Berg. Unter ihnen, im Tal, breiteten sich die Zelte der Kinder Israels wie ein Meer. So viele, sprach Balak. Fluch ihnen!

Segen und Fluch sind allein Gottes Wahl, sagte Bileam. Mach sieben Altäre. Ich will Gott fragen. Sie sind meine Kinder, sprach Gott. Fluch ihnen nicht.

Gesegnet sind sie, sprach Bileam zu Balak. Kein Fluch wird sie treffen. Sieh, es ist Jakob und er wird wachsen. Reich ihm die Hand. Er teilt mit dir Gottes Segen.

Was soll das?, rief Balak. Ich bat dich um einen Fluch und siehe, du segnest. Nicht dazu ließ ich dich kommen! Balak, sprach Bileam: Es ist Gottes Wahl.

Da führte Balak Bileam an einen anderen Platz. Von da sahen sie nur die Spitzen von Israels Zelten. Gar nicht so viele, sprach Balak. Die sind nun leicht zu verfluchen.

Segen und Fluch sind allein Gottes Wahl, sagte Bileam. Mach sieben Altäre. Ich will Gott fragen. Sie sind meine Kinder, sprach Gott. Fluch ihnen nicht.

Gesegnet sind sie, sprach Bileam. Kein Fluch wird sie treffen. Seien sie stark oder schwach – auf ihrer Seite ist Gott. Nimmst du sie auf, wird Gott es dir danken.

Was soll das?, rief Balak. Ich will, dass du fluchst. Warum segnest du sie? Dankst du mir so meine Gaben? Balak, sprach Bileam: Es ist Gottes Wahl.

Da führte Balak Bileam an einen anderen Platz. Von da hörten sie nur die Stimmen von Israels Kindern. Man sieht sie kaum, sprach Balak. Ein Wort nur – sie weichen.

Genug, rief da Bileam mit Gottes Stimme. Du hast Unrecht, König, und Israel Recht! Vergiss, was du Böses sinnst. Wenn Gott segnet, kann der Mensch nicht fluchen.

Und Bileam nahm seine Eselin und kehrte zurück nach Hause. Balak aber sah ihm kopfschüttelnd nach. Ich hielt diesen Mann für mächtig, doch Gott ist mächtig in ihm.

Könige

Gott sucht und salbt Herrscher für Israel

Ein Sohn
des kleinsten
der zwölf Stämme,
Saul.

Der jüngste
nach sieben
Söhnen Isais,
David.

Einer
unrechten
Liebesgeschichte
zweites Kind,
Salomo.

Die Könige,
die Gott seinem
Volk sucht
und salbt,
erhalten ihre Würde
von Gott allein.

Da nahm Samuel den Krug mit Öl und goss es auf sein Haupt und küsste ihn und sprach:

Siehe, der Herr hat dich zum Fürsten über sein Erbteil gesalbt.

1 Sam 10, Vers 1

Da nahm Samuel sein Ölhorn und salbte ihn mitten unter seinen Brüdern. Und der Geist des Herr geriet über David von dem Tag an und weiterhin.

1 Sam 16, Vers 13

Und der Priester Zadok nahm das Ölhorn aus dem Zelt und salbte Salomo. Und sie bliesen die Posaunen und alles Volk rief: Es lebe der König Salomo.

1 Kön 1, Vers 39

Samuel erzählt: Wie aus Hirten Könige werden

Als Mose und Josua den Stab nicht mehr tragen, sind immer wieder andere da, die den Ruf Gottes hören und Israels Kinder führen.

Richter heißen sie in der Bibel. Sie geben die *Richtung* an, in Krieg und Frieden, sie hören auf Gott und auf die Sorgen der Menschen.

Der letzte der Richter ist *Samuel.* Er erzählt, wie es dann weiterging, ohne Richter – mit Königen!

Sei still, meine Seele,
fürchte dich nicht.
Einer ist da, der mich hält.
Mein Fels, meine Hilfe, mein Trost.
In allem, was quält.

Sei still, meine Seele,
fürchte dich nicht.
Einer ist da, der mich hält.
Mein Fels, meine Hilfe, mein Trost.
In allem, was quält.

Sei still, meine Seele,
fürchte dich nicht.
Einer ist da, der mich hält.
Mein Fels, meine Hilfe, mein Trost.
In allem, was quält.

Ach, wär es so einfach, wie David es singt,
der Hirtenjunge, der jüngste der Brüder.
Ach, könnt ich auf Gott trauen wie er!
Der Flüchtling, in seinem Wüstenversteck.

Ach, könnt ich hoffen und harren wie David,
der künftige König, nach Gottes eigenem Wort.
Er aber hält König Saul die Treue, unbeirrt,
flieht lieber, als wie Saul zum Schwert zu greifen.

Ach, könnte ich lieben und dulden wie David.
Ich rate ihm: Wehr dich! Du musst Saul jetzt töten,
sonst tötet er dich. Samuel, antwortet David.
Was sagst du denn da? Du liebst ihn doch auch!

Weiß Gott, ja, ich liebe König Saul, diesen störrischen, alten Esel! Wie sollte ich ihn nicht lieben, ich, der ihn suchte und fand und zum König salbte nach Gottes Gebot! Ich liebe ihn, diesen Wüterich, diesen tapferen, traurigen Mann!

Meine Seele ist stille zu Gott,
der mir hilft.
Denn er ist mein Fels,
meine Hilfe, mein Schutz,
dass ich gewiss
nicht fallen werde.

Psalm 62, Verse 1 bis 3

Israels Kinder wünschen sich einen König

Meine Idee war es nicht. Einen König! Einen König wollen wir, riefen Israels Kinder. So wie andere Völker Könige haben. Unsinn!, rief ich. Ihr habt ja längst einen König. Einen besseren gibt es nicht. Gott ist König, wisst ihr das nicht?

Ich geb's zu. Ich bin alt und so lange schon Richter, dass es wohl Zeit ist, mich abzulösen. Ich dachte, wie Väter so denken, dass meine Söhne in meine Fußstapfen treten. Aber – auch das geb ich zu – meine Söhne sind leider sehr schlechte Richter.

Wer sonst sollte nach mir kommen? Ein König, riefen Israels Kinder. Ein König soll uns regieren, mit Prunk und mit Pracht. Gott ist uns allzu weit weg. Nein, rief ich wieder. König ist Gott. Gott allein. Da rief eine Stimme nach mir. Und das war Gott.

Hör mal, Samuel, sagte Gott. Was regst du dich auf? Dickköpfig sind sie, das wissen wir ja! Such einen König, wenn sie es unbedingt wollen. Ich zeige dir den, der gut für euch ist. Du aber salbst ihn mit Tränen, die ich weine über Israels Trotz.

Dann sandte Gott mich in das Haus eines Mannes in Benjamin, dem kleinsten und jüngsten der Stämme. Ich traf den Mann unterwegs. Er ging für seinen Vater, um Eselinnen zu suchen, die ihm entlaufen waren. Er fand sie nicht, aber mich.

Samuel findet Saul …

Saul. Ja, da war er, ein ernster Mann. Er ist größer als ich, größer als jeder sonst in seiner ganzen Sippe. Saul. Ja, wie ich sagte, ernst. Ich glaube, er fürchtete mich. Als ich ihm sagte: Begleit mich – da ging er mit ohne Fragen.

Ich hatte ein kleines Horn. Darin war für gewöhnlich Öl. Oder hatte Gott Recht, als er sagte, es seien Tränen? Dieses Horn leerte ich über Sauls Kopf. So spricht Gott, sagte ich: Saul, du bist König. Herrsche in Gottes Geist über Israels Kinder.

Saul blieb, wie er war, ernst. Solche Macht habe ich nie begehrt. Samuel, warum gibst du sie mir? Benjamin ist der kleinste der Stämme. Ja, sagte ich, es wundert auch mich. Aber Gott will es und so soll es sein. Da nickte er und fragte nichts mehr.

Saul ging heim und ordnete seine Sachen. Dann holte ich ihn und wir traten vor Israels Kinder. Weil ihr es so wollt, sagte ich. Seht Saul, euren König! Viele Jahre lang habe ich euch die Richtung gewiesen. Von heute an folgt ihr Saul.

Steif stand Saul neben mir. Wenn Gott es will, bin ich ein guter König!, rief er. Aber ihm zitterten unruhig die Hände. Trau nur auf Gott, sagte ich. Laut rief ich: Israels Gott schenkt euch seinen *Gesalbten!* Hütet euch, anderen Göttern zu trauen!

Dienet dem Herrn von ganzem Herzen und folgt nicht den nichtigen Götzen nach; denn sie nützen nicht und können nicht erretten, weil sie nichtig sind.

1 Sam 12, Vers 21

Saul wird König – und ein schwieriger dazu

Als ich Saul fand, kam er mir jung vor und ernst.
Als ich ihn wiedersah, erkannte ich ihn besser.
Saul war ein erwachsener Mann, mit Töchtern
und drei stolzen Söhnen. Die Last des Königsmantels
trug er mit Eifer und, möcht ich sagen, todernst.

Wenn Israels Kinder ihm zujubelten, verneigte
er sich. Ein Lächeln sah man nicht. Wenn er Kriege
führte, siegte er. Besiegt zu werden, das ertrug er nicht.
Wenn er Recht sprach, war er unbeugsam. Niemals
fand er Ruhe – und verbot alle Feiern und Feste.

Was glaubst du, Samuel?, fragte Saul. Tue ich recht,
was ich tue? König, sagte ich, was du tust, das gelingt.
Aber warum immer so ernst? Du musst auch ruhen,
dann und wann. – Unsinn!, rief Saul. Nur Schwächlinge
ruhen! Doch stark ist der König von Israel!

Da stand bei uns Jonatan, des Königs erster Sohn.
Der hörte alles mit an. Samuel, sagte er heimlich zu mir.
Machst du dir Sorgen um Vater? Jonatan, sagte ich.
Er wird uns noch krank! Jonatan nickte. Ich seh es
wie du. Und, Samuel: Selbst Gott muss mal ruhen.

Was willst du, Samuel?, fragte Saul beim nächsten Mal.
Streng siehst du aus! Willst du mich tadeln? – Ich höre,
sagte ich, du nimmst es hin, wenn Israels Kinder andere
Götter ehren als Gott. – Und wenn schon!, rief Saul.
Krieg steht bevor. Den zu gewinnen, ist alles, was zählt!

Dann hatte Saul die Philister besiegt, die Siegesfeier aber
verboten. Ich will nichts hören, Samuel, schrie er mich an,
als ich kam, um ihn zu belehren. Es gibt, König, sagte ich
streng, eine Zeit zum Kämpfen und eine zum Feiern.
Sei still!, schrie Saul. Ich bin der König! Nicht du!

Samuel aber sprach zu dem Volk:

Nur fürchtet den Herrn und dient ihm treu von ganzem Herzen; denn ihr seht doch, wie große Dinge er an euch getan hat.

1 Sam 12, Vers 24

Samuel und Jonatan wollen König Saul helfen

Jonatan stand fern und schüttelte traurig den Kopf. Samuel, sagte er im Geheimen, Vater wird furchtbar leicht böse. Prinz, sagte ich, er ist schon sehr krank. Kannst du ihm helfen?, fragte der Prinz. Ich nicht, Jonatan. Vielleicht … ein Sänger mit seiner Harfe?

Samuel, rief mich Gottes Stimme. Das ist ein guter Gedanke. Nimm dein Ölhorn und geh. In Bethlehem findest du den, der euch helfen kann. – Das kam mir seltsam vor. Wozu das Öl? Warum Bethlehem? Es liegt im Stamm Juda. Juda ist größer als Benjamin …

Gott, rief ich. Ich will doch bloß einen Sänger suchen! Zieh ich mit Öl und zieh ich nach Juda, so sagen die Leute: Er sucht einen König. Werden sie nicht sagen, dass Gott Saul verlässt? – Ja, sagte Gott, ich glaube, das werden sie sagen.

Wohin gehst du, Samuel? Saul trat mir in den Weg, als ich aufbrach. Ziehen durchs Land, so wie früher, log ich und verbarg mein Ölhorn vor ihm. Ich weiß, sagte Saul. Du willst nicht mehr, dass ich König bin. Du gehst und suchst einen Besseren! – Unsinn!, rief ich.

Wozu das Ölhorn, Samuel?, rief Saul mir nach, als ich wegging. Dann packte er mich am Mantel. Ein Zipfel riss ab. Da wusste ich es. Wie der Zipfel vom Mantel, so war die Königswürde von Saul abgerissen. Er wusste es auch. Er stand, als ich ging – traurig.

Samuel findet David

Isai, das war ein gesegneter Mann. Reich und angesehen in Bethlehem, Vater von sieben stolzen Söhnen – und einem noch, den er nicht zählte. Man erzählte sich, Isais Vater sei das Kind einer Fremden gewesen, Rut, einer Frau aus Midian.

Die Geschichte von Rut

Weißt du es nicht?, erzählten die Bethlehemiter. Vor langer Zeit, während der Hungersnot, zog ein Mann von uns nach Midian, mit seiner Frau Noomi und zwei stolzen Söhnen. Sie zogen davon und lange Zeit sahen wir keinen von ihnen wieder.

Eines Tages aber war Noomi wieder da. Arm, krank und traurig sah sie aus. Und wirklich: Sie hatte alles verloren: den Mann und die Söhne. Kein Hab und Gut, keine Enkel, nur eine Fremde an ihrer Seite, Rut aus Midian, dunkel und schön.

Sie war meines jüngeren Sohnes Frau, erzählte Noomi. Als mein Sohn starb, sagte ich ihr: Geh heim. Suche einen anderen Mann. Sie aber sagte: nein. Ich bleibe bei dir, ich habe dich lieb. Nirgendwo sonst will ich sein.

Boas aus Bethlehem hat Rut angesehen. Er gab ihr die Hand und sein Herz. Sie haben einander Freude gemacht. Wie feierten wir die Geburt ihres Sohnes! Rut, sangen wir, du warst einmal fremd. Jetzt aber: Eine von uns! Ruts Sohn aber ist Isais Vater.

Isai hatte prächtige Söhne, gut sahen sie aus und waren tüchtig. Harfe aber spielte keiner. Der Letzte, sagte Isai, ist immer draußen bei den Schafen. Mag sein: Er spielt ihnen vor. Wie heißt er?, fragte ich. Da sagten sie: David.

Da sprach Rut zu Noomi:

Dein Volk ist mein Volk und dein Gott ist mein Gott.

Nur der Tod wird dich und mich scheiden.

Rut 1, Verse 17 + 18

Dann kam David. Ein schmaler, dunkler Junge. Wie Männer Waffen tragen, so trug er Flöte und Harfe. Er war ruhig und sicher und freundlich. Ich wollte es nicht, doch er gefiel mir. Er gefiel mir von Anfang an. Herr, was wünschst du?, fragte er.

Spiel, sagte ich. Komm, spiel deine Harfe. Kannst du sanft und leise spielen, so dass Zorn sich legt und ein Ruheloser Ruhe findet? Bringst du einen, der immer todernst ist, zum Lächeln? – Wen?, fragte David nur. Ich sagte: Den König. Da hat sich der Junge verneigt.

David nahm seine Harfe und spielte. Einzelne Töne tanzten von seinen Saiten. Sie wirbelten wie Blütenblätter, sie stiegen empor und malten über uns einen Regenbogen. Ehrlich, so hat es sich angehört. David kann zaubern auf seiner Harfe.

Und dann: *was* er sang! Ich merkte es gleich. Aber ich konnt es kaum glauben! Er sang das Lied meiner Mutter! Ich kenne es gut, es wurde berühmt – das Lied, das Hanna sang, als sie nach langem Hoffen ein Kind gebar – mich.

Ein Lied für Samuel, sagte David und verbeugte sich wieder. Das Kind, das zu Gott gehörte, von Anfang an. Spricht Gott zu dir, Samuel? Hast du ihn lieb? – Meine Hand griff von selbst nach dem Ölhorn. Und ich leerte es über des Jungen Kopf.

So spricht Gott, sagte ich: David, du wirst König sein über Israels Kinder. Heute schon gebe ich dir meinen Geist. – Ich gebe zu, ich war über die Worte genauso erschrocken wie Isai und seine Söhne. Bloß David war still. Er sagte nur: Amen.

Und Hanna betete und sprach:

Mein Herz ist fröhlich in dem Herrn,
mein Haupt ist erhöht in dem Herrn.
Mein Mund hat sich weit aufgetan
wider meine Feinde, denn ich
freue mich deines Heils.
Es ist niemand heilig wie der Herr,
außer dir ist keiner, und ist kein Fels,
wie unser Gott ist.

1 Sam 2, Verse 1 + 2

David gewinnt Herzen

Für Saul spielte David ein anderes Lied. Als David und ich aus Bethlehem kamen, ging es dem König sehr schlecht. Es hieß: Die Philister wollten wieder gegen uns kämpfen. Sie waren sehr viele, mutig und stark. Saul machte die Kunde unruhig und krank.

Samuel, sagte Jonatan, als er mich sah. Vater will dich nicht sehen. Wenn Samuel kommt, hat er gesagt, schickt ihn fort, dass er mir nie mehr unter die Augen komme. Da schob ich David vor Jonatan. Aber den hier, sagte ich, den soll Saul sehen und hören.

Jonatan sah David an und David Jonatan. Ich merkte es gleich: Schon auf den ersten Blick hatten die beiden sich gern. Prinz, sagte David und höflich verneigte er sich. Harfespieler, antwortete Jonatan. Ich hoffe auf dich, dass du mir heilst meinen Vater.

Saul, ja: Alle, die draußen waren, hörten ihn brüllen. Hinaus! Sofort. Was willst du? Musik? Ich will sie nicht hören! Hinaus … sofort … Da aber klangen die ersten Töne. Wie Perlen, wie Edelsteine. Tropfen von Wasser, in denen die Sonne sich bricht. Tränen.

Davids Harfe malte ein Bild. Sauls große Angst: Wilde Feinde überwältigen Israels Kinder. Dem König schwinden die Kräfte. Sauls helle Hoffnung dagegen: Gott schenkt dem König neue Kraft. Da schlägt er den Feind und rettet Israels Kinder.

Du musst es nicht allein schaffen, flüsterten Davids Töne dem König ins Ohr. Es ist genug, König Saul, genug, wenn du tust, was du kannst. Amen, hörten wir Saul dann sagen. Er war still geworden und ruhig.
David hat ein Wunder vollbracht.

Ach Herr,
wie sind meine Feinde so viel
und erheben sich so viele gegen mich!
Viele sagen von mir:
Er hat keine Hilfe bei Gott.

Aber du, Herr, bist der Schild für mich,
du bist meine Ehre und hebst mein
Haupt empor.
Ich rufe mit meiner Stimme zum Herrn und
er erhört mich von seinem heiligen Berge.

Ich liege und schlafe und erwache;
denn der Herr hält mich.

Psalm 3, Verse 1 bis 6

Saul besiegt die Philister und dankt es David

Ich weiß, was Israels Kinder sich später erzählten. David hoben sie in den Himmel und machten ihn groß. Oder auch klein, denke ich. Wie man es nimmt. Davids Harfespiel war ein Wunder. Aber mehr noch wollten Israels Kinder einen Helden im Krieg.

Wie Saul die Philister besiegte, auch das war ein Wunder. Wer diesen Feind sah, musste verzagen. Sie waren viel mehr als wir und viel größer. Riesen, sangen die Kinder, Riesen kommen. Sie werden uns fressen! Saul aber zog aus und machte sie klein.

Die Geschichte, die Israels Kinder später erzählten, ging so: Als Sauls Krieger dem Feind gegenüber standen, war David in König Sauls Zelt. Da erhob draußen einer der Feinde die Stimme. Feiglinge seid ihr, Israels Krieger!, so rief er laut in das Lager.

Goliat. Ja. Das war ein Krieger! Dreimal größer und breiter als Saul. Gewappnet und gepanzert wie Drachen, frech dazu und unverschämt sicher. Heute noch, schrie er, fressen eure Reste die Geier. Nichts seid ihr wert und nichts vermag euer Gott!

Und du?, brüllte Abner zurück, Sauls Hauptmann. Was bist du wert, Goliat, und wo ist dein Gott? Ich brauch keinen Gott!, schrie Goliat. Und was ich kann, sollt ihr sehen! Einer von euch soll gegen mich kämpfen! Einen Zweikampf will ich!

Hört meinen Schwur: Siege ich, so seid ihr alle besiegt. Falle ich, so ziehen die Philister davon und lassen euch leben. Was sagt ihr? Wer wagt es? – Nicht du, sagten Israels Alte zu Saul. Der König darf ja nicht sterben. Nicht ihr, sagte Saul seinen Söhnen.

Ich gehe, sprach David und legte die Harfe beiseite. Unsinn!, rief Saul. Das geht dich nichts an. Ich gehe, sprach David, weil Goliat lügt. Niemand, und sei er auch stark, kann ohne Gott leben – wo aber Gott hilft, gewinnt selbst der Schwächste. Amen, sprach Jonatan.

Wappne dich, sagte Saul und zog seine Rüstung aus. Hier, David, in meinem Namen. Er gab dem Jungen Schwert und Schild. Ich will nicht, dass du Schaden nimmst. – Die Rüstung aber, das Schwert und der Schild, sie waren für David zu groß.

Nein, Herr, sprach David, ich will sie nicht. Hörst du denn nicht: Wo Gott hilft, kann selbst der Schwächste gewinnen. Unsinn, rief Saul. Das gibt es nicht! Hör zu, sagte David und spielte ein Lied. Als er es aber gesungen hatte, da nickte der König und schwieg.

David, so erzählt man, hob ruhig seine Schleuder und zielte. Mit einem Kiesel schoss er auf Goliats Stirn – gerade dorthin, wo der Helm den Riesen nicht schützte. Und weil er lachte und lachte, sah er es nicht. Der Stein aber traf – und Goliat fiel um.

Da hoben Israels Krieger David auf ihre Schultern. Du bist der Größte, David!, so jubelten sie. Nein, sagte David. Ich bin der Kleinste. Wie Israel auch. Klein sind wir, aber Gottes Kinder. Gott allein macht uns stark. Er ist, der er ist, und er ist uns nah!

Jonatan sagte mir später, David habe das Zelt nie verlassen. Das glaube ich auch. Ich glaube, dass Davids Harfe dem König Mut machte, so dass er seine Krieger trotzig führte. So dass er siegte, obwohl er wie David war, der Feind aber … Goliat.

Gott steht auf;
so werden seine Feinde
zerstreut, und die ihn hassen,
fliehen vor ihm.
Wie Rauch verweht, so
verwehen sie, wie Wachs
zerschmilzt vor dem Feuer,
so kommen die Gottlosen
um vor Gott.

Die Gerechten aber freuen sich
und sind fröhlich vor Gott
und freuen sich von Herzen.

Psalm 68, Verse 1 bis 4

David und Jonatan schließen Freundschaft

Jonatan und David. Ich sagte es schon: Sie hatten sich gern, vom ersten Augenblick an. Samuel, sagte Jonatan, ich verrate dir ein Geheimnis. Seine Augen blitzten dabei und ich wusste: Dieses Geheimnis war gut und schrecklich zugleich.

Samuel, sagte Jonatan, ich habe David lieber als meine eigenen Brüder. Und ob ich David mehr liebe als Vater, das sollte man besser nicht fragen. Ich habe es David gesagt. Da sah er mich freundlich an. Prinz, sagte er, du bist mir der Liebste von allen.

Wir wollen Freunde sein, habe ich zu David gesagt. In guten und schlechten Zeiten. David hat genickt und gesagt: Auf Leben und Tod. Dann gab ich ihm meinen Mantel und auch mein Schwert. Und David schenkte mir seine Flöte. – Jonatan zeigte sie mir.

Warum ist es ein Geheimnis, Prinz?, fragte ich. Da zögerte Jonatan lange. Ich glaube, es wäre Vater nicht recht, sagte er schließlich. Aber Jonatan, rief ich. Dein Vater ist David gewogen! Da schüttelte Jonatan traurig den Kopf. Nicht immer, Samuel, sagte er leise.

Hat denn die Harfe ihren Zauber verloren?, fragte ich voller Sorge. Jonatan hob ratlos den Arm. Nicht immer, sagte er wieder. Doch seit du ihn nicht mehr besuchst, Samuel, ist Vaters Krankheit schlimmer geworden. Er schreit und schlägt um sich, zum Fürchten!

Jonatan, sagte ich. Auch ich verrate dir ein Geheimnis. Ich habe David zum König gesalbt. Jonatan starrte mich an. Warum?, fragte er. Sauls Erbe bin … *ich!* Gott will es so, sagte ich. Da neigte er seinen Kopf. Gut, sagte er. Amen. Doch wehe, wenn Vater es hört …!

Und Jonatan schloss mit David einen Bund, denn er hatte ihn lieb wie sein eigenes Herz.

1 Sam 18, Vers 3

Saul wird gefährlich für David

Bösen Willen mag ich dem König nicht unterstellen. Am Anfang noch nicht. Aber fragwürdig kam es mir vor: Von einem Tag auf den anderen machte Saul einen Kriegsherrn aus seinem Harfespieler. Er sandte ihn in den Kampf, an der Spitze tapferer Krieger.

Jonatan kam zu mir, niedergeschlagen. David ist kein Krieger, Samuel. Was soll er nur tun? – Was *hat* er getan?, fragte ich. Denn für einen Rat war es sicher zu spät. Er nahm Schild und Rüstung, die Vater ihm gab, sagte Jonatan, und das Schwert.

Und sie waren ihm wieder zu groß?, fragte ich. Da schaute der Prinz mich voll Staunen an. Nein, sagte er, sie passten ihm gut. Ich nickte erleichtert. Sorge dich nicht, sagte ich. Es ist der richtige Weg. Gott wird mit ihm sein, was er auch tut.

Zum Abschied sang David ein Lied … Ich sah Tränen in Jonatans Augen. Dieses Lied war voll Angst und zugleich auch getrost, sagte Jonatan. Es kam sicher von Gott. Ich will es nie mehr vergessen. Schreib's auf, riet ich ihm. Dann wird es auch andere trösten.

Jonatan hätte sich nicht zu sorgen brauchen. Draußen, auf dem Schlachtfeld, geschah David kein Leid. Er führte seine Krieger geschickt und mit Glück – und brachte sie alle zurück. Die Philister waren geflohen. Wie jubelten Israels Kinder ihm zu!

Herr, neige deine Ohren und erhöre mich;
denn ich bin elend und arm.
Bewahre meine Seele, denn ich bin dein.
Hilf du, mein Gott, deinem Knechte,
der sich verlässt auf dich.
Herr, sei mir gnädig, denn ich rufe täglich
nach dir.
Erfreue dich, Seele, deines Knechtes;
denn nach dir, Herr, verlangt mir.
Denn du, Herr, bist gut und gnädig,
von großer Güte allen, die dich anrufen.
Vernimm, Herr, mein Gebet, und merke
auf die Stimme meines Flehens.
In der Not rufe ich dich an: du wollest mich
erhören!

Psalm 86, Verse 1 bis 7

Und doch tat Jonatan Recht, sich zu sorgen. Drinnen, im Haus des Königs, wuchs die Gefahr. Der Jubel draußen machte Saul drinnen nicht froh. Er hörte ja, was die Frauen sangen: Tausend hat Saul erschlagen, zehntausend aber David, der Sänger!

Vor Israels Kindern hat Vater David gelobt, sagte mir Jonatan im Geheimen. Drinnen aber wütete er. Er warf sogar eine Lanze! – Er wollte doch aber David nicht treffen!, rief ich entsetzt. Er zielte genau, widersprach mir der Prinz. Dass er nicht traf, war ein Wunder.

Morgen schon sendet er David wieder zum Kampf. Was soll David tun? Er ist ja kein Krieger! – Was sagte er denn?, fragte ich. Und dachte: Ach Saul, jetzt handelst du schändlich und schlecht! Jonatan weinte und sprach: David nahm seine Harfe und ging.

Saul macht finstere Pläne

David siegte und siegte und Saul konnte nichts anderes tun als ihn ehren. So gab er ihm Michal zur Frau, seine jüngere Tochter. Die hatte ihn lieb. David, sagte sie, du bist jetzt mein Mann. Also pass auf dich auf. Ich will dich niemals verlieren.

David macht mir nur Ärger!, brüllte Saul eines Tages durchs Haus, dass man es drinnen und draußen hörte. Ich will jetzt ein Lied! Warum kommt David nicht? Michal eilte zu Saul und fand ihn im Fieber. Vater, sagte sie. Du bist krank.

David!, schrie Saul. Er allein macht mich krank! Das wird er büßen, der Hund! – Vater, sagte Michal. Du selbst hast ihn fortgeschickt, mit einem Auftrag, erinnerst du dich? – Keine Entschuldigungen, rief Saul. Die Wahrheit ist klar: David hasst mich.

Michal floh vor dem Zorn ihres Vaters. Sie blieb aber nah, insgeheim, um zu hören, was weiter geschah. Er macht mir nur Ärger!, schrie wieder ihr Vater. – Dagegen kann man was tun, Herr, flüsterte schmeichelnd eine boshafte Stimme.

Michal hielt den Atem an. Sie lauschte mit Grauen. Ein rascher Stich mit dem Dolch des Nachts – es muss ja niemand sehen. Es war ein Diener des Königs, der sprach, ein Mann, den niemand recht mochte. – Vater! Oh, jag ihn doch fort!

Saul aber war dumm vor Ärger und Fieber. Tust du das?, fragte er eifrig. Würdest du das für mich tun? Der Mann ließ ein Lachen hören. Wenn ich wüsste, dass du mir dankbar bist, Herr … Da schwieg Saul. Ob er … *nickte?* Zitternd schlich Davids Frau sich davon.

Als nun Saul sah,
dass David alles so gut gelang,
graute es ihm vor David.
Aber ganz Israel und Juda
hatte David lieb, denn er zog
aus und ein vor ihnen her.

1 Sam 18, Vers 16

Michal macht den finsteren Plan ihres Vaters zunichte

Heute Nacht, sprach Michal im Dunkeln zu David,
wirst du sterben. Es sei denn, du tust, was ich sage.
Spring aus dem Fenster und such ein Versteck.
Denn eher traut Saul einem Mörder als dir und mir.
Wenn jemand dich suchst, will ich sagen: Du fieberst.

David hörte Michals Geschichte an und weil er es
nicht besser wusste, tat er, was Michal ihm sagte.
Er fand ein gutes Versteck, fern dem Haus, in einem
wilden Garten. Dort brachte der Prinz ihm bei Tag
das Speerwerfen bei. Nachts war da einsame Wildnis.

Der Mörder drang in das Schlafzimmer ein –
obwohl Michal rief: Mein Mann ist ja krank!
Er stach den Dolch in das Lager, wo David sonst
schlief. Nur ein Götterbild lag unter der Decke.
Man sagte es Saul und der schrie wie gewohnt.

Tochter, wie konntest du mich betrügen! – Betrügen,
Vater, dich? David ist mein Mann, sagte Michal.
Er sagte mir, was ich tun soll. Ich tat's. – Was aber,
mein Vater, hast *du* getan? Da fiel Sauls Blick auf das
Götterbild. Er wandte sich ab und schwieg.

Soll David bleiben oder fliehen?

David kam dann zu mir nach Rama. Ich suche Ruhe vor Saul, sagte er. Bis er sich wieder beruhigt. Beruhigt er sich wieder? Wie kam David mir traurig vor! Glaubst du mir, Samuel, fragte er, wenn ich dir schwöre: Ich wünsche nur Gutes für Saul?

David, du bist zum König gesalbt. Es kann nicht zwei Könige geben. Es gibt ja nur *einen* Thron. Du hast mich zu früh gesalbt, rief David. Erst wenn Saul tot ist … – Willst du dann, fiel ich ihm ins Wort, mit Sauls Erben kämpfen, mit Jonatan?

Nie könnte ich die Hand gegen Jonatan heben!, rief David. Er ist mir lieb wie ein Bruder. Und, ach, ich will gar nicht König werden. Doch nicht, was ich will – was Gott will, zählt! – Und als wir so redeten, kamen Boten und meldeten: Saul kommt.

David hob die Hand – ich dachte, er greift nach dem Schwert. Der Harfe jedoch galt sein Griff. Fürchte nichts, sagte ich David entschlossen. Saul wird mir Achtung erweisen, auch wenn er nicht will. Spiel eines deiner Lieder, so dass er es hört.

Saul kam, gepanzert und bewaffnet wie zum Krieg – aber, das muss man ihm lassen: Er kam allein! David, Sohn Isais!, rief er von weitem. Verbirgst du dich unter dem Mantel des Sehers? Da rief ich laut: Mein Mantel verdarb, als du ihn zerrissest!

Betroffen blieb Saul stehen. Die Harfe spielte leise. Nicht dich will ich sehen, Samuel. Schick mir den Jungen heraus. – Wie könnte ich das?, fragte ich. Einst sandte ich ihn, bei dir zu leben. Soll ich ihn heute senden, damit er stirbt?

Errette mich, mein Gott, von meinen Feinden und schütze mich vor meinen Widersachern. Errette mich von den Übertätern und hilf mir von den Blutgierigen!

Denn siehe, Herr, sie lauern mir auf. Starke rotten sich wider mich zusammen ohne meine Schuld und Missetat.

Ich habe nichts verschuldet. Sie aber laufen herzu und machen sich bereit.

Erwache, komm herbei und sieh darein!

Psalm 59, Verse 1 bis 5

Hinter mir erklang die Harfe lauter. Langsam
legte Saul das Schwert zu Boden und den Schild.
Wie könnte ich ihn töten, Samuel?, fragte er rau.
Meine Kinder lieben ihn. Und ich hab keine Ruhe
ohne diese *Harfe.* So sprach er. David aber sang.

Geh heim, König!, rief ich. David und ich haben uns
viel zu sagen. Auch ich weiß – allein, wie ich bin –
Davids Lieder zu schätzen. Bei Neumond aber,
wenn die Nacht am tiefsten ist, sitzt er mit dir
zu Tisch – wenn nicht, dann niemals wieder.

Ein Brief kam von Jonatan, als Saul fort war.
Sauls Schild und sein Panzer lagen noch da,
wo er sie abgelegt hatte, vor unseren Augen.
David, wir warten auf dich. Komm heim, du bist
sicher. So kann man sich täuschen, sagte ich bitter.

Aber David sah mich zweifelnd an. Muss ich
nicht glauben, was Jonatan schreibt?, fragte er.
Jonatan ist mein Freund. Er würde mich niemals
betrügen. *Absichtlich* nicht, sagte ich. Pass gut
auf dich auf, David. Denn ich sah, er will gehen.

Wenn du fliehen musst, sagte ich David zum
Abschied, komm nicht zu mir. Noch einmal wird
Saul sich nicht abwehren lassen. Geh zu Ahimelech,
dem Priester in Nob. Dort wirst du Hilfe finden.
Und nun: Geh mit Gott, du bist sein Gesalbter.

David ging nicht auf geradem Weg in Sauls Haus.
Er ging in den Garten, wo Jonatan Speere warf, und
blieb dort versteckt, bis der Prinz allein mit sich war.
Jonatan!, rief er ihn. Jonatan lief hin und nahm ihn
fest in die Arme. Mein Bruder!, rief er. Ach, David!

Komm, komm rasch zu Vater!, rief Jonatan eifrig. Wie wird er sich freuen! Er sitzt schon beim Essen mit all seinen Freunden! Nein, sagte David. Es ist zu gefährlich. Saul könnte wieder Fieber haben, laut brüllen und die Lanze schleudern.

Ich gehe und sehe, wie's steht, schlug Jonatan vor. Ich frage Vater nach dir. Dann komme ich wieder und bringe dir Antwort. Bleib dann verborgen und gib nur Acht: Werf ich den Speer nach rechts, ist alles in Ordnung, werfe ich aber nach links, dann flieh.

Es war aber Neumond, die dunkelste Stunde der Nacht, der Tag, von dem ich dem König gesagt hatte: David kommt wieder – wenn nicht, dann nie mehr. David wartete bang. Fast glaubte er, Saul in der Ferne brüllen zu hören. Dann flog ein Speer.

Weit nach links flog der Speer und David wusste: vorbei. Die Zeit der Liebe und Freundschaft, Saul, Michal und der Prinz – aus und vorbei. Kommt nie mehr zurück. Leise machte er sich davon. Er hörte noch Jonatans Segen. Ach, David, mein Freund!

Und Jonatan sprach zu David:

Geh hin mit Frieden!
Für das, was wir beide geschworen haben im Namen des Herrn, dafür stehe der Herr zwischen mir und dir, zwischen meinen Nachkommen und deinen Nachkommen in Ewigkeit.

Und David machte sich auf und ging seines Weges; Jonatan aber ging in die Stadt.

1 Sam 20, Vers 42, und 21, Vers 1

König oder Verbrecher?

Wie's weiterging, möcht ich am liebsten verschweigen.
Nein, mein Gott: So soll es nicht sein! Dass Ahimelech,
der Priester in Nob, David half, schien ja noch gut.
Doch war in Nob ein Verräter! Der sagte es Saul.

Ja, Saul kam zu Ahimelech. Und David war fort. Er hatte
vom Priester Wegzehrung erhalten und das Schwert,
das einst Goliat trug, der Riese, im Kampf gegen Saul.
Ja, David war fort, als Saul kam. Gewiss,
sagte der Priester dem König: Ich habe David geholfen.

Es ist ja dein Schwiegersohn, König, dem ich half.
Ein Verbrecher ist er!, schrie Saul. Du aber hast es
gewusst! Einem Verbrecher hast du geholfen – gegen
den König! Das macht dich schuldig, Priester!
Das heißt: Du musst sterben! Hob das Schwert und …

Nein, nein, mein Gott! Das durfte er nicht! Ich wollte,
du wärst ihm in den Arm gefallen, mein Gott! Hast du
denn weggeschaut? Und dann, als Saul auch die anderen
Priester erschlug? Und auch die Söhne von Ahimelech.
Einen habe ich gerettet, sprach Gott, den jüngsten, Abjatar.

Gott, warum einen nur? Was hast du dir dabei gedacht?
Samuel, sprach Gott, so darfst du nicht fragen. Nicht
nach dem Bösen. Das kommt nicht von mir. Die Spuren
von Heil – das sind meine Zeichen. Folge ihnen zu David.
Bei ihm wirst du auch den Geretteten finden, Abjatar.

Aber auch, was ich von David hörte, gefiel mir nicht
mehr. Er hatte sich in der Wüste versteckt, zog mit Zelten,
mal hin und mal her. Es waren Männer bei ihm, Krieger
mit Waffen. Alle, die Grund hatten, den König zu
meiden, kamen zu David. Viele davon wohl … Verbrecher.

Gott, du sagst: Deine Spuren führen zu David? Aber …
makellos sind sie nicht! Wenn David sich anstecken
lässt von Hass und Gewalt – auf wen soll ich hoffen?
Trau doch auf mich, Samuel, sprach Gott. – Trotz allem.

David hat Ehrfurcht vor dem Leben des Feindes

Gottlob, Gott hatte Recht. Ach,
könnte ich singen wie David!
Was da geschah, in der Höhle,
ein Sänger müsste es singen.

Müde und matt von der Flucht
hat David in einer Höhle Zuflucht
gefunden. Zum Schlafen
und Träumen und Harfe spielen.

Doch, still, Krieger kommen!
David kennt ihre Stimmen,
die Art, wie sie rufen. Sauls Krieger.
Auch er hat sie einmal geführt!

Wartet hier, ich sehe nach!
Sauls Stimme. Nah. Er kommt.
Kommt in die Höhle. David
aber, David macht sich klein.

Hier ist nichts, ruft Saul. Wartet.
Ich komme wieder. Aber er
geht nicht, er bleibt. David
stockt der Atem. Und Saul bleibt.

Was er nie getan hat, tut Saul.
Er ruht. Müde lässt er sich fallen.
Ach, David … nichts ist, wie
es sein soll. Es tut mir so Leid …

David horcht auf Sauls Worte.
Oder träumt er sie nur?
David zieht seinen Dolch.
Welch eine Chance für ihn.

Tod für Saul, weil er ruht. Und
Tod für Saul, weil er hasst. Hätte
er mich in Ruhe gelassen! David
zögert noch. Welch eine Chance.

David schleicht von hinten an.
Leise. Stück für Stück. Saul ahnt
nichts. Saul ruht. Oder weint?
David hebt seinen Dolch.

Ja, seinen Dolch – und sticht zu!
Doch nicht Saul in den
Rücken. Einen Zipfel von
Sauls Mantel schneidet er ab.

Leise zieht David sich wieder
Zurück, wartet. Saul aber ruht.
Ruht er denn friedlich? Dann
steht er auf, müde, und geht.

David folgt ihm und hebt seine
Stimme: Sieh mal, mein Vater!
In meiner Hand: ein Zipfel
von deinem Mantel.

David! Saul steht still. Wirbelt
herum. Was sagst du? Ein
Zipfel – So war auch mein
Leben in deiner Hand!

Was sagst du, mein König?, ruft
David. Du bist Gottes Gesalbter.
Michals und Jonatans Vater.
Nie könnte ich dich töten!

Du bist gerechter als ich, sagt
Saul und steht mit gesenktem
Blick. Ich habe dir Böses getan.
Du aber vergiltst mir's mit Gutem.

Wo ist der Mann, der den Feind
in der Hand hat – und lässt ihn
leben? Jetzt sehe ich: Gott hatte
Recht, dich statt meiner zu wählen.

David, spricht Saul, ich weiß, du
wirst König werden. So schwöre
mir heute: Meine Kinder … dass
du sie trotzdem am Leben lässt.

Ich schwöre, sprach David. Ich achte
ihr Leben wie deines. Da wandte sich Saul
und zog mit den Kriegern davon.
Und David blieb, wo er war.

Gott! Davids Dolch, der nicht sticht,
Und dein Feuer, das keinen verbrennt,
Gott, das ist das Wunder des Lebens!
Lob und Dank, mein Gott, dafür!

So ist es jetzt gut und genug. Gott,
lass mich sterben mit dieser Freude
im Herzen: ein Mann,
der das Leben achtet –
David – wird König.

Mefi-Boschet erzählt: Was für ein König David ist

Nenne mir auch nur einen einzigen König, der schuldlos ist!
Der Gewalt nicht mit Gewalt beantwortet, der sich nicht verlocken lässt, Opfer zu fordern.

Hör mal, sagt ein Junge an Davids Hof, auch David konnte nicht immer gerecht sein. Aber er hat sich ehrlich bemüht. Das hat er versprochen, als er König wurde.

Gott, du treuer Freund des Kinder Israels,
du, der du die Welt geschaffen hast
und alles, was da lebt;
du, der du das Leben liebst,
und nicht den Tod:

Ich will ein König sein nach deinem Sinn,
der deinem Herzen Freude macht.
Ich will das Leben schützen,
wo ich kann. Ich will kein Unrecht tun.

Ich will um Frieden ringen und um Ruhe,
dass deine Kinder unter meiner
Hand gut und fröhlich leben.
Ich will ihnen helfen, so gut ich nur kann.

Aber ich weiß, mein Gott: In Wahrheit
bin nicht ich der König, sondern du.
Dein Wort und Wille leiten mich,
und wenn du rufst, so folge ich.

Ich, Jonatans Sohn, Mefi-Boschet,
habe ihn immer im Auge gehabt,
David, Gottes Gesalbten.

Ich wollte wissen, ob Gott
den Richtigen zum König salbte
und ob der Segen wirkt.

Ich wollte wissen, ob er gut ist,
so wie Michal immer sagt,
meine Tante, seine Frau.

Als ich zu fragen begann, war ich
ein kleiner Junge und David schon
seit Jahren auf der Flucht.

Mefi-Boschet erlebt einen Albtraum

Dunkle Nacht. Tiefer Schlaf. Dann schrille Schreie.
David kommt, rufen sie. David hat Saul erschlagen!
Man reißt mich aus dem Schlaf, mich, Mefi-Boschet.
Jonatans Sohn. Weh, oh weh, David kommt! Fort,
kleiner Prinz, rasch fort! Er schlägt dich sonst tot.

David kommt. Er will die Krone. Des alten Königs
Erben, er tötet, tötet sie alle … Die Magd, die
mich zu Bett gebracht hat, reißt mich wieder raus.
Und hoch und fort, rasch fort. Sie rennt und schreit.
Auch andere rennen. Wohin? Wozu? Ich weiß nicht …

David kommt. Wieso denn David? Ich stammle. Still,
sagt sie. Still, kleiner Prinz! Der König Saul ist tot.
Und Jonatan, sein Sohn. David kommt. Er will ja auf
den Thron! Gott, rette uns! Er schlägt uns alle tot!
Ich trete und schlage, will runter. Jonatan – tot?

Ich schreie. Jonatan, mein Vater? Mein Vater
tot? Das darf nicht sein! Sie lügt. Sie lügen alle.
David? Wieso denn David? Ach, diese Nacht! Die
Schreie, halb im Schlaf. Ich winde mich, kämpfe.
Lass mich … ich will nicht. Du lügst. Vater!

Ich weiß nicht … Sie lässt mich wohl fallen. Ich
stürze, ich fliege, ich pralle hart auf. Au. Aua.
Mein Bein. Ich weiß nichts mehr. Und dann
wird es schwarz. Wo in dem Dunkel ist Licht?
Und David? Ein Mörder? Wieso? Eine Stimme …

Mefi-Boschet hat auch einen schönen Traum

Es bleibt schwarz um mich her. Mag sein, dass ich träume. Mag sein, ich habe zuvor noch Michal gehört, meine Tante. Ihr Narren! Ihr müsst euch vor David nicht fürchten. Und niemals, niemals hat David den König erschlagen. Denn David ist gut …

David ist gut … Das ist Tante Michals und mein Geheimnis. Ich nehm es mit in den Traum und ins Dunkel. Sie hat immer mit mir geflüstert, von David, dem Harfespieler. Ihrem Mann. Sag es nicht weiter, Mefi-Boschet, aber David, David ist gut.

Saul, mein Großvater, hat verboten, Davids Namen zu nennen. Er selbst nennt ihn Verbrecher. Aber meine Tante Michal … Ich weiß, sie hat David zu fliehen geholfen, als Saul ihm einst eine Falle stellte. Und seitdem – wartet Michal auf David.

Er ist Gottes Gesalbter, Mefi-Boschet. Einst wird er König sein, und ich seine Königin. Du wirst sehen. Ein Sänger und Harfespieler auf Israels Thron. Mefi, das werden goldene Zeiten! Aber, Tante, nach Saul wird mein Vater König.

Und dennoch, ich teile gern ihr Geheimnis. Und male mir aus, wie David jetzt lebt. Als Hauptmann der Räuber, tief in der Wüste. Ein *guter* Räuber, Tante Michal? Der beste, sagt sie immer. Doch nun, im Dunkel fürchte ich mich. Diese Schreie!

Was, wenn meine Tante sich irrt? Ist David ein Mörder? Wird er uns töten? Bin ich schon tot? Ich fühle Schmerzen. Und meine Beine, die fühle ich nicht! Was geschieht? Oh, was geschieht! Hat David sich Großvaters Krone gestohlen?

Mefi-Boschet erfährt: Der König und sein Sohn sind gefallen

David. David kommt … Das Erste, was ich sage, als ich aus tiefem Schwarz erwache: Davids Name. Noch nicht, hör ich die Stimme, und wenn, dann wär es gut. David ist gut. Ich öffne meine Augen. Mein Körper schreit vor Schmerz. Ich liege weich.

Auf meiner Stirn, die Hand ist von Michal. Ich klammere mich fest. Ach, Michal, weine ich. Was ist denn nur geschehen? Gut, dass sie bei mir ist, Vaters Schwester, meine Vertraute, denn Mutter ist tot. Ein neuer Schmerz. Vater? Sagten sie …

Vater ist tot? Ich will mich setzen. Michal sagt: Halt still. Du bist gestürzt, mein Kleiner. Ihre Hand hält mich fest. Und mit dir … alles Alte. Vielleicht, Mefi-Boschet, vielleicht ist nun die Nacht vorbei. Wenn David kommt und König wird!

David schlägt uns alle tot … Die Schreie klingen noch in meinen Ohren. Und Saul und Vater … Unsinn, sagt Michal. David hatte nichts damit zu tun. An seinen Händen ist kein Blut. Er ist in Juda, weit von hier – und er ist Gottes Gesalbter.

Ich denk an Vater. Sind Saul und Vater gar nicht tot?, frag ich. Sie sind im Kampf gefallen, sagt sie. So wie es allen Kriegern in jeder Schlacht geschehen kann. Sie haben wunderbar gekämpft, wie Löwen und wie Adler, doch konnten sie nicht siegen.

Denn die Philister waren mehr. Der König und sein Sohn, sie blieben beieinander bis zum Ende. Der eine hat dem andren Mut gemacht. Und als sie fielen, ging die Sonne unter. Michal spricht, als ob sie singt. Dann weint sie. Bruder, ach, mein Vater!

Ich weine auch. Warum nur sagen alle: David war es? – Sie glauben: David will den Thron und jedes Mittel wär ihm recht. Ich aber, Mefi, und auch du: Lass uns auf David traun. Dein Vater hat es stets getan. Er nannte David seinen Bruder.

Ich hoffe, du hast Recht, sag ich und prüfe meine Beine. Da ist nichts. Kein Gefühl. Als hätt ich sie verloren. Doch wenn du Recht hast, fällt mir ein, war all der Aufruhr dumm. Sie konnten mich auch schlafen lassen. Dann wär ich nicht gefallen.

Sauls Reich zerfällt

Bevor ich den Gedanken weiter denke, entsteht ein großer Lärm. Die Tür wird aufgerissen. Ein Krieger stürzt herein. Und nach ihm Isch-Boschet, mein Onkel, der zweite Sohn von König Saul. Der Krieger ist in voller Rüstung und blutig im Gesicht.

Hauptmann Abner, sagt Michal, und sie erhebt sich. Hast du das Heer nach Haus gebracht? – Das Heer, sagt er, und unsere Toten. Es war ein Trauerzug, Prinzessin. – Ich kenne Abner nur vom Sehen. Er ist der Erste unsrer Krieger. Du warst dabei, als …?

Ja, Prinz, sagt er. Ich war dabei, als König Saul gefallen ist. Und Jonatan, dein Vater. Sie haben wunderbar gekämpft, wie Löwen und wie Adler. Doch konnten wir nicht siegen. Denn die Philister waren mehr. Der König und sein Sohn …

Sie blieben beieinander bis zum Ende. Der eine hat dem andren Mut gemacht. Und als sie fielen, ging die Sonne unter. Er spricht, als ob er singt, dann weint er. Und nun, Prinzessin, sagt er, wird's Zeit für einen neuen König.

David kommt, sagt meine Tante. – Michal! Ich flüstere erschrocken. Es ist doch ein Geheimnis. Nicht mehr, mein Kleiner, sagt ihr Blick. Doch Abner sieht es anders. Den Namen will ich hier nicht hören!, ruft er. Der Kerl macht nichts als Ärger.

Mein Onkel Isch-Boschet tritt vor. *Ich* bin der neue König, sagt er. Denn Abner sagt: Nach Jonatan bin ich jetzt an der Reihe. Michal schreit zornig auf. Du? Sie starrt ihn an. Du bist ja nicht von Gott gesalbt! Was macht das schon?, ruft Abner.

Wir geben ihm die Krone. Den Königsmantel hat er schon. Der Thron steht auch bereit. Prinzessin, du wirst sehen: Bevor noch jemand fragen kann, ist Isch-Boschet gekrönt. Versucht es nur, sagt Michal kalt. Und drückt verstohlen meine Hand.

Die Krone, sie ist fort, ruft Abner bald darauf. Sie lächelt. Ja, ich weiß. Und … wo? Isch-Boschet keucht. Er ist sehr dick. Er ist wohl sehr gerannt. Ein Bote brachte sie vor Tagen von hier, sagt sie, nach Juda. Zu David, ihn hat Gott gesalbt.

Es geht mir nicht besser. Kein Gefühl in den Beinen. Aber Schmerzen, Schmerzen im Herzen. Mein einziger Trost ist Tante Michal. Sie ist immer an meiner Seite. Ich träum, sie ist meine Mutter. Und geht nie von mir fort.

Wenn David kommt, sagt sie wieder und wieder, wenn David kommt, wird alles gut. Ich werde seine Königin und du bist unser Prinz. Ich zweifle. Denn die Zeit vergeht. Von David keine Spur und auch nicht von der Krone.

Isch-Boschet sitzt trotzdem auf dem Thron. Es fehlt ihm nur die Krone. Die Leute lachen über ihn. Doch Abner hält ihn fest. Und dann die Nachrichten aus Juda: dass David nun die Krone trägt. Doch eben nur in Juda.

Zwei Könige? – Der Hauptmann Abner tobt. Ich glaub, er ist auf Michal böse. – Wir brauchen doch nur einen, sage ich. Ja, schreit er, Isch-Boschet. Und nun, frag ich, da Michal schweigt. Er sagt: Nun hat der Kerl Sauls Reich zerrissen!

David ist gut, ruf ich. Ich hab es oft genug gehört. Kleiner!, sagt Abner und funkelt mich an. Du weißt nicht, was du redest. Weißt du, was David mit dem Boten tat, der ihm Sauls Krone brachte? Nimm meinen Dank, rief er.

Und schlug ihn tot. – Was?, ruf ich entsetzt. Ich schaudere und Michal wird blass. Warum? Abner sagt: Es heißt, dass David rief: So soll es allen ergehen, die nicht den toten König ehren. Du musst David verstehen, sagt mir meine Tante.

Er ist entsetzlich traurig. Er singt eine Klage, hör, wie sie klingt … Sie singt sie für mich, ein Lied voll Wärme und Schmerz. Weich wie meine Decke und rau wie Fels. Wie seltsam: Es tröstet. So singt David, sagt sie. Gottes Gesalbter. Käme er doch!

Und Isch-Boschet, Sauls Sohn, war vierzig Jahre alt, als er König wurde über Israel, und regierte zwei Jahre. Doch das Haus Israel hielt es mit David.

Die Zeit aber, die David König war zu Hebron über das Haus Juda, war sieben Jahre und sechs Monate.

2 Sam 2, Verse 10 + 11

Davids Klagelied für die Gefallenen

Die Besten sind erschlagen worden.
Die Helden sind gefallen!
Erzählt's bloß nicht weiter.
Weder in Städten noch Dörfern
soll man darüber reden.
Es ist allzu traurig.

Vor Trauer müsste das Gras verdorren,
die Blumen müssten verwelken,
dort wo sie fielen im Kampf
gegen die starken Philister.
Saul war Israels König, von Gott
erwählt, und doch ist er
untergegangen.

Jonatans Bogen traf immer sein Ziel,
gleich wie das Schwert seines Vaters.
Keines von beiden hat sie gerettet.
Schneller als Adler sind sie gewesen,
stärker als Löwen, und standen
zusammen in Leben und Tod.

Es tut mir Leid um dich, Jonatan,
mein Bruder,
ich hatte große Freude an dir;
dass du mein Freund warst,
war kostbar wie Michals Liebe.
Die Besten sind erschlagen worden.
Die Helden sind gefallen.

Saul hat um Hilfe gebeten, bevor er fiel

Tante Michal sitzt bei mir und schüttelt und schüttelt
den Kopf. Ich fürchte, sie weiß Neues von meinen
Beinen. Michal?, sag ich zitternd. Ist es so schlimm?
Es wäre nicht gut, sagt sie in Gedanken, nicht gut, wenn
es rauskommt … nicht gut für den Namen von Vater.

Da weiß ich: Es geht nicht um meine Beine. Sie hat
Neuigkeiten von draußen. Michal erfährt viel. Sie hat,
glaub ich, eigne Spione. Die Nachricht, die sie erhofft,
ist klar: *David kommt.* Aber heute ist's eine andre.
Sag's mir, bitte ich sie. Ich sag es nicht weiter.

Am Tag vor der Schlacht, sagt Michal, hat Saul
es mit der Angst bekommen. Was tue ich nur?,
fragte er Gott. Ist es denn recht, was ich tue?
Gott antwortete nicht. Oder: Gott antwortete zwar,
aber Saul konnte Gottes Stimme nicht hören.

Ich hab sie auch nie gehört, falle ich meiner Tante
ins Wort. Kann Gott richtig sprechen wie Menschen?
Da wird sie rot. Offen gestanden, Mefi-Boschet:
Auch ich höre sie nicht. Und doch bin ich sicher:
Ja, Gott spricht. Und er spricht auch noch heute.

Wie dem auch sei, sagt Michal, Saul vernahm
keine Antwort. Da wurde er immer verzweifelter.
Wenn es unrecht ist, was ich tu, und immer nur
unrecht war – und ich müsste jetzt sterben, dann
mach ich es nie wieder gut. Ach, Samuel, hilf!

Samuel ist längst tot, werfe ich ein. Michal nickt.
Das wusste Saul auch, sagt sie. So kam er auf
diese Idee, eine Totenbeschwörerin zu befragen.
Aber der König selbst, hat er nicht Zauber verboten?
Ein König wie er fragt in der Not nicht nach gut oder böse.

Ich weiß, was sie denkt. Nur David, David ist gut. Und dann?, frage ich. Ist Großvater wirklich zu einer Hexe gegangen? – Ja, sagt Michal. Er bat sie, Samuel von den Toten zu rufen. Sie wollte nicht. Er aber: Ich bin der König! Ruf Samuel.

Konnte sie es?, frage ich staunend. Sie konnte es, sagt Michal. Oder Saul ist es so vorgekommen. Er hat Samuels Geist gesehen und Samuels Stimme gehört. Hat Samuel ihn getröstet?, frag ich. Ich habe Mitleid mit Saul. Oh nein, sagt Michal.

Samuel hat Vaters Angst noch größer gemacht. Du allzu ernster Mann, hat er gesagt. Wann hast du aufgehört, auf mich zu hören? Wann hast du aufgehört, auf Gott zu trauen? Und gehst allein deinen Weg? Blindwütig, ohne Fragen?

Ich kehre um!, rief Saul. Sag mir nur, wie? Zu spät, sagte Samuels Geist. Du bist längst zu weit gegangen. Morgen schon wirst du fallen. Gott straft hart, flüsterte Saul. Keine Strafe, Saul, sagte Samuel sacht. Ganz einfach die Wahrheit.

Unheimlich, sage ich, traurig. Michal sagt: Der König muss einsam gewesen sein in seiner letzten Nacht. Vater war bei ihm!, ruf ich. Sein Sohn. Söhne sind wichtig, sagt Michal ernst. Wenn David kommt, will ich ihm einen schenken.

Samuel sprach: Morgen wirst du mit deinen Söhnen bei mir sein.

Da stürzte Saul zur Erde, so lang er war, und geriet in große Furcht über die Worte Samuels.

1 Sam 28, Vers 19 + 20

Michal wird vor lauter Ungeduld eifersüchtig

Zeit vergeht. Nichts geschieht. Mit meinen Beinen nicht und nicht mit David. Noch immer sitzt Isch-Boschet ohne Krone auf dem Thron. Und David trägt die Krone ohne Thron in Juda. Abner ärgert sich. Michal ist ungeduldig.

Glaubst du, es bleibt, wie es ist?, frage ich und meine damit meine Beine. Wer weiß, sagt sie barsch. Kann ja sein, es gefällt ihm … Da weiß ich: Sie denkt wieder an David. Aber David ist gut. Er ist der Gesalbte. Er ist dein Mann!

Ich erinnere sie daran, was sie sonst immer sagt. Sie sieht so traurig aus, dass ich mich fürchte. Mein Mann! Auf einmal ist sie zornig. Und wenn er doch die andere liebt?, ruft sie. Die andere?, frag ich. Ich weiß von nichts. Sie sagt: Abigajil.

Nach und nach find ich den Grund für ihren Zorn. Sie hat eine neue Geschichte gehört, von David und seiner Zeit in der Wüste. Da war eine Frau, die ihm half, und die hat er mitgenommen!, schreit Michal. Als Königin!

Mensch, David, denk ich, ist das *gut?* – Ein Mann darf viele Frauen haben, fällt mir ein. Aber: Tut es nicht weh? Wenn die eine dich liebt und du … suchst dir eine andre? Er liebt dich, Michal, behaupte ich kühn. Du wirst sehen: Er kommt.

Die Geschichte von Abigajil

Als David in die Wüste floh,
vor Saul, seinem Herrn, seinem Feind,
da fehlten ihm Brot und Wasser
und eine sichere Zuflucht.

Und er wusste von Nabal,
einem reichen Mann, der lebte
in einer Oase, mit großen
Herden und seiner Frau.

Und David schickte Boten
und ließ Nabal sagen: Nimm
mich doch auf, Freund.
Ich bin in großer Gefahr.

Nabal aber plante ihn zu
erschlagen. Das sah seine Frau,
Abigajil; die war besser
als er und nicht dumm.

Sie nahm einen Esel, Brot
und Wein und ritt David eilends
entgegen. Iss und trink, sagte sie,
doch hüte dich vor Nabal.

Als sie zu Nabal kamen, da
lag er wie tot. Er war an seiner
Bosheit erstickt. Sie konnten
ihn nur noch begraben.

Was für ein Wunder, sprach
David, ein Wunder von Gott. Hat er
nicht auf mich aufgepasst wie der
gute Hirte auf seine Schafe?

Gott hat mir geholfen – durch dich,
sprach David zu Abigajil. Höre: Du bist
jetzt allein so wie ich. Geh doch
mit mir und sei meine Frau.

Der Herr ist mein Hirte,
mir wird nichts mangeln.
Er weidet mich auf einer grünen Aue
und führet mich zum frischen Wasser.
Er erquicket meine Seele.
Er führet mich auf rechter Straße
um seines Namens willen.
Und ob ich schon wanderte im finstern Tal,
fürchte ich kein Unglück;
denn du bist bei mir,
dein Stecken und Stab trösten mich.
Du bereitest vor mir einen Tisch
im Angesicht meiner Feinde.
Du salbest mein Haupt mit Öl
und schenkest mir voll ein.
Gutes und Barmherzigkeit werden
mir folgen mein Leben lang,
und ich werde bleiben im Hause
des Herrn immerdar.

Psalm 23

Israels Kinder fallen übereinander her

Meine Beine wollen nicht wieder. Der Priester hat sie angeschaut und sagt: Lahm bleiben sie. Ich habe ihn angeschrien. Ich bin ein Kind! Nie wieder laufen? Oh, wäre ich König, rufe ich durch das Haus. Was dann?, fragt meine Tante.

Dann nähm ich mein Schwert und schlüge der Magd, die mich fallen ließ, den Kopf von den Schultern! Ich fuchtele wild durch die Luft. Und dann, sagt Michal, ging's dir besser? Ich werde rot. Ich weiß, sag ich: *David ist gut.*

Der Kerl macht immer nur Ärger!, ruft Abner und stürmt in das Zimmer. Er ist gerüstet und beinahe so zornig wie ich. Ich komme um Lebewohl zu sagen, Prinzessin!, sagt er. Ich ziehe in den Kampf. Das Reich zerbricht.

Michal faltet die Hände. Was ist geschehen? Streit zwischen Juda und uns, sagt Abner. David ist mit Juda allein nicht zufrieden. Wieder und wieder führt er sein Heer über die Grenze. Wir lehren ihn heute: Nicht weiter!

Abner, Juda und wir – sind wir nicht alle Geschwister? Wie können wir gegeneinander kämpfen? – Es ist Davids Schuld!, ruft Abner. Er trägt eine Krone, die ihm nicht gebührt. Er ist Gottes Gesalbter!, schreit Michal zurück.

Prinzessin, sagt Abner, glaub mir: Ich will nicht gern kämpfen. Wenn David nachgibt, komm ich nach Haus. Gebe Gott, dass nicht ein Bruder den Bruder bekämpft, in dem Land, das Gott uns einst schenkte. Er neigt sich und geht.

In den folgenden Tagen ist Michal immer in Tränen. Ihre Spione berichten ihr, wie es steht. Ich glaube, sie will es vor mir verbergen. Aber ich sage: Schlimmeres gibt's nicht als lahme Beine. Du kannst mir ruhig sagen, wie's steht.

Schlecht, sagt Michal. Es gab eine Schlacht. Doch wehe, du sagst: David war schuld. Sein Feldherr ist's; der gibt keine Ruhe! *David ist …*
… gut, sage ich. Was denn sonst? – Davids Feldherr heißt Joab, sagt Michal. Er ist einfach zu wild.

Zu wild?, frage ich. – Er stellte sein Heer an das Ufer des Sees, sagt Michal. Und rief Abner zu: Hast du Angst? Da stellte sich unser Heer gegenüber. Lass uns nicht kämpfen!, rief Abner. Gut, rief Joab. Dann *spielen* wir nur! – Spielen?, frage ich ratlos.

Ja, sagt Michal, Joab nannte es *Kampfspiel.* Zwölf gegen zwölf und alle sehen zu. Als zweimal zwölf gefallen waren, da war es Ernst – kein *Spiel.* Und dann? Michal schüttelt den Kopf. Das wird nie wieder gut. Eine furchtbare Schlacht.

Joabs Bruder, schnell wie ein Reh, verfolgte Abner und wollte ihn töten. Zweimal warnte ihn Abner: Lass von mir ab, dass *ich* dich nicht töte. Dann aber hat Abner Joabs Bruder durchbohrt. Michal ist heiser. Joab hat Abner ewige Rache geschworen.

Und Abner rief Joab zu:

Soll denn das Schwert ohne Ende fressen? Weißt du nicht, dass daraus am Ende nur Jammer kommen wird? Wie lange willst du dem Volk nicht sagen, dass es ablassen soll von seinen Brüdern?

Joab sprach:

So wahr Gott lebt: Wenn du das eher gesagt hättest, so hätte schon heute Morgen jeder im Volk von seinem Bruder abgelassen.

2 Sam 2, Verse 26 + 27

Der Feldherr Abner lässt Isch-Boschet fallen

Meine Beine – nein, immer noch nicht. Der Unfall ist zwei Jahre her. Ich bin größer geworden. Und liege noch immer im Bett. Michal hat mir Krücken gemacht. Aber ich mag diese Dinger nicht. Sie liegen am Boden – wie unser Land.

Du musst es nur wagen, sagt Michal. Sie hat mich nicht verlassen. Und David wird nicht kommen. Die Grenze ist bewacht. – Wir alle, murmelt sie, müssten was Neues wagen. Denk nur: Wenn dein Onkel seinen Thron an David gäbe, ohne Kampf …

Abner, der Feldherr, kommt. Prinzessin, sagt er, auch ich hab schon daran gedacht. Doch leider, Isch-Boschet ist sehr dagegen. Hinter Abner tritt er ein, mein Onkel, König ohne Krone, dick, traurig, atemlos. Michal nimmt seine Hand.

Gott hat dich nicht gesalbt, sagt sie. Doch kannst du Gutes tun für Israel und Juda. Versöhne, was zerbrochen ist, unter der Krone Davids. *David ist gut.* Du aber bist nur eines: schwach. Isch-Boschet reißt sich los. Ich will nicht, ruft er trotzig.

König, sagt Abner, als hätte Isch-Boschet gar nicht gesprochen. Ich geh zu David und frag ihn, um welchen Preis er mit uns Frieden schließt. Mein Onkel wankt. Was, wenn er meinen Thron will? König, sagt Abner, dann mach ihn frei!

Mefi, ruft Tante Michal und umarmt mich. Die Männer sind fort. Mefi, jetzt ist es so weit! David kommt in Frieden, der König, Gottes Gesalbter. Es wird alles gut! Sie bückt sich nach meinen Krücken. Steh auf, sagt sie. Zeit, es zu wagen!

Der Feldherr Abner ist Joabs Rache verfallen

Michal setzt sich durch. Ich übe mit den Krücken. Es ist wie ganz neu laufen lernen. Michal trägt schöne Kleider, jeden Tag, um David zu begrüßen. Die Zeit wird lang. Wir hören nichts. Dann kommt Michal und weint. Vergebens, ach, vergebens.

Ich lass die Krücken fallen. Sie stützt mich bis zum Bett. Ja, Mefi, sagt sie, gib nur auf. Es gibt ja keine Hoffnung. – Will David keinen Frieden?, frage ich. David ist gut. Natürlich will er Frieden, sagt Michal gleich, und ist mit Abner einig.

Für einen Augenblick ist sie fast fröhlich. Weißt du, was David sagte? Er sagte – sie singt fast:
Alles, Abner, was immer du willst.
Nur eine Bedingung: Schick mir Michal!
Und das, Mefi, obwohl er … *diese andere* …

Er liebt dich, sage ich. Vergiss Abigajil. Doch sage mir: Was ist denn schief gegangen? Da wird sie wieder ernst. Ein Mord ist geschehen, sagt sie. Und wieder haben alle Angst vor David. – Ich denke an den Boten mit der Krone.

Wen hat er denn … ermordet?, frage ich. Da hebt sie die Hand, als will sie mich schlagen. Keinen!, schreit sie. David doch nicht. *David ist gut!* Jedoch, Abner ist tot, von hinten erstochen. Und wenige glauben, was wirklich geschah …

Die Geschichte von Abner

David und Abner hatten in Frieden gesprochen. David hatte zu Abner gesagt: Ja, ich will euer König werden. Doch zuerst gib mir Michal! David und Abner hatten zusammen gegessen. Dann ging Abner fort und nach Haus.

Da kam Joab, Davids Feldherr, von einem Streifzug zurück und hörte: Abner ist bei David gewesen. Abner, schrie Joab. Der Hund, der mir den Bruder erschlug! König, du durftest ihm nicht trauen! Er stellt dir eine Falle.

David hörte nicht auf ihn. Er ging zu Bett. Doch Joab stellte Abner eine Falle. Er sandte Boten hinter Abner her; die sagten ihm: Kehr um. Der König David will dich noch mal sehen. Und Abner kam und David schlief. Und Joab …

Rache für meinen Bruder!, schrie er und hat Abner von hinten erstochen. Als David es hörte, schrie er: Das habe ich nicht gewollt! Er befahl seinen Leuten, Trauer zu tragen, und aß nicht und trank nicht vor lauter Kummer.

Der König ohne Krone fällt aus der Rolle

David kommt. Die Leute rufen es in den Gassen,
zögernd und unsicher erst. Der Mord an Abner
hat alle erschreckt. Sie fürchten, was kommt,
auch den Gesalbten, David. Dann sickert es durch:
David trauert; kein feiger Mörder – *David ist gut.*

David kommt. Die Leute rufen's laut und jubelnd.
Mein Onkel steht am Fenster, ängstlich, atemlos.
Ohne Abner weiß er nicht weiter. Er fürchtet den
Gesalbten. Gib mir den Königsmantel, sagt Michal.
Gottes Gesalbtem wird er besser stehen.

David kommt nicht. Er bleibt in Juda. Er schickt
nur eine Botschaft. Wer König David sehen will,
der komme, schreibt er. Doch hütet euch zu kommen
ohne meine Frau Michal. Michal trägt Reisekleider,
als sie es mir sagt. Wir gehen nach Juda, sagt sie.

Mit dem Königsmantel und Sauls Thron. Soll
David doch von Juda aus auch Israel regieren!
Und ich?, sag ich. Was meinst du: Kann ich
reiten? – Nicht du, mein Kleiner, sagt Michal.
Sie sieht mich voller Mitleid an. *David ist gut.*

Jedoch: Wir müssen erst mal sehen … Sieh mal,
du bist ein Enkel Sauls … Sie stammelt. David
könnte glauben, dass du die Krone willst.
Ich denke plötzlich wieder an die Nacht. Die Schreie.
David kommt. Er schlägt uns alle tot.

Bleib bei mir, bitte ich und klammre mich an
ihre Hand. Mein Kleiner, sagt sie wieder. Ich
lasse dich bald kommen. Jetzt aber, Mefi, jetzt
geh ich. Wir beide, Mefi, wissen es: Wir traun
auf diesen guten Mann. Er ist ja der Gesalbte.

Ich bleib zurück mit Dienern und mit Isch-Boschet.
Er läuft mit großen Schritten durch mein Zimmer.
David, flüstert er. Was wird er tun?
David ist gut, sag ich. Da lacht er bitter. Ich sollte
mich verstecken, mich gut bewachen lassen!

Sauls Haus fällt unter die Mörder

Dunkle Nacht. Tiefer Schlaf. Dann schrille Schreie.
David kommt, rufen sie. David hat Isch-Boschet
erschlagen! Der König liegt in seinem Blut. Man
reißt mich aus dem Schlaf. David kommt! Fort,
Prinz, rasch fort! Er lässt auch dich nicht leben!

David kommt. Er will den Thron. Des alten Königs
Erben … er tötet, tötet sie alle. Ein Diener
zieht mich hoch. Mein Prinz, ich will dich retten.
Nein, ruf ich. Weißt du nicht: Das letzte Mal, als
man mich retten wollte, verlor ich meine Beine!

So bleibe ich und warte. Mensch, David, ist es
wahr? Du sandtest Mörder gegen Isch-Boschet?
Nein!, ruft Michal in meinem Kopf, nicht David!
Nichts, er hat gar nichts getan! – Gott, denk ich,
wenn ich nur wüsste, was ich glauben soll.

Höre, sagt da auf einmal – Gott! Ich fall
erschrocken aus dem Bett. David ist mein Gesalbter!
Oh Gott, ruf ich. Ich will dich nicht verletzen.
David ist gut, sagt Gott. Jedoch, wie du es sagst,
Mefi-Boschet: Auch König David ist ein Mensch.

Jerusalem fällt in Davids Hand und wird seine Hauptstadt

Ich konnte mich wehren und wehren – sie hörten mich nicht. Ich war noch immer fast ein Kind. Der Diener, den ich fortgeschickt hatte, kam wieder und trug mich davon. Ziba heißt er, ich mag ihn nicht. Ich will zu meiner Tante.

Ich lebe verborgen, in einem Dorf, Lo-Dabal, trostlos, einsam. Ich lerne reiten. Ich will hier weg. Das Land ist jetzt nicht mehr geteilt. David allein ist König. Er hat drei Frauen, sagt man, und Prinzen; arme Michal. Mich sucht er nicht.

Die Mörder, die Onkel Isch-Boschet getötet haben, sind, sagt man, mit des Toten Kopf zu David gelaufen, in der Hoffnung auf Lohn. David hat abwehrend beide Hände gehoben. Was wagt ihr?, schrie er. Sie mussten sterben.

Ziba erzählt: David will nicht in Juda bleiben. Er will seinen Thron zwischen die Grenzen der Stämme stellen, an einen Ort, den er sich selbst erwählt. Er will ein Zeichen setzen, dass alle Kinder Israels gleich sind vor Gottes gesalbtem König.

Da ist Jerusalem, die Schöne, Stadt auf dem Berg, eine feste Burg, Zion, mit Mauern, die keiner je überwand. Jebusiter bewohnen sie und halten Israels Heeren seit Jahren schon stand. Auf zum Zion, sagt David. Jerusalem ist meine Stadt!

Ziba sagt: Die Jebusiter hätten gespottet. Jerusalem ist so fest – selbst Lahme und Blinde könnten die Festung halten! Da habe David gelacht und gesagt: Wer von meinen Leuten ist wohl stark genug, diese Blinden und Lahmen zu schlagen?

Da ging Joab und führte eine Schar Krieger durch einen Brunnen in die Burg. Von innen her, von Zion, wurde die Stadt erobert. David zog ein und baute sie aus. Er machte sie prächtig und groß, Zion-Jerusalem, die jetzt heißt: Davids Stadt.

Davids Königsherrschaft stützt sich auf Güte und Gerechtigkeit

Zwei Dinge hör ich von König David, die mir gefallen. Er hat ein Versprechen gegeben, vor allen Kindern Israels: Er will ein König sein, der gut ist und gerecht. Der alle gleich achtet, groß und klein, vielleicht sogar Lahme wie mich?

Das Zweite: Er hat die Lade zum Zion geholt. Die Lade, sagt Ziba, weißt du das nicht? Als Mose Israels Kinder aus Ägypten befreite, traf er auf dem Berg Sinai Gott. Gott sagte ihm, was gut ist und böse. Mose schrieb es auf Tafeln aus Stein.

Nein, sage ich, das weiß ich besser. Das Gesetz war schon geschrieben bei Gott. Aber Mose hat es zerbrochen und dann neu zusammengesetzt. Die Tafeln des Gesetzes, sagt Ziba, tat Mose in eine Lade und baute darauf einen Thron für Gott.

Ja, sage ich. Das weiß jeder. Die Lade wanderte mit Israels Kindern. Sie zog und zeltete wie sie. Seit wir in dem Land leben, sagt Ziba, von dem Gott versprach, er wollte es uns geben, ist die Lade in Gefahr. Einmal haben sie die Philister gestohlen.

Und jetzt?, frage ich. Jetzt, sagt Ziba, hat David sie zum Zion gebracht. Damit sie dort bleibt, für immer. Und, weißt du – er lacht – so sehr freute sich David, als die Lade nach Jerusalem kam, dass er … Ein neues Lied sang? – Nein, sagt Ziba. Er tanzte.

Tanzte?, frag ich. Der König? Ziba nickt. Er ist gehüpft wie ein störrischer Esel. Man sagt: Michal, seine Frau, hat ihn deshalb gescholten. Er aber sagte vor allen: Verstehst du denn nicht? Auch ein König ist Mensch – und ein Esel vor Gott.

Von Gnade und Recht will ich singen
und dir, Herr, Lob sagen.
Ich handle umsichtig und redlich,
dass du mögest zu mir kommen;
ich wandle mit redlichem Herzen in
meinem Hause.
Ich nehme mir keine böse Sache vor;
ich hasse den Übertreter
und lasse ihn nicht bei mir bleiben.
Ein falsches Herz muss von
mir weichen.
Den Bösen kann ich nicht leiden.
Wer seinen Nächsten heimlich
verleumdet,
den bring ich zum Schweigen.
Ich mag den nicht, der stolze Gebärde
und hoffärtige Art hat.
Meine Augen sehen nach den
Treuen im Lande,
dass sie bei mir wohnen;
ich habe gern fromme Diener.
Falsche Leute dürfen in
meinem Hause nicht bleiben,
die Lügner gedeihen
nicht bei mir.

Psalm 101, Verse 1 bis 7

David ruft Jonatans Sohn nach Jerusalem

Ich bin kein Kind mehr und wenn auch meine Beine für immer ohne Gefühl sind, so habe ich doch gelernt, auf Krücken zu gehen. Reiten kann ich auch. Aber noch immer wünsch ich: Ich wär nicht bei Ziba, sondern bei Tante Michal.

Da kommt Ziba aufgeregt zu mir gerannt. Herr, ruft er, ich weiß nicht: Ist es gut oder schlecht? Was?, frage ich. Eine Magd hat mir einen Sohn geboren, Micha – seitdem fürchte ich immer, dem Kleinen könnte was Schlimmes geschehen.

David, schreit Ziba. Der König sagt, du sollst kommen. Wie – kommen?, frage ich dumm. Nach Jerusalem in sein Haus, sagt Ziba. Ich komme gerade von dort – es ist wunderschön. Aus Zedernholz ganz und gar! Ziba, sage ich. David?

David ließ mich rufen, sagt Ziba. So ritt ich hin. Er sagte: Ziba, wo ist Jonatans Sohn? Denn ich höre, er lebt. – Lahm, Herr, sage ich; hab Mitleid mit ihm, er ist lahm. – Mein Gott, sagte er. Sonst nichts, nur: Hol ihn her. – Dann tu's, sage ich.

Davids Haus ist tatsächlich aus Zedernholz. Hoch ragt es, mächtig und stolz. Ich lass mir nicht helfen, steig selbst aus dem Sattel und humple zum Tor. Jonatans Sohn, rufen die Wachen und lassen mich ein. Der König ist drinnen allein.

Sie müssen nichts sagen. Ich höre den Klang. David spielt Harfe und singt. Von dieser Stimme hab ich geträumt. Weich wie die Decke in meinem Bett. Ich folge und lausche den Tönen und Worten. Es ist ein demütiges Lied, voller Staunen und Dank.

Herr, unser Herrscher,
wie herrlich ist dein Name in allen Landen, der du zeigst deine Hoheit am Himmel.

Wenn ich sehe die Himmel,
deiner Finger Werk, den Mond und die Sterne, die du bereitet hast:

Was ist der Mensch, dass du seiner gedenkst, und des Menschen Kind, dass du dich seiner annimmst?

Du hast ihn wenig geringer gemacht als Gott, mit Ehre und Herrlichkeit hast du ihn gekrönt.

Du hast ihn zum Herrn gemacht über deiner Hände Werk.

Psalm 8, Verse 2 + 4 bis 7

Jonatans Sohn öffnet David seine Arme …

Ich warte, bis das Lied verklingt. Es hat mir sehr gefallen. Herr, sag ich dann, du fragtest nach mir? Er legt die Harfe zur Seite und sieht mich an. Seine Augen sind wie seine Stimme. Ich hätte längst nach dir fragen sollen, Mefi-Boschet.

Nicht du, Herr, sage ich bitter, aber Michal. Ich senke den Kopf. Oh, sagt David und lacht. Sie hat dich niemals vergessen. Ich habe verboten, dass sie dich sucht. Warum, Herr?, frage ich böse. Sie ist mir wie eine Mutter. David seufzt.

Saul, sagt er, Jonatan. Abner und Isch-Boschet – jeder, der sie sterben sah, rief: Wie wird sich David freuen! Die Wahrheit ist: Ich trauere noch immer. Hätt ich dich aus dem Versteck geholt, du Enkel Sauls: Ich trauerte heute um dich.

Ich kann dir nicht dienen, stottere ich. Seine Offenheit macht mich verlegen. Sieh doch: meine Beine. Ein Mensch ist mehr als zwei Beine, sagt David. Sei im Sitzen mein Freund und mein Neffe. Diener, Mefi, hab ich genug.

Ich lasse die Krücken fallen. Will ihn umarmen. Er fängt mich auf. Drückt mich fest an sein Herz. Du bist wie Jonatan, der Beste der Freunde, sagt er und hilft mir mich setzen. Er war ja mein Vater. Herr, bitte: Erzähl mir von dir und von ihm.

… und David öffnet sein Herz

Später einmal, sagt David und sieht traurig aus. Er blickt in das Licht einer Kerze. Herr, sage ich, ich lass dich jetzt lieber allein. – Hast du mein Lied gehört, Mefi-Boschet?, fragt David, tief in Gedanken. Dein Lied, sag ich, war zum Staunen.

Dass Gott so groß ist, wir so klein – und dass ein König, so mächtig wie du, davon weiß und laut davon singt! – Gerade als du kamst, habe ich es gelernt, sagt David mit einem Lächeln. Von Gott?, frage ich. David nickt.

Die Frage fällt mir ein, die ich Michal einst stellte. Gottes Stimme, sag ich, Herr, kannst du sie hören? – Nicht mehr so oft, sagt David. Er sieht mich an. Kann ich dir trauen? – Michal ist meine Zeugin, ruf ich: Ich sage nie etwas weiter.

Da lächelt David und nickt. Seit ich Blut vergoss, Mefi-Boschet, im Krieg oder als Richter, höre ich Gott nicht wie früher. Es kommt mir so vor, als ekelt sich Gott vor blutigen Händen genauso wie ich. – Du musstest es tun, sage ich.

Ja, sagt David. So scheint es mir auch. Und doch, Mefi-Boschet, verdirbt es mir Gottes Nähe. Ein jeder achte das Leben, sage ich. Das ist das fünfte Gebot. Ich denke an die Lade. David nickt. Deshalb höre ich Gott nicht mehr.

Aber, Herr, du sagtest, dein Lied sei von Gott, rufe ich. Natan, sagt David, der Prophet, ist mir zum Ohr geworden und sein Mund ist Gottes Mund für mich. Natan ist Gott nah, wie damals Samuel. Ich nicke. Ich habe davon gehört.

Als ich mein Haus sah und das Zelt der Lade, sagt David, da kam es mir falsch vor, dass mein Haus aus Zedernholz ist, Gottes Haus aber aus Häuten und Tuch. Ich sagte zu Natan: Ich will Gott ein Haus bauen, prächtig und fest.

Ja, denke ich, das passt zu dir … David spricht weiter: Heute kam Natan und sagte nein. So spricht Gott: Ich zog und zeltete lange mit Israels Kindern. Ich liebe mein Zelt. Wenn ich einmal ein Haus haben will, sag ich Bescheid.

Gott will dein Geschenk nicht, sag ich. Ist er so böse auf dich? David schüttelt den Kopf. Nein, sagt er, sondern er meint es sehr gut. Er will kein Geschenk. Er will schenken. Höre, was Gott mir durch den Mund Natans verspricht:

So spricht Gott: Nicht du sollst bauen für mich. Sondern ich baue auf dich. Du sollst König sein, gut und gerecht, und nach dir dein Sohn. Nie will ich dich und deine Kinder verlassen. Ihr seid mir lieber als alle. – Amen, sag ich.

Als Natan alle diese Worte und dies Gesicht David gesagt hatte, kam der König David und setzte sich vor dem Herrn nieder und sprach:

Wer bin ich, Herr Herr, und was ist mein Haus, dass du mich bis hierher gebracht hast?

2 Sam 7, Verse 17 + 18

Davids Augen fallen auf eine schöne Frau

Michal! Wie habe ich mich gesehnt, sie wieder zu sehen! Wie lange ist es her? Damals war sie jung und schön. Und ich ein Kind. Dem Leben ferner als dem Tod. Michal, Mutter. Sie hüllt sich in ein dunkles Tuch. Ich zieh es weg.

Graues Haar, Mefi, sagt sie und lächelt. Ich atme auf. Nicht sehr, sage ich. Sie ist wie immer. Oder – trauriger? Du bist bei David, sag ich. Ja, sagt sie. Und die andere auch. Dann weint sie und lacht. Wir liegen uns in den Armen.

Michal zeigt mir das Haus und die Stadt. Sie bringt mich überall hin. Ich soll bleiben. David will: Ich soll leben wie seine Söhne. Amnon, Absalom, Adonija und Kilab. Von anderen Frauen. Sie sind jünger als ich und streiten sich viel.

Kein Sohn von dir, Tante Michal, sage ich still. Auch keine Tochter, sagt sie. Sie wendet sich ab. Zeigst du mir Abigajil?, frage ich. Ich zeige dir eine andere, sagt Michal. Wehe, du sagst es weiter. Nie, sag ich und denke an früher.

Noch eine andere? – Mensch, David! Michal führt mich auf das Dach des Palastes. Er ist höher als die Häuser ringsum. Wir haben einen weiten Blick. Was ich sehen soll, ist aber nah. Am Rand sitzt David mit seiner Harfe. Er spielt nicht.

David sieht träumend zu einem anderen Dach. Ich folge seinem Blick – und gerate ins Träumen. Da ist eine Frau, so wunderschön! Sie hat die Schleier abgenommen. Ihr Haar ist schwarz. Sterne tanzen in ihren Augen! Batseba, sagt Michal.

Die Frau des Uria, eines tapferen Kriegers. – Schade, dass sie verheiratet ist, sage ich. Ich würde gern um sie werben. Da stößt mich Michal in die Seite. Halte dich fern, Mefi. Der König will sie für sich! Das wäre unrecht, das tut er nicht, sage ich.

Und höre: Wenn du ihn liebst und er liebt dich – dann braucht David Batseba nicht. – Ein Mann darf viele Frauen haben, sagt Michal. Ich aber denk an das sechste Gebot. Männer und Frauen, achtet die Ehe. – Das tut er nicht, sag ich wieder.

Das tut David nicht, hab ich gesagt. Und fest daran geglaubt. Aber dann schleicht eines Nachts eine fremde Frau von Davids Seite. Ich muss nicht hinschauen. Ich weiß, wer sie ist. – Des Königs Wunsch allein oder auch deiner, schöne Batseba?

Sie bleibt stehen, als sie mich sieht. Bitte, Herr, verrat uns nicht, flüstert sie. Wir haben uns nur einmal gesehen, der König und ich. Ich komme nie wieder. Ich will meinen Mann nicht betrüben. Das tatest du schon. Er weiß es nur nicht.

Und mich betrübtest du auch. Ich bin sehr enttäuscht, sage ich. Ich habe an Davids Güte geglaubt. Ich auch, sagt Batseba und flieht. Kennst du das zehnte Gebot?, frage ich David am Morgen. Das sechste!, sagt Michal scharf.

Das zehnte, widerspreche ich. Jeder achte auf das, was ihm anvertraut ist, und träume nicht von anderem. David wird blass, als ich es sage. Dann sagt er leise: Aber ich will … Und setzt sich und schreibt einen Brief.

Die Tage, die folgen, sind ruhig. Tante Michal lächelt und singt und wirkt fröhlich. Von Batseba sehen wir nichts und David spielt seine Harfe für uns. Doch ich begegne seinen Blicken nicht mehr. Mir ist, als hätte er *mich* betrogen.

Dann kommt Michal zu mir, voller Zorn und voll Tränen. Freu dich, Mefi!, ruft sie bitter. Wir feiern bald eine Hochzeit. Ich denke an Amnon, Davids ältesten Sohn. Er ist seit langem verliebt. Aber was Michal dann sagt, wirft mich um.

David und Batseba, sagt Michal und verscheucht eine Fliege. Batsebas Mann Uria ist tot, gefallen im Kampf für den König. David sagt: Sie ist frei – und nimmt diese andre zur Frau. Ein großes Fest wird es sein. Aber, Mefi, gewiss ohne mich!

Uria. Gefallen im Kampf. So ein Glück für den König. Hat er's gewollt? Hat er einen Mörder geschickt? Ich nehme mein Tier und reite davon. Am liebsten käme ich nie mehr wieder. Soll er doch feiern, denk ich. Ohne Michal, ohne mich!

Der Prophet Natan erzählt eine Geschichte

Batseba ist eine strahlende Braut. Das erzählen Davids Söhne. Sie haben auf dem Fest getanzt. Dass David die schöne Braut – recht bedacht – gestohlen hat, das wollen sie wohl nicht sehen. Ich aber habe kein Glück gewünscht.

Auch nach der Feier lebe ich im Palast, wie David befiehlt. Doch ich bin stumm. Ihm geht es besser als sonst. Er verbringt seine Zeit mit Batseba. Früher gehörte diese Zeit mir, sagt Michal. Ich drück ihre Hand. Das kommt wieder.

Dann, eines Tages, kommt Natan. Lange ist er allein mit dem König. Zwar lausche ich nicht, doch ich warte. Einmal höre ich David schreien. Als Natan geht, bleibt die Tür hinter ihm offen. Batseba tritt ein. Drinnen ruft David: Nein!

Batseba läuft weinend davon. Ich seh ihr nach ohne Mitleid. Jonatan!, ruft drinnen David. Mein Freund Jonatan, wärst du doch da! Da kann ich nicht anders. Ich humple hinein. David liegt auf dem Boden vor seinem Lager und weint.

David, rufe ich und lasse mich neben ihm fallen. Ich vergesse die Höflichkeit. Ich nenn ihn beim Namen und halt ihn in meinen Armen. Jonatan, flüstert er. Ich habe Unrecht getan, anders, als ich je wollte. Wie mache ich es nur wieder gut?

Ein Hochzeitslied,
nicht von Davids Harfe

Mein Herz dichtet ein feines Lied,
einem König will ich es singen.
Meine Zunge ist ein Griffel eines
gutes Schreibers:

Du bist der Schönste unter den
Menschenkindern, voller Huld sind
deine Lippen; wahrlich: Gott hat
dich gesegnet für ewig.

Gürte dein Schwert an deine Seite,
du Held, und schmücke dich herrlich!
Es möge dir gelingen in deiner
Herrlichkeit. Zieh einher für die Wahr-
heit, in Sanftmut und Gerechtigkeit,
so wird deine rechte Hand Wunder
vollbringen.

Die Königstochter ist mit Perlen
geschmückt; sie ist mit goldenen
Gewändern bekleidet. Jungfrauen
folgen ihr, ihre Gespielinnen
führt man zu dir. Man führt sie hin
mit Freude und Jubel; sie ziehen
ein in des Königs Palast.

An deiner Väter Statt werden deine
Söhne sein; die wirst du zu Fürsten
setzen in aller Welt.

Ich will deinen Namen kund
machen von Kind zu Kindeskind;
darum werden dir danken die
Völker immer und ewig.

Psalm 45, Verse 1 bis 5 und 14 bis 18

Was hat Natan gesagt?, frage ich. Ist Gott zornig auf dich wegen der Frau? Gott hat alles mit angesehen, sagt David. Auch den Brief, den ich schrieb. – Einen Brief?, frage ich. David nickt: Es war das Todesurteil für Uria, Batsebas Mann.

Ich habe an Joab geschrieben: Ganz vorn in die Schlacht stelle Uria. – Ich wusste, dort muss er fallen. Und er fiel. Ich lasse David los. Ich zucke zurück. So also wurde Batseba frei. Mir graut vor ihm. *David ist gut?* Das nennt man Mord, sage ich.

Nicht besser, als was deine Freunde mit Abner und Isch-Boschet taten. – Oder Saul mit mir, sagt David mit weißem Gesicht. Saul sandte den Harfespieler zum Kämpfen. Da erbarmte sich Gott und machte den Sänger zum Krieger.

Über Uria erbarmte sich keiner, sag ich. Sag: Wie will Gott dich bestrafen? David schaut mich an. Wenn du mir vergeben kannst, Sohn Jonatans, sagt er, vergibt mir Gott. – Nein, rufe ich. Ich hasse deine Tat. Ich will einen guten König!

Er lächelt verloren. Auch der König ist Mensch, Mefi-Boschet, sagt er leise. Für den Augenblick, als ich Batseba sah, wollte ich sein so wie alle, die sehen und begehren und nehmen, was sie begehren, sei es gut oder böse.

Nicht alle sind so, sage ich. Gott würde es nicht ertragen. Ich stehe mühevoll auf. David lasse ich liegen. Ich wünschte, er fiele tot um, dieser gefallene König! Und Natan?, frage ich. Er gab mir ein Gleichnis, sagt David. Am Ende …

… am Ende sah ich den Sinn. David schaudert. Der böse Reiche im Gleichnis, sagt er, nahm dem Armen sein einziges Schaf. Ich fragte: Wer ist das? Da zeigte Natans Finger auf mich. *Du* bist der Mann. – Ja, sage ich. Und lass ihn allein.

Das Gleichnis von dem reichen und dem armen Mann

Da waren zwei Nachbarn,
der eine reich, der andere arm.

Große Herden hatte der Reiche,
der Arme aber ein einziges Schaf.
Das liebte er wie eine Tochter.

Als nun der Reiche Besuch
bekam und schlachten wollte,
waren ihm seine Tiere zu schade.

Da holte er sich – heimlich –
das einzige Schaf seines Nachbarn.

David ringt um das Leben seines Sohnes

Du sollst zum König kommen, sagt Michal mit starrem Gesicht. Starr ist ihr Gesicht, seitdem Batseba den Jungen geboren hat. Den jüngsten Königssohn. Ich glaube, sagt Michal, er hat den Verstand verloren.

Natan kommt mir entgegen, als ich David suche. Natan, der Prophet. Das Kind wird sterben, erzählt Natan mir. Ich hab es David gerade gesagt. Batsebas Sohn?, frage ich.
Keine Strafe, sagt Natan, die Wahrheit.

Ich humple weiter. Ich finde den König vor Gottes Thron. Er hat seine Kleider zerrissen und Asche auf seinem Haar. Den Verstand verloren …? – Herr, sage ich. Du fragtest nach mir? Kein Herr, sagt er. Ich bin ein Esel.

Das Kind ist krank und lebt erst kurze Zeit, sagt David. Ich aber weiß, es stirbt an dem, was ich so falsch getan hab. Weil ich Uria seine Frau stahl und sein Leben, darf nun das Kind, das sie mir schenkte, nicht gedeihen.

Ja, will ich rufen. Das ist recht! Aber ich kann es nicht sagen. Meine Zunge hemmt eine Macht. Denk nach, sagt Gott. Was weißt du denn von mir? Gott will das Leben, höre ich mich sagen, nicht den Tod. David blickt verwundert auf.

Ich erzähle David von Abraham. Wie Abraham glaubte, er müsse das Liebste opfern, Isaak, seinen Sohn. Aber Gott hinderte ihn und sprach: Opfere nie, was dir nicht gehört. Leben gehört Gott allein. Dein Kind ist mir teuer wie du.

Was willst du mir sagen, Mefi-Boschet, fragt David rau. Vergibst du mir, was ich tat, unrecht und falsch? Ich sehe ihn an und seh seine Qual. Ich habe dir längst vergeben, sag ich und – seltsam: Bevor ich es sagte, wusste ich's nicht.

Bald darauf kommt die Nachricht: Der Junge ist tot. David weint lange. Ich geb ihm die Harfe. Er singt und steht auf. Wäscht sich und kleidet sich neu. Es tut mir sehr Leid um das Kind, sagt er. Aber ich spüre: Gott tut es ebenso Leid.

Meine Sünden gehen über mein Haupt; wie eine schwere Last sind sie mir zu schwer geworden. Meine Wunden stinken und eitern um meiner Torheit willen. Ich gehe krumm und sehr gebückt; den ganzen Tag geh ich traurig einher. Denn meine Lenden sind ganz verdorrt; es ist nichts Gesundes an meinem Leibe. Ich bin matt geworden und ganz zerschlagen; ich schreie vor Unruhe meines Herzens.

Herr, du kennst all mein Begehren, und mein Seufzen ist dir nicht verborgen.

Verlass mich nicht, Herr, mein Gott, sei nicht ferne von mir! Eile mir beizustehen, Herr, du meine Hilfe!

Psalm 38, Verse 1 bis 10
und 22 + 23

Absalom fällt seinem Vater in den Rücken

Die Jahre vergehen. Wir werden älter. Ich denke oft daran, was Gott einst Abraham sagte: Mein Segen ist kein Schutz gegen Schlimmes. Segen bedeutet: Ich bin da, was auch geschieht. Dass es leicht wird, sagt Segen nicht.

Kein Schutz gegen Schlimmes, wie wahr! Gesegnet ist David, aber Schlimmes säumt ihm den Weg. Batsebas Sohn ist tot. Auch Amnon, der Kronprinz. Schlimmer noch: *Wer* ihn erschlug! David weiß es und quält sich. Er liebt ja beide.

David hat Amnon geliebt und trauert um ihn. Er liebt aber auch Amnons Mörder, Absalom, ebenso Davids Sohn! Wie müssen die beiden einander gehasst haben, dass so ein Frevel geschah. Gott, lass mich nicht daran denken!

Absalom; nur Unheil hängt an Absaloms Namen. Und doch ist er schön und begabt, so strahlend, wie ein Prinz es nur sein kann. Wenn er nur nicht so unruhig wäre! Was er hat, ist ihm nie genug. Mehr will er, alles; und eines am meisten.

Es ist der Königsmantel, den er will. Seit Absalom wieder in Jerusalem ist – nach dem Mord hat er sich drei Jahre verborgen –, geht er umher unter Israels Kinder und macht sich beliebt. Er gibt Geschenke und mancherlei guten Rat.

Einmal spricht Joab mit mir, Davids Hauptmann. Tiefe Furchen des Leids sind in seinem Gesicht. An seinen Händen seh ich noch immer Abners Blut. Mich wundert, dass David ihn niemals bestrafte. Was willst du von mir, Joab? Ich mag dich nicht.

Mefi-Boschet, sagt Joab. Du bist der Einzige im Palast, der keine geheimen Pläne hat. Ich brauche deinen Rat. Weißt du, was ich für Absalom tat? Ich hebe die Schultern. Damit du es weißt: Ich mag auch Absalom nicht.

Ich aber mag ihn wohl allzu sehr, sagt Joab. Das war mein Fehler. Mefi-Boschet, ich bin Davids Mann. Doch was, wenn er alt wird und stirbt? Nach Amnon ist Absalom Kronprinz. Ich dachte, ich müsste ihm helfen:

Das Gleichnis der Witwe und ihrer zwei Söhne

Als Joab sah, wie unglücklich David war,
denn er hatte durch **eine** böse Tat **zwei** Söhne verloren,
da überlegte er, David und Absalom zu versöhnen.

Eine Dienerin musste zu David gehen und ein Schicksal beklagen,
das Joab für sie ersonnen hatte.

Herr, ich bin Witwe, musste sie sagen. Zwei Söhne nur
sind mir geblieben. Nun hat im Streit der eine den andern
erschlagen, wie Kain einst Abel erschlug, jenseits von Eden.

Die Nachbarn verlangen: Der Mörder muss sterben.
Aber, Herr: wenn er stirbt – dann habe ich niemanden mehr.
Soll ich denn durch **eine** böse Tat **beide** Söhne verlieren?

Wenn du es über dich bringst, dem Mörder deines Sohns
zu vergeben, sagte David, so sollen ihm auch die Nachbarn vergeben.
Fürchte dich nicht: Ihm wird nichts geschehen.

Da sagte die Frau: Herr, wenn das deine Meinung ist
über mich und meine Söhne: Warum urteilst du anders
über den eigenen Sohn? Willst du Absalom nicht verzeihen?

Da erkannte David, dass sie ihm ein Gleichnis erzählt hatte.
Du hast Recht, sagte er. Absalom soll wiederkommen,
dass ich zu dem einen nicht auch den anderen Sohn beweine.

Du hast David versöhnlich gestimmt, sage ich.
So dass Absalom nach seiner Flucht wieder
heimkehren konnte. Na gut, Joab. Jetzt ist er da.
Und weiter? Joab seufzt. Weißt du, was Absalom
den Leuten sagt, die er beschenkt und berät?

Absalom sagt: Der König, mein Vater, ist alt. Er kann euch nicht helfen. Seht aber mich: Ich, Absalom, Davids ältester Sohn: Ich wäre ein König, der helfen kann. – Und dann, sagt Joab, jubeln Israels Kinder und winken ihm zu.

Was soll das?, frag ich. David ist stark. – Israels Kinder trauen auf Absalom, sagt Joab. Ich fürchte, sie nennen ihn bald ihren König. Und ich, ich allein bin daran schuld, wenn es zum Aufstand kommt. – Ich sage es David, entschließe ich mich.

Als ich es David sage, ist es zu spät. Denn schon hat Absalom Freunde um sich gesammelt. Auch Krieger, jede Menge. Absalom ist unser König!, rufen sie in den Gassen. Mit Waffen ziehn sie zum Palast. Weg mit David! Wir wollen Absalom!

David wird blass. Ich will nicht kämpfen gegen Absalom, sagt er. Und nicht gegen Israels Kinder. Du weißt, Herr, sagt Joab, ich würde in jeden Kampf für dich ziehen. Willst du aber nicht kämpfen, so helfe ich dir bei der Flucht.

Auf einmal geht es furchtbar schnell. Zu schnell für meine lahmen Beine. Der ganze Palast macht sich zur Flucht bereit. Ich aber reite nach Lo-Dabar. Ein Lebewohl für meinen Sohn und Weisungen für Ziba. Wer weiß, ob wir je wiederkehren?

Da kam einer, der sagte es David an und sprach: Jedermanns Herz in Israel hat sich Absalom zugewandt.

David aber sprach zu allen seinen Großen, die bei ihm in Jerusalem waren: Auf, lasst uns fliehen! …

2 Sam 15, Verse 13 + 14a

Ziba fällt Mefi-Boschet in den Rücken

Ziba erwartet mich schon. Ich höre: Der König muss fliehen? – Absalom will König sein, sage ich. Auf, Ziba, nimm alle Lasttiere, die wir haben; belad sie mit Waren. Wir bringen dem König für seine Flucht Speisen und Zelte, soviel er braucht.

David hat Ziba – als ich nach Jerusalem zog – das Land gegeben, was Saul einst gehörte, damit er es hütet, für mich und meine Familie. Ziba verneigt sich. Er macht sich davon, um zu tun, was ich sagte. Ich aber seh nach dem Kind.

Als ich bereit bin, trifft es mich wie ein Blitz: Ziba und all meine Tiere sind fort. Er ist zu David geritten, Herr, sagt mir ein Diener. Er will ihm wohl helfen, auf seiner Flucht. – Das will ich auch, rufe ich und kehre zurück in das Haus.

Ich sende Boten, um zu erkunden, was draußen geschieht. Ich höre: David ist über den Jordan gegangen und hat ein Lager gebaut für sein Heer. Absalom haust derweil in Davids Palast. Ich aber finde heraus, was Ziba mir angetan hat.

Er hat zu David gesagt: Mein Herr will nicht mit dir fliehen. Er hat gesagt: Mein Herr hofft nun selbst auf den Thron. Er ist ja König Sauls Erbe. David, denk ich. Das darfst du nicht glauben. Ich weiß ja: Du bist der Gesalbte.

Herr, schaffe mir Recht, denn ich bin unschuldig. Ich hoffe auf den Herrn, darum werde ich nicht fallen.
Prüfe mich, Herr, und erprobe mich, erforsche meine Nieren und mein Herz!
Denn deine Güte ist mir vor Augen, und ich wandle in deiner Wahrheit.
Ich sitze nicht bei heillosen Leuten und habe nicht Gemeinschaft mit den Falschen. Ich hasse die Versammlung der Boshaften und sitze nicht bei den Gottlosen.
Ich wasche meine Hände in Unschuld und halte mich, Herr, zu deinem Altar, dir zu danken mit lauter Stimme und zu verkündigen all deine Wunder.
Herr, ich habe lieb die Stätte deines Hauses und den Ort, da deine Ehre wohnt.

Psalm 26, Verse 1 bis 8

David kehrt nach Jerusalem zurück, aber zu jubeln fällt schwer

Wir hören, dass Absalom David verfolgt.
Der Prinz will den Kampf, die Entscheidung.
Ich weiß, David will nicht. Ich höre: Es kommt
zur Schlacht. Ich weiß: David wird leiden. Ich höre:
Davids Heer siegt. Und: David kommt wieder.

Ich nehme den einzigen Esel, alt und krank,
den Ziba mir gelassen hat. Ich reite zum Palast.
Ob David mich freundlich empfängt? Ich wag's,
weil ich glaube: Er braucht mich. So bin ich da,
als er kommt. David ist König, jubeln die Leute.

David kommt in sein innerstes Zimmer. Ich
erwarte ihn da. Der König sieht alt aus, müde,
gequält. Herr, sage ich, ich frage nach dir.
Wirst du je wieder lachen? David hebt den Kopf
und sieht mich stehen, auf Krücken, sorgenvoll.

Mefi-Boschet, dich zu sehen, tut gut, sagt er.
Aber sag: Bist du inzwischen, wie Ziba sagte,
mein König geworden? – Herr, sage ich und
lasse die Krücken fallen. Ziba hat mich betrogen
und dich. Ich wollte dich nicht … Still, sagt David.

Er fängt mich auf und nimmt mich fest in
den Arm. Jonatans Sohn, ich glaube nur Gutes
von dir. Wie ich sagte: Es tut gut, dich zu sehen.
Weißt du denn, was geschehen ist? – Du hast
gesiegt, sage ich, und kannst dich nicht freuen.

Mein Sohn ist tot, sagt David. Ich aber sagte:
Gebt Acht, dass ihr den Prinzen nicht tötet. –
Hätte ein andrer ihn nicht getötet: Du selbst
hättest ihn töten müssen. Er hätte niemals Ruhe
gegeben. So spricht Joab und tritt zu uns ein.

David hebt den Arm. Er will den Hauptmann
nicht sehen. Aber Joab ist furchtlos. Herr, sagt er,
zeige dich und danke deinen Treuen! Sie haben
für dich gekämpft. Gib ein Fest! Wenn nicht,
so könnten sie ihre Treue bereuen.

David nickt. Du hast Recht, sagt er. Die Trauer
um diesen Sohn wird keiner verstehen. – Ich
verstehe sie gut, sage ich. Obwohl ich den Prinzen
nicht mochte. David nickt wieder und geht, um
den Jubel zu zeigen, den seine Krieger erwarten.

Da erbebte der König und ging hinauf in das Obergemach des Tores und weinte und im Gehen rief er: Mein Sohn Absalom! Mein Sohn, mein Sohn Absalom! Wollte Gott, ich wäre für dich gestorben! O Absalom, mein Sohn, mein Sohn!

2 Sam 19, Vers 1

Joab erzählt, wie Absalom fiel

Joab bleibt bei mir, als David hinausgeht. Was willst du, Joab? Ich mag dich nicht. An deinen Händen ist Abners Blut. Ich sehe ihn an. Auch … Absaloms? Auf einmal weiß ich: Kein anderer als Joab konnte den Prinzen töten.

Einer musste es tun, sagt Joab hart. Glaube mir: es ist besser. Ich stehe dazu. Wenn du meinst, du musst es David verraten, so tu's. Nie, sage ich und wende mich ab. David hat kein Glück mit seinen Söhnen. Und Joab, ist er gut oder böse?

Die Geschichte von Absaloms Tod

Die Heere waren zum Kampf bereit.
Nicht du, sagten die Treuen zum König.
David, wenn du fällst – wozu sollten
wir dann noch kämpfen?

Gut, sagte David zu Joab. So zieht allein.
Doch hört, Männer, meinen Befehl:
Absalom, mein Sohn – er soll leben!
Sie schworen und zogen aus.

Während der Schlacht kam ein Krieger
zu Joab. Herr, sagte er, Absalom blieb
auf der Flucht vor uns in einem
Eichenbaum hängen.

Sein Maultier ist fort. Er hängt noch da.
Hast du ihn nicht erschlagen?, rief Joab.
Ich wagte es nicht, sagte der Mann.
Der König hat es verboten.

Da spornte Joab sein Pferd, ritt hin und
durchbohrte Absalom mit seiner Lanze.

Ich habe gewusst, dass es schmerzen wird, sagt Joab, als er alles erzählt hat. Ich weiß: Der König könnte mich töten für diese Tat. Und doch war sie richtig. Absalom hätte alles zerstört, was sein Vater so glücklich erbaute.

Andere werden es tun, sage ich. Mein Blick geht auf einmal nach vorn. Ein König wie David, so gut und so treu – ist er nicht Wachs in den Händen von Harten und Bösen? Davids Güte wird leben, sagt Gott. Und seine Lieder.

Danket dem Herrn, denn er ist freundlich, und seine Güte währet ewiglich.
Es sage nun Israel: Seine Güte währet ewiglich.
Es sage nun das Haus Aaron: Seine Güte währet ewiglich.
Es sagen nun, die den Herrn fürchten:
Seine Güte währet ewiglich.

In der Angst rief ich den Herrn an;
und der Herr erhörte mich und tröstete mich.
Der Herr ist bei mir, darum fürchte ich mich nicht.

Es ist gut, auf den Herrn vertrauen und nicht sich verlassen auf Menschen.
Es ist gut, auf den Herrn vertrauen und nicht sich verlassen auf Fürsten.

Man stößt mich, dass ich fallen soll; aber der Herr hilft mir.
Der Herr ist meine Macht und mein Psalm und ist mein Heil.

Man singt mit Freuden vom Sieg in den Hütten der Gerechten.
Die Rechte des Herrn behält den Sieg!

Ich werde nicht sterben, sondern leben und des Herrn Werke verkündigen.

Du bist mein Gott und ich danke dir; mein Gott, ich will dich preisen.
Danket dem Herrn, denn er ist freundlich und seine Güte währet ewiglich.

Psalm 118, Verse 1 bis 6a + 8 + 9 + 13 bis 17 + 28 + 29

Sagenhaft reich und sagenhaft klug – das ist nicht alles, sagt König Salomo

Du malst ein Bild von einem großen König.
Malst einen schönen, starken Mann.
Die Krone und den Thron, den Mantel mit dem Purpursaum
und Ringe an den Fingern.
Malst ihm ein Schloss und Gold und Silber und Diener,
die zu seinen Füßen knien.

Hör mal, sagt König Salomo, genauso sah ich aus. Gott aber sah mich an und sprach: Das ist doch nur Verkleidung …

Als Junge suchte ich die Weisheit.
Ich wanderte lange und weit.
Am Ende des Wegs fand ich ein Haus
mit einladend offenen Türen.
Das Haus sah reich und prächtig aus
wie eine schöne Braut, und weil ich
ich müde war und Hunger hatte,
trat ich ein.

Darin war eine schöne Frau,
mit langem goldnem Haar.
Sie trug viel Schmuck und auch viel Farbe.
Ihr Kleid war Samt und Seide.
Du musst doch wohl die Weisheit sein,
so sprach ich voller Hoffnung.
Komm rein, komm rein! Sie lachte nur
und nahm mich in den Arm.

Sie bot mir Wein und Datteln an
und Süßigkeiten ohne Ende.
Und als ich nicht mehr essen kann,
sprach sie: Nun trage meine Krone.
Du sollst von nun an König sein, wie ich
es dir empfehle. Man wird dich loben
überall und nichts und niemand
macht dir Sorge.

Ich sah an alles Tun,
das unter der Sonne
geschieht,
und siehe,
es war alles eitel
und Haschen nach Wind.

Prediger 1, Verse 14 + 15

Sehr gern, sprach ich. Doch sag mir erst:
Bist du auch wirklich Weisheit?
Sie lachte bös. Was fragst du mich?
Ist's wichtig, wie ich heiße? Du siehst ja:
Ich bin schön und reich. Was kann es
Bessres geben? Das weißt du nicht?,
rief ich. Dann bist du Dummheit, aber
nicht die Weisheit!

Sag, Vater, warum musst du sterben?

Mein lieber Sohn Rehabeam: Alles hat seine Zeit.
Geboren werden hat seine Zeit und sterben hat seine Zeit.
Ich habe lange gelebt. Für mich wird es Zeit zu sterben.

Vater, ich werde dich schrecklich vermissen. Sag mir:
Wenn ich an deiner Stelle König bin in Israel und Juda:
Soll ich dann alles genauso machen wie du?

Nichts, mein Sohn Rehabeam, nichts solltest du machen
wie ich! Es war nicht viel Gutes darunter. Frag nicht nach
mir, sondern lerne wie ich: Nach Gott zu fragen ist weise.

Aber, Vater: Ich weiß von keinem Unrecht, das du tatest.
Rehabeam, du sprichst von David, nicht von mir. Mein
Vater David war gerecht und gut, ich aber, oh mein Gott …

Vater, sag: Was hast du falsch gemacht? Damit ich's besser
mache. Heißt es denn nicht: Aus Fehlern kann man lernen?
Nun gut, Rehabeam: So höre, wie ich König wurde.

Der Weisheit Anfang
ist die Furcht des Herrn
und den Heiligen erkennen,
das ist Verstand.

Sprüche 9, Vers 10

Salomo erzählt, wie er dem Ehrgeiz seiner Mutter Batseba misstraute

Ich hatte lange gedacht, es sei Mutters Idee. Ich, und ein König! Ich, einer der jüngeren Brüder, Sohn einer Königin, über der, sagen wir, dunkle Schatten liegen! David hat sie gestohlen, sagten Israels Kinder, Batseba, Urias Frau, in einer schwachen Stunde!

Ich, Batsebas Sohn – ein König? Das ist so unglaublich, dass man lachen müsste, wenn es nicht auch gefährlich wäre. Wer König sein will, an Vaters Statt, zahlt leicht mit dem Tod. Das lehrte mich Absaloms Ende. Aber Mutter hatte, wie es schien, keine Angst.

Wie Rebekka einst zu Jakob sagte: Jetzt ist es Zeit, greif nach dem Band, du kannst es jetzt erringen – und hatte kein Mitleid mit Esau, dem anderen Sohn –, so sagte zu mir meine Mutter: Salomo, mein Sohn, du kannst König werden. Sieh zu, dass Natan dich salbt!

Will ich es denn?, fragte ich mich. Ich war jung. Joab, der Feldherr, sagte zudem, ich sei faul. Wirklich: Die Übungen mit dem Heer waren mir eine Last. Lieber las ich und schrieb Gedichte. Andererseits: Als König hätte ich Macht. Ich könnte Joab zum Teufel jagen.

Sieh deinen Vater, sprach Batseba. Er ist Harfespieler und trotzdem ein großer König. Trotzdem, Mutter? Oder gerade deshalb? – Ich verstehe dich nicht, sagte Mutter mit blitzenden Augen. David ist alt. Wenn du jetzt klug bist, kannst du alles erreichen.

Ich sah meine Mutter voll Zweifel an. Mutter, warum bist du damals zu David gekommen? Hast du ihn lieb gehabt oder wolltest du Königin werden? Batseba hob die Schultern. Eine Frau hat keine Wahl, Salomo. Mutter, widersprach ich, ich glaub aber doch!

Man sagt: Du hast dich David mit Absicht gezeigt. Man sagt: Da hast dein Haus bauen lassen, dass es genau neben Davids Haus stand. Du gingst ohne Schleier, bis David dir in die Augen sah. Da wurde Batseba zornig. Wer sagt das?, rief sie. Die Hexe – Michal?

Michal sagt nichts, widersprach ich ihr. Sie ist bitter, aber gemein ist sie nicht. Mutter, warum antwortest du nicht? – Ich weiß nicht, ob ich David liebe, sagte sie. Gewiss aber weiß ich: Ich liebe dich. Du wärest ein guter König, Salomo. Das sagte sogar Natan!

Natan, Davids Ohr und Gottes Mund für David. Auch Natan sprach für mich, gegen meinen Bruder Adonija, der so gern, so schrecklich gern König wäre. Ich suchte einen Grund für Natans Wahl. Betörten auch ihn Batsebas schöne Augen?

Dann riefen sie mich an Vaters Sterbelager. Mich, nicht meinen Bruder Adonija. Ich bin Jakob. Adonija ist Esau. Und unser Vater – ein betrogener Isaak? Womit hätte er das verdient? Er, der uns alle immer nur liebte? Nein, ich glaube, ich will es nicht.

Da sah ich den alten König und in ihm meinen Vater. Er war wach und aufrecht und lächelte, als er mich sah. Ich sehe, du willst nicht, sagte er. Weißt du, Salomo, gerade das wird dich zu einem guten König machen. Denn alle anderen wollen zu sehr.

Da neigte ich meinen Kopf. Wie du es willst, Vater, sagte ich und dachte: Er soll nicht sterben. David aber rief Batseba und sagte: Sieh, es geschieht, wie ich dir's versprach: Natan soll Salomo salben, draußen vor der Stadt. Und Mutter dankte ihm.

Salomo erzählt, wie er gesalbt wurde und wie David starb

Sie setzten mich auf das Maultier des Königs
und führten mich auf den Berg. Natan und Zadok,
der Priester. Ich wusste: Zur gleichen Zeit feierte
Adonija, mein Bruder, mit seinen Freunden und mit
Joab und ließ sich von ihnen König nennen.

Dann sah ich das Ölhorn, das Natan hielt. Es war
das Ölhorn, mit dem er auch Vater einst salbte.
Öl?, fragte ich. Ich sagte, es sind meine Tränen,
höre ich eine Stimme. Tränen der Trauer über den
Trotz meiner Kinder, die nie genug auf mich trauen.

Da fiel ich zu Boden. Ich wusste, Gott selbst hat
gesprochen. Mein Gott, rief ich, ja! Du hast Recht.
Auch um mich musst du weinen. Gib mir, gib mir
von deinen Tränen. Ich will ein guter König sein!
Zadok salbte mich und Natan sprach den Segen.

Von da an wusste ich: Nicht Batseba allein sah mich
auf Vaters Spuren, auch Vater. Und vor allem: Gott.
Sie setzten mich auf Vaters Thron und Vater kam
und sah es an. Gut, sprach er. Und dir, Gott, Dank!
Nach mir mein Sohn – dein Wort ist wahr geworden.

Er sagte: Lass dich nicht betrügen, Sohn. Auf Joab
hab ein scharfes Auge. Allzu leicht vergießt er Blut.
Misstrau den Großen, die dir schmeicheln. Sie dienen
nur sich selbst, nicht dir. Dann sang mein Vater noch
ein Lied und schloss für immer Mund und Augen.

Dies sind die letzten Worte Davids.

Es spricht David, der Sohn Isais,
es spricht der Mann, der hoch erhoben ist,
der Gesalbte des Gottes Jakobs,
der Liebling der Lieder Israels:

Der Geist des Herrn hat durch mich geredet,
und sein Wort ist auf meiner Zunge.
Es hat der Gott Israels zu mir gesprochen,
der Fels Israels hat geredet:
Wer gerecht herrscht unter den Menschen,
wer herrscht in der Furcht Gottes,
der ist wie das Licht des Morgens,
wenn die Sonne aufgeht, am Morgen ohne Wolken.
Und wie das Gras nach dem Regen aus der Erde bricht,
so ist mein Haus fest bei Gott;
denn er hat mir einen ewigen Bund gesetzt,
in allem wohl geordnet und gesichert.
All mein Heil und mein Begehren wird er gedeihen lassen.

2 Sam 23, Verse 1 bis 6

Salomo erzählt,
wie er sich seinen Königsmantel verdarb

Gut, Vater, so will ich Gott bitten, dass er mich salbt.
Bin ich gesalbt, kann mir nichts mehr misslingen.
Ich werde König mit Mantel und Thron und freu mich,
wenn Israels Kinder mir dienen.

Rehabeam, mein lieber Sohn, ach, wenn es doch so einfach wär!
Bedenke aber, was es heißt: Das Salböl ist aus *Tränen!*
Gottes Tränen sind kein Zauberschild. Sie halten deine Hand
nicht rein von Blut und Freveltat.

Man ließ mir keine Zeit zur Trauer und zur Klage.
Es lebe König Salomo! So scholl es durch die Stadt.
Auch Adonija hörte es und ließ mir eilends sagen:
Dein Bruder liegt vor Gottes Thron. Er fleht um dein
Erbarmen. – Er fleht? Und müsste mir doch zürnen.

Ich lief rasch hin und rief ihn an. Unser Vater, mein
Bruder, ach, unser Vater! Er sah tatsächlich ängstlich
aus. Verzeih mir, sagte er. Ich ließ mich König nennen.
Gern aber neig ich mich vor dir. Jetzt weiß ich, es ist
Gottes Wille. Ich rufe vor dir: Es lebe König Salomo!

Ich sah ihn an und wollte ihn umarmen. Da aber war
es mir, als sei in seiner Hand der Schatten eines Dolchs.
Er meint es nicht gut, flüsterte etwas in mir. Hab Acht,
du bist gewarnt! Mein Bruder, wenn du ehrlich bist,
sprach ich, so musst du dich nicht fürchten.

Verlass dich auf den
Herrn von ganzem Herzen
und verlass dich nicht
auf deinen Verstand.

Sprüche 3, Vers 5

Der Königsmantel war zu groß für mich. Batseba machte einen Saum. Gewähr mir eine Bitte, sagte sie, als sie den Mantel brachte. Sie lächelte, wie's nur Batseba kann. Gern, Mutter, sagte ich. Ich fand es einsam auf dem Thron. Bitte mich, was es auch ist.

Adonija, dein Bruder, sprach Batseba, er will gern Hochzeit feiern. Du weißt, er wollte König sein. Du schuldest ihm einen Gefallen. Ich wollte schon nicken. Da war ein Echo in meinem Kopf. Gib Acht, du bist gewarnt … Wer ist die Braut, so fragte ich.

Da nannte Batseba den Namen. Das Mädchen war Vaters Liebling gewesen, in den Tagen vor seinem Tod. Mit dieser Braut erobert Adonija den Thron, sagte es in mir. List und Tücke und Hinterhalt – er wagt es und missbraucht dafür Batsebas Lächeln!

Ich dachte nicht nach. Ich hielt mich für klug. Mein Befehl war schneller als ich: Tötet Adonija und all seine Freunde. Joab zuerst, den Hauptmann des Heers. Vater hat mich vor ihm gewarnt. Keiner soll leben, der einen anderen ehrt als Salomo, Israels König!

Es ging schnell, so gottlos schnell! Ich blieb auf meinem Thron, den Königsmantel auf den Schultern. Wie gut er passte! Wie schön war er: strahlend weiß mit Gold und Silber. Da kam Benaja, der Erste im Heer, neben Joab: Sie sind tot, Herr, wie du es befahlst.

Er hatte das Schwert in der Hand. Mich aber packte das Grauen. Gut, sagte ich knapp. Lass mich allein! Herr, lass mich berichten … Er kam immer näher. Nein!, rief ich. Genug! Da endlich gab er auf. Ich aber saß starr und zog den Mantel um mich.

Da sah ich es und schrie. Drei Tropfen Blut von seinem Schwert – auf meinem weißen Mantel! Mutter, rief ich. Komm, wasch meinen Mantel rein! Batseba hörte mich und kam. Mit dunklem Blick sah sie mich an. Salomo, sprach sie, Blut geht nicht ab.

Wer eine Grube macht,
der wird hineinfallen;
und wer einen Stein wälzt,
auf den wird er zurückkommen.

Sprüche 26, Vers 27

Niemand stellte mich zur Rede. Der König regiert mit starker Hand, sagten bewundernd Israels Kinder. Er festigt die Herrschaft und baut an der Macht, ganz wie die Großen es tun, Assyrer, Ägypter und wie sie noch heißen. Es lebe König Salomo!

Warum aber fand ich des Nachts keinen Schlaf? Joab zum Teufel jagen; mir fiel wieder ein: Das war am Anfang mein Traum. Größer zu sein als mein Bruder – hatte ich nicht auch davon geträumt? Aber nicht dazu machte ich dich zum König!

Ich fuhr auf. Ich hatte eine Stimme gehört, und das war nicht jenes Echo in meinem Innern, das mir zu Misstrauen riet. Es war Vaters Stimme – oder auch Gottes. Ich weiß, sagte ich traurig. Und das war die Wahrheit. Ich wusste es längst.

Mein Gott, betete ich, ich habe furchtbar gefehlt! Schlimmer hätte ich nicht anfangen können! Den eigenen Bruder zu töten. Jakob wollt ich nicht sein. Aber jetzt bin ich Kain! Was soll ich tun, Gott? Was kann ich denn tun? Das wird ja nie wieder gut.

Wie du sagst, Salomo: Du hast böse und unrecht begonnen, sprach Gottes Stimme zu mir. Und auch, wie du sagst: Die Toten kehren nicht wieder. So lerne daraus: Sorge dafür, dass dem bösen Anfang Umkehr und Besserung folgen und später ein gutes Ende.

Da betete ich Tage und Nächte und aß nicht mehr. Und wieder wollte niemand mich tadeln. Israels Kinder sprachen: Der König ist fromm – und sangen vor dem Palast ihre Lieder. Ich aber wünschte mir Vater. Oder einen Lehrer, der streng mit mir wär.

Die Ungnade des Königs ist wie das Brüllen eines Löwen; aber seine Gnade ist wie Tau auf dem Grase.

Sprüche 19, Vers 12

Wer seine Sünde leugnet, dem wird's nicht gelingen; wer sie aber bekennt und lässt, der wird Barmherzigkeit erlangen.

Sprüche 28, Vers 13

Salomo erzählt, wie Gott ihm einen Ausweg zeigte

Mein Vater, warum ist Gott so mild gewesen?
Er hätte dich ja vom Thron stoßen müssen.
Ist es nicht so: Die Gutes tun, liebt Gott, die aber Böses tun,
sind ihm zuwider?

Rehabeam, mein lieber Sohn, ich dachte so wie du.
Ein Blitz müsste mich treffen oder das Dach meines Hauses
auf meinen Kopf fallen, während ich schlief.

Die Blutflecken auf meinem Mantel – immer tanzten sie vor meinen Augen.
Doch Gottes Liebe war größer, größer als all die hässlichen Flecken.

Hör zu, sprach Gott zu mir, ich will: Du sollst dein Fasten und dein Trauern jetzt beenden und endlich deine Arbeit tun. Werde ein König, der hilft, für Israels Kinder. – Ich trau mich nicht mehr, sagte ich. Du hast gesehen, ich bin noch zu jung.

Ich will dir helfen, Salomo, sprach Gott. Denn du bist mein Gesalbter. Sag, was du meinst, am nötigsten zu brauchen. – Weisheit, Gott!, so rief ich rasch. Damit ich weiß, was gut ist und was böse, und nichts mehr falsch entscheide.

Wissen kann ich dir geben, sprach Gott. Nicht aber den Willen, danach zu tun. Danke, Gott, rief ich froh, das ist mir genug! Du hättest um Gold und Silber bitten können, sagte später meine Frau, und um ein langes Leben. Das kommt schon, sagte ich.

Vater, wie hat es sich angefühlt,
auf einmal weise zu sein?
Hast du gewusst, wie hoch der Himmel ist
und wie tief das Meer?
Konntest du alle Sprachen verstehen und
Lieder singen
mit zehntausend Versen?

Rehabeam, mein lieber Sohn,
das alles ist nicht Weisheit, nicht ihr Herz.
Wie ich dir sagte: Nach Gott fragen,
ist das Herz der Weisheit.

Hass erregt Hader.
Liebe aber deckt alle
Übertretungen zu.

Sprüche 10, Vers 12

Wenn du einen siehst, der sich weise dünkt, da ist für einen Toren mehr Hoffnung als für ihn.

Sprüche 26, Vers 12

Salomo erzählt das Märchen von der Weisheit und der Torheit weiter

Als König suchte ich die Weisheit.
Ich wanderte lange und weit.
Das Haus der Dummheit ließ ich hinter mir.
Von ihren Datteln war mir übel.
Da kam ich an ein anderes Haus,
schlicht, ohne Glanz, mit sieben
hohen Säulen.

Ich fürchtete mich, einzutreten,
da sah ich eine Frau. Sie trug ein
glattes weißes Kleid und weder
Ring noch Kette. Ich sah keine Farbe
in ihrem Gesicht, doch ein sehr
schönes Lächeln. Da fand ich Mut
und sprach sie an.

Ich wollte diesmal klüger sein
und prüfte sie mit Fragen.
Weißt du, wie viele Sterne des Nachts
am Himmel stehen? – Das weiß ich nicht,
sprach sie. Das muss ich auch nicht
wissen. Wenn ich nur weiß, dass Gott
sie hält, auch du solltest das wissen.

Weißt du, wie viele Menschen ich
regiere?, so sprach ich eifrig weiter.
Das weiß ich nicht. Das muss
ich auch nicht wissen. Wenn ich nur
weiß: Ein jeder ist vor Gott wie du.
Ich hoffe nur: Du weißt es auch.
Da neigte ich den Kopf.

Alles, was du sagst, klingt wahr,
sprach ich. Ich glaube wirklich, du bist
Weisheit. Sie lächelte wieder und
gab mir die Hand. Du bist jetzt auf dem
guten Weg. Doch sei gewarnt: Das
Haus der Torheit ist bequemer. Sie
holt dich leicht zurück.

Wohl dem Menschen, der Weisheit erlangt,
und dem Menschen, der Einsicht gewinnt!

Denn es ist besser,
sie zu erwerben, als Silber,
und ihr Ertrag ist besser als Gold.
Sie ist edler als Perlen,
und alles, was du dir wünschen magst,
ist ihr nicht zu vergleichen.

Langes Leben ist in ihrer rechten Hand,
in ihrer Linken ist Reichtum und Ehre.
Ihre Wege sind liebliche Wege,
und alle ihre Steige sind Frieden.

Sie ist ein Baum des Lebens allen,
die sie ergreifen,
und glücklich sind, die sie festhalten.

Der Herr hat die Erde
durch Weisheit gegründet und
nach seiner Einsicht die Himmel bereitet.
Kraft seiner Erkenntnis
quellen die Wasser der Tiefe hervor
und triefen die Wolken vor Tau.

Mein Sohn, lass sie nicht
aus deinen Augen weichen,
bewahre Umsicht und Klugheit.
Das wird Leben sein für dein Herz
und ein Schmuck für deinen Hals.
Dann wirst du sicher wandeln
auf deinem Wege, sodass dein Fuß
sich nicht stoßen wird.

Denn der Herr ist deine Zuversicht;
er behütet deinen Fuß, dass er nicht
gefangen werde.

Sprüche 3, Verse 13 bis 23 + 26

Salomo erzählt, wie er Israels Kindern half und ein guter König wurde

Am nächsten Tag hielt ich Gericht. Wie immer auch die Fälle lagen, mit denen Gegner vor mich kamen – stets sah ich rasch mit klarem Blick, wer Recht hatte, wer nicht. Und wer es hörte, rief erstaunt: Wie weise! Wie gerecht! Es lebe König Salomo!

Da kamen zwei Frauen zu mir. Sie hatten beide ein Kind geboren. In der Nacht, als sie schliefen, im selben Raum – mit ihnen ihre Kleinen – da ist, unversehens und unbemerkt, das eine der beiden gestorben. Nicht meines, riefen die Frauen.

Sie hat die Kinder vertauscht!, sagte jede der Mütter und wies auf die andre. Heimlich, und ich hab geschlafen. Herr, schaffe mir Recht, sagte jede der Frauen. Oder willst du die andre für ihren Diebstahl auch noch belohnen?

Sie weinten auch beide und beide waren gewiss sehr verzweifelt. Sie taten mir Leid. Und trotzdem: Eine von ihnen musste ja lügen. Bringt mir ein Schwert, sagte ich und ein Diener eilte und brachte es mir. Gut, sagte ich. Hört, was ich tue.

Weil jede von euch sagt: Das Kind ist mein – wohlan, wir teilen es durch. So hat jede die Hälfte von ihrem Recht. Das ist ohne Zweifel gerecht. Ja, sagte die eine. So soll es sein. Das ist ein sehr weises Urteil. Die andere aber kniete vor mir.

Herr!, rief sie weinend. Das darfst du nicht tun. Lass doch das Kindchen leben. *Sie* soll es nehmen und gut bewahren. Dass diesem Kleinen nur ja nichts geschieht! Da hob ich sie auf und gab ihr das Kind. Ich war mir gewiss: Sie ist die Mutter.

Salomo erzählt, wie er Gott verwechselte

Vater, wie bist du auf die Idee mit dem Schwert gekommen?
Rehabeam, mein lieber Sohn, sie ist mir nicht von selbst gekommen.
Wie find ich nur heraus, so fragt ich mich, welcher der Mütter
wohl das Kind gehört?

Der, die es über alles liebt, sprach plötzlich Gottes Stimme.
Stell ihre Liebe auf die Probe – und sei es mit dem Schwert.

Gelobt sei Gott, mein Vater, dass er dich mit diesem
Urteil nicht allein ließ. – Amen, mein lieber Sohn.

Jedoch: In einem andern schweren Fall ließ Gott auf seine Hilfe
lange warten …

Salomo, du großer, weiser König, sprach Zadok
eines Tages. Wir streiten uns so lange schon und
bitten um dein Urteil. Wer streitet, fragte ich erstaunt.
Wer streitet sich worüber? – Wir Männer
Gottes streiten uns, sprach Zadok, über Gott.

Nicht über Gott, rief ich. Mein Gott, wie kann das
sein! Ihr kennt ihn besser noch als ich. Wie könnt
ihr über Gott geteilter Meinung sein? – Das ganze
Land ist voller fremder Götter, entgegnete der Priester.
Bist du gewiss, sie niemals zu verwechseln?

Da ist ein Mann im Lande Uz, erzählte Zadok dann.
Man nennt ihn Hiob und man nannte ihn gesegnet.
Er hatte Haus und Hof und Vieh und viele frohe
Kinder. Das alles nun ging ihm verloren, in einem
Tag und einer Nacht. Er selber wurde krank.

Der arme Mann!, rief ich sogleich. Wie können
wir ihm helfen? – Doch Zadok winkte ab. Das ist
die Frage nicht, die uns hier quält. Die Frage ist:
Warum. Warum muss Hiob so viel Unheil leiden,
wenn er, wie man doch sagt, gesegnet ist?

Entgeistert sah ich Zadok an. Da war es mir, als flöge ich fort in ein Haus mit sieben Säulen. Da war ein Gott, der schrie mich an und brüllte wie ein Löwe. Ich zitterte. Doch dann sprach ich: Oh Gott, wie gut, dass ich dich treffe.

Ich will dir eine Frage stellen: Du kennst doch Hiob, deinen Freund. Warum lässt du ihn leiden? Ich kenn ihn nicht!, schrie Gott mich an. Ich bin zu groß und viel zu hoch, um Menschen zu erkennen. Oh Gott, rief ich. Wir sind verloren.

Da sah ich einen zweiten Gott, der wirkte streng und ernst. Ein Richter, dachte ich, gleich mir; vor ihm zählt Gut und Böse. Mein Gott, sprach ich und neigte mich. Wie gut, dass ich dich treffe. Du kennst doch Hiob, deinen Freund? – Er runzelte die Stirn.

Warum, Gott, muss er leiden? – Ein jeder Mensch, wie gut er ist, ist dennoch vor mir schuldig. Ihr seid mir niemals gut genug. Ich strafe, wen ich will. So sprach der Gott, der Richter war, und ich warf mich zu Boden. Oh weh, mein Gott, verloren.

Da sah ich einen dritten Gott, der wirkte schwach und zittrig. Ein Bettler, dachte ich, zu alt für große Werke. Du, Gott, sprach ich und stützte ihn. Wie gut, dass ich dich treffe. Du kennst doch Hiob, deinen Freund? Sag mir, warum er leidet.

Hiob?, sprach der Gott mit leiser Stimme. Gewiss, ihn wollt ich retten. Dann aber kam mir viel hinzu. Ich tat erst dies, dann tat ich das … Und als ich dann an Hiob dachte, oh weh, da war's zu spät. Der Teufel – tut mir Leid – er ist ja so viel flinker.

Weinend drehte ich mich weg. Das ist kein Gott, der helfen kann. Frag mich, sprach da ein vierter. Er trug ein strahlend weißes Kleid und lächelte mich an. Oh Gott!, rief ich erleichtert. Nun endlich find ich dich. *Du* sage mir: Warum muss Hiob leiden?

Es ist nur eine Probe, sprach der Gott mit seinem Lächeln, ob er das Leiden tragen kann, ob er nicht murrt und flucht. Oh Gott!, rief ich. Wie grausam! Er lächelte noch mehr: Wenn *du* an Hiobs Stelle wärst, du würdest nicht bestehen. Da fluchte ich und floh.

Ich schreie zu dir, aber du antwortest nicht; ich stehe da, aber du achtest nicht auf mich!

Hiob 30, Vers 20

Sein Zorn ist über mich entbrannt und er achtet mich seinen Feinden gleich.

Hiob 19, Vers 11

Hab ich denn keine Hilfe mehr und gibt es keinen Rat mehr für mich?

Hiob 6, Vers 13

In diesem allen sündigte Hiob nicht und tat nichts Törichtes wider Gott.

Hiob 1, Vers 22

In Zadoks Armen kam ich wieder zur Besinnung.
Ist dir nicht gut?, sprach er besorgt. Mir schon,
sprach ich. Doch Gott, ach, Gott ist gar nicht gut.
Zadok sah mich erschrocken an. Was meinst du nur?
Ich sah vier Götter, sagte ich. Nicht einer konnte helfen.

Nicht einer von ihnen war Gott, erklärte Zadok mit
fester Stimme. So seh ich jetzt: Auch du kannst
unsern Streit nicht schlichten. O weh, was wird
geschehen? Wie sind die Kinder Israels verloren,
wenn selbst ihr König unsern Gott nicht kennt!

Am Abend wanderte ich wieder in jenes Haus
der sieben Säulen, wo mich die Weisheit so genarrt.
Ich suchte die vier fremden Götter. Sie waren aber
nicht mehr da. Stattdessen hörte ich die Stimme,
die einst von Tränen zu mir sprach.

Wen suchst du denn?, fuhr Gott mich an. Noch immer
falsche Götter? Du kennst mich doch von David her,
von Abraham und Mose. Du musst es besser wissen.
Ich strafe nicht. Ich spreche. Ich prüfe nicht. Ich helfe.
Ich bin, der ich bin, und ich bin da.

Vor lauter Erleichterung kann ich kaum denken.
Da ist der Gott, der helfen kann, so jubelt es in
mir. Gott, fiel mir endlich ein, so sage mir: Warum
muss Hiob leiden? – Salomo, mein liebes Kind,
sprach Gott sehr sacht, ich kann es dir nicht sagen.

Unheil geschieht. Mein Segen ist kein Zauberschild.
Mein Segen sagt: Ich bin bei euch, was immer auch
geschieht. Doch, dass es leicht wird, sagt er nicht.
Mit Hiob weine ich und teile seine Leiden.
Das ist die Hilfe, die ich geben kann.

Gelobt sei Gott, sprach ich. Salomo, fuhr Gott
dann fort, ich bin von dir enttäuscht. Du bist gesalbt
mit meinen Tränen. Verwechsle mich nie mehr! –
Wie können wir sonst Freunde sein? Ich schluckte
und versprach: Ich will mich sehr bemühn.

Salomo erzählt, warum Gott in Jerusalem ein festes Haus bekam

Vater, hast du es geschafft? Und Gott nie wieder mit falschen Göttern verwechselt?
Mein lieber Sohn Rehabeam, ich wünschte, ich könnte nicken. Doch, leider: Nein. Ich verwechselte ihn wieder und wieder.

Sieh mal: Es gingen so viele Fremde in meinen Häusern ein und aus. Mit ihnen kamen fremde Götter …

Vater, jetzt weiß ich, warum du den Tempel bautest! Du wolltest dir ganz sicher sein: Da wohnt der wahre Gott!

Den Bau des Tempels, ich gestehe, andere wollten ihn lieber als ich. Natan lag mir in den Ohren und Zadok, der Priester. Die Zugluft in Gottes Zelt war seiner zarten Gesundheit zu rau. Als ich mich endlich zum Bauen entschloss, lag es an Vater und Gott.

Vater hatte mir Karten vererbt. Auf ihnen waren das Land der zwölf Stämme verzeichnet, die Wege und Grenzen. Die schönste Karte zeigte Jerusalem und an seinem Rand ein Tintenkreuz: Die Tenne des Jebusiters Arauna, sagte mir Natan ins Ohr.

Dein Vater hat sie gekauft auf meine Weisung. Du weißt auch, wozu? An diesem Platz, spricht Gott, möchte ich wohnen in Davids Stadt. Dein Vater, König, war nicht berufen, den Tempel zu bauen. Es waren unruhige Zeiten.

Nun, aber, König … Ach, geh, sagte ich. Ich habe dich nicht gerufen. Natan sah mich vorwurfsvoll an. Noch nie hat mich jemand gerufen oder gesandt außer Gott. Ich komme und gehe nach meinem Belieben. – Dann geh, sprach ich wieder.

So erfahre den Albtraum, der David quälte, bis er am Ende die Tenne erwarb!, rief Natan zornig. Er blieb. Vater? Ein Albtraum? Ich wollt es nicht hören und hörte es doch. Jener Traum aber war beinahe schlimmer als der von Abrahams Opfer.

Wie David einen Platz für den Tempel findet

David träumte, er hätte Gott schrecklich gekränkt.
Um Gott zu versöhnen, bot er ihm Buße.
Was immer du willst, sprach David ergeben zu Gott.

Du hast eine Wahl zwischen dreien,
sprach Gott. Ich rate dir: Wähle klug!
Sage mir, Gott: Was kann ich wählen?

Wähle eine Strafe von dreien, sprach Gott: Drei Jahre
Hunger für dein Land. Drei Monate fliehst du vor
Feinden. Drei Tage Pest halten Ernte im Lande.

Das ist eine furchtbare Wahl, rief David mit Schaudern.
Und du bist ein furchtbarer Gott: Sei nicht der, der du
in dieser Nacht bist – und bleibe ja von uns fern!

Du musst wählen, sprach der, den David nicht kannte.
Drei Jahre sind zu lang, sprach David zu sich selbst.
Geflohen aber … bin ich für mein Leben genug.

Bleiben nur die drei Tage – die Pest. Gut, sagte
der Ferne. Dann soll es sein. Und sandte einen Todesboten
durch das Land, die Pest überall zu verbreiten.

Und David sah die Menschen sterben, zu Hunderten
und Tausenden, und konnt es nicht ertragen. Auf einer
Tenne in Jerusalem fiel er dem Boten in den Arm.

Halt ein! Nicht länger soll mein Volk sein Leben
für mich opfern. Nimm mich. Du kannst mich:
dreimal schlagen, dreimal jagen, dreimal töten – wähle!

Der Bote holte aus … Dann war der Traum zu Ende.
David erwachte tränennass. Ich danke dir, sprach Gott.
Du hast den falschen Gott entlarvt und tratest ihm entgegen.

Ich bin Gott, der Leben will und nicht den Tod. Nichts
anderes musst du glauben. Und nun, an diesem Ort, an
dem wir uns erkannt: Hier, denk ich, könnt ich wohnen.

So hat David die Tenne gekauft, schloss Natan seine Erzählung. Er hoffte: Sein Sohn würde großzügig sein und bauen auf den Grund, den er legte. Du aber: Lass es sein und warte ab, ob nicht auch du im Traum ein dunkles Bild siehst.

Ich liebte meinen Vater mehr denn je – und Gott über die Maßen! Dieser Gott, der Leben will, ja, der soll bei uns wohnen, rief ich und fiel dem alten Seher um den Hals. Verlegen machte er sich frei. Ich weiß schon, rief ich, wo ich Bauholz finde!

Die Zedern des Libanon – es gibt kein edleres Holz, so hatte mich David gelehrt. Sein ganzes Haus bestand aus Zedern. Dem Herrn nun jenes Landes ließ ich sagen: Gib mir von deinen Zedern. Ich will dir Weizen und Öl dafür geben.

Salomo erzählt, wie er den Tempel baute

Sieben Jahre lang bauten wir den Tempel. Wir nahmen Holz und Stein. Innen war alles aus Gold. Ich konnte es bezahlen. Denn Könige kamen von überallher. Von Salomo kauften sie Frieden und Rat. Und Israels Kinder taten die Arbeit.

Sie taten es gern, Gott zu Gefallen. Nur wenn sie glaubten, dass ich es nicht hörte, murrten sie untereinander: Weißt du noch? Es ist wie damals in Ägypten. Der König will wohl hoch hinaus – wir aber ducken uns und tragen stumm die Lasten.

Ich aber hörte es doch. Dann nahm ich sie fest und sperrte sie ein. Ihr beleidigt den König, legte ich ihnen zur Last. Und mit dem König Gott. Der Priester Zadok billigte meinen Eifer. Tage und Nächte rechnete ich und zeichnete neue Pläne.

Sieben Jahre sind eine lange Zeit. Die Gefängnisse waren bald voll – so viele hörte ich murrten. Sie waren Männer von überall her. Nur einzig nicht aus Juda. Die wahre Gottesliebe, sagte mir Zadok, der Priester, wohnt nur in Juda, in Davids Stamm.

Ein kluger Knecht gefällt dem König, aber einen schändlichen trifft sein Zorn.

Sprüche 14, Vers 35

Salomo erzählt, wie Gott sein Haus bezog

Als das Werk vollendet war, im siebten Jahr des Baus, da lud ich alle Leute ein: zum Singen, Loben, zuzuschaun: Ins Herz des neuen Gotteshauses zog Gottes Lade ein. Ich aber stand ganz vorn, in Gold- und Silberglanz. Der Königsmantel wehte.

Da fiel mein Auge auf Michal, die alte Königin, ich sah sie heimlich weinen. Ich sandte hin und sprach: Warum? Herr, ließ Michal sagen: Dein Vater tanzte einst vor Gottes Lade. Ich lachte. Ich nannte ihn dumm. Nun aber denke ich: Wie war er weise!

Es gab einen Augenblick, während der Feier, da stand die Zeit still und eine funkelnde Wolke lagerte sich auf dem Dach. Das war, als die Lade im Innern verschwand. Gott ist da, sagten Israels Kinder. Wie damals, zu Moses Zeiten: Die Wolke ist Gottes Glanz.

Da hob ich die Arme und fing an zu beten. Mit lauter Stimme lobte ich Gott. Mein Gott, rief ich. Du bist, der du bist. Sei für uns da! Auf dich allein wollen wir trauen. Sollten wir dich aus den Augen verlieren: Weis uns zurecht. Wir wollen uns nicht verirren.

Hör zu, antwortete Gott. – Außer mir hat ihn keiner gehört. – Glaube nicht, du hast mich gefangen! Ich will kommen und gehen, als sei es mein Zelt. Du sollst mich nie wieder verwechseln. Ich liebe den Wind. Ich mag keinen Staub. – Amen, sprach ich leise.

Des Gerechten Pfad glänzt wie das Licht am Morgen, das immer heller leuchtet bis zum vollen Tag.

Sprüche 4, Vers 18

Salomo erzählt, wie er die Weisheit kränkte

Als Junge und als König war ich weit gewandert, um in das Reich der Weisheit zu gelangen. Und wie viel hat es mir genützt! Doch in dem Eifer um den Tempelbau verlor ich meine Weisheit aus dem Blick. Ich hab sie lange nicht vermisst.

Ich hatte mich daran gewöhnt, die Schönheit hoch zu schätzen, mit Gold und Silber nicht zu geizen und schließlich: dass mir alle dienten. Auf, baut Paläste!, rief ich nach dem Tempelbau. Soll euer König denn in einer Hütte wohnen?

Es kommt auf Putz und Schmuck nicht an, so mahnte still die Weisheit. Doch meine Ohren waren taub. Ich wollte sie nicht hören. Kommt, feiern wir, so rief ich laut, wenn ein Palast vollendet war. Dann bot ich Datteln an und Wein.

Ich lud mir Fremde ein, die Herren ferner Länder. Sie ehrten mich und sprachen mir von ihrer Heimat Wunder. Dabei vergaß ich nach und nach die, die mir dienen mussten. Die Kinder Israels sahn draußen zu, wenn drinnen Naschwerk lockte.

Die Süßigkeiten schaden dir, so mahnte meine Weisheit; und deinen Königsmantel werden dir Israels Kinder bald zerreißen. Kehr um, besinne dich auf mich: Die Weisheit trägt ein schlichtes Kleid und wenn sie feiert, lobt sie Gott.

Der Wein hatte mich dumm gemacht. Ich hörte nicht, was sie mir sagte. Kaum, dass ich sie verstand! Ein schlichtes Kleid?, fragte ich streng. Zieh Samt und Seide an und schmück dein Haar – sonst darfst du vor dem König nicht erscheinen.

Da wandte Weisheit sich zum Gehen. Weit riss sie Türen auf, Wind wehte in mein Haus, Staub wirbelte. Und plötzlich legte sich mein Rausch. Ich sah sie und erkannte sie. Halt, rief ich laut, so warte doch. Ich bat sie flehend – und, Gott Lob!, sie blieb!

Salomo erzählt, wie Gott ein letztes Mal zu ihm sprach

Salomo, rief Gott mich an. Es war gerade gestern. Ich hatte lange nichts von Gott gehört. Ich war fast taub geworden. Hier bin ich, Gott, sprach ich. Es ist wohl Zeit zu sterben? – Das auch, sprach Gott. Doch nicht nur du … Wer noch?, rief ich erschrocken.

Nicht weniger als Davids Reich, sprach Gott. Es wird zerfallen. Oh Gott, rief ich erschrocken. Nur, weil ich Fehler machte? – Du wolltest allzu viel, sprach Gott. Du hast es übertrieben. Israels Kinder mögen dich nicht mehr, nur Juda bleibt dir treu.

Gott!, rief ich laut. Das wollt ich nicht. Kannst du mir nicht verzeihen? Bestraf mich nicht und lass uns doch zusammen bleiben. – Ach, Salomo, sprach Gott, wirst du mich stets verwechseln? Es ist ja keine Strafe, nur die Wahrheit. Sieh doch selbst:

Gott zeigt Salomo, dass Juda und Israel sich trennen

Jerobeam aus Ephraim, das war ein guter Mann, ein Krieger unter Salomo, von allen hoch geschätzt. Erst kürzlich ging er aus der Stadt; er wollte seine Frau besuchen. Da trat ihm von der Seite Ahia in den Weg.

Jerobeam, mein König, Gott mit dir!, so sprach der Mann und neigte sich. Der Krieger schüttelte den Kopf. Was soll das? Und wie nennst du mich? Der Königsmantel passt mir nicht. Ahia lachte laut. Ich glaube aber doch!

Der Seher hatte einen Mantel an, der war grad neu genäht. Den nahm er ab und schnitt ihn durch, in zwölf gleich große Streifen. Elf reichte er Jerobeam. Nur einen hielt er fest. Juda, sprach er, ist nichts für dich.

Jerobeam erschrak. Was, Alter, willst du sagen? – Zwölf Stämme, sprach der Seher. Elf davon gehören dir. Gottes Gesalbtem nur Jerusalem und Juda, Davids Löwe. Denn so spricht Gott. So wird's geschehn.

Vater! Juda ist mir nicht genug.
Ich wollte doch viel mehr!

Rehabeam, mein lieber Sohn: Ich wollte immer alles.
Hast du denn nichts gelernt – aus allem, was ich sagte?
Auf Macht und Reichtum kommt's nicht an.
Auch nicht auf kluge Worte.
Wenn du nur Gott an deiner Seite weißt,
dann hast du … mehr als alles.

Höre, mein Sohn, du kennst die alte Geschichte:

Ein Jegliches hat seine Zeit und alles Vorhaben unter dem Himmel hat seine Stunde.

Prediger 3, Vers 1

Israels Kinder waren schon zahlreich geworden
und zogen und suchten ein eigenes Land.
Zwischen Bergen und Meer lag Kanaan,
fruchtbar und einladend anzuschauen.

Hier wollen wir bleiben, sagten sie untereinander.
Sie konnten sich alle verstehen.
Wir bauen uns ein Königreich mit Recht
und Gesetz und einem guten, machtvollen König.

Gott sah ihnen zu, als sie zu bauen begannen.
Er hörte sie Loblieder singen, Dank für den König
und Gott. Gut, dachte er. Sie trauen auf mich
und achten einander, wie ich es sie lehrte.

Der König baute einen prächtigen Tempel für Gott
und weihte ihn mit einem glänzenden Fest. Dann
feierten Israels Kinder, der König mit ihnen
und Gott. Nun kann ich ruhig sein, sagte der König.

Doch so sehr er's auch wollte: Er konnte es nicht.
Er baute und baute weiter, zum Himmel hinauf
und für einen unsterblichen Namen.
Vorsicht, sprach Gott. Zuviel könnte schaden …

Am Ende war Israel müde und leer und Israels Kinder
haben einander nicht mehr verstanden. Sie begannen
zu streiten und trennten sich schließlich. In alle Winde
sind sie zerstreut – und kehren lange nicht wieder.

Aber, Vater, das ist eine andere Geschichte …
Sohn, es ist unsere Geschichte. Du wirst schon sehen.

Gott bringt es nicht über sich, seine Kinder zu verlassen

Israels Söhne.
Brüder, die sich wieder und wieder
nicht vertragen.
Mühselig und traurig.

Rahabeam, Jerobeam,
Abia, Asa, Josaphat,
Nadad, Baesa, Ela,
Simri, Omri, Ahab.
Ahasja, Atalja, Joas, Jehu.
Joahas, Joas, Jerobeam II.
Amazja, Usia, Hiskia.
Und Jojakim und Jojakin
und aus.

Du kennst die Namen nicht?
Könige waren sie allesamt, Könige über Israels Kinder.
Könige, die vergessen haben, wer sie einst suchte und salbte.
Könige über Kinder, die ihren Vater nicht kennen.

Ich komme nicht an sie heran, sprach Gott.

Gott sprach:

Die Könige hören mich nicht.
Sie wissen nicht mehr, was sie tun.
Und doch will ich meine Kinder nicht verloren gehen lassen.
Habe ich nicht versprochen, bei ihnen zu sein?

Wohlan, ich suche einen neuen Weg.
Es wäre doch gelacht, wenn ich nicht Boten fände.
Sie mögen wollen oder nicht, sie werden auf mich hören.

Jona, Gottes Bote, sagt: Nein! So nicht!

Du fragst, was das ist – ein Prophet?
Gottes Bote, Gottes Seher, Ohr für Gott – und Mund.

Du meinst, das ist eine große Ehre?
Pass auf: Nicht allen passte, was Gott wollte. Ich gebe dir ein Beispiel.

Gott braucht Jona

Hör mal, sprach Gott zu Jona.
Du bist doch einer, der gut reden kann.
Klar, sagte Jona. Wenn wir feiern,
bin ich es, der die Rede hält.

Das Gleiche tust du nun für mich,
sprach Gott. Und Jona horchte auf.
Du gehst für mich nach Ninive.
In diese große, reiche, ferne Stadt.

Mein Gott, da war ich nie, rief Jona.
Traust du mir zu, dass ich es finde?
Wenn ich dich führe, wirst du
alles finden, entgegnete ihm Gott.

Und dort?, rief Jona. Er rieb sich
die Augen. – Dort läufst du durch die
Straßen, vom Tigris bis hinauf zur Burg,
und sagst, was ich dir sagen werde.

Ich will mir eine Trommel machen,
rief Jona. Ganz so wie ein echter Bote.
Damit sie auf mich hören.
Was ist es, was sie hören müssen?

Sag ihnen, so spricht Gott: Ihr müsst
euch schleunigst ändern. Sag ihnen
auch, sie tun mir weh. Und dass ich's
länger nicht ertrage. – Mein Gott!

Was tun sie denn? Jona war sehr
erschrocken. Bist du nicht Gott?
Wie könnte dich ein *Mensch* verletzen?
Dazu genügt ein Wort, ein Blick …

Jona, sooft sie unbarmherzig sind,
zu einem ihrer Nächsten, sooft sie
eine Lüge wagen, sooft sie Böses über
andere sagen, sooft sie schlagen,

statt mit Worten sich zu messen –
so oft weiß ich: Sie haben mich vergessen.
Ich fühle Schmerz und wünsche mir,
ich hätt sie nie gekannt. Jedoch …

Jedoch? – Jedoch: Ich liebe sie.
Da senkte Jona seinen Blick.
Das klang nach einem schweren Fall.
Er sprach: Das ist zu hoch für mich.

Schick einen andern, schick nicht mich.
Ich fürchte, ich mach Fehler! – Das
lass nur meine Sorge sein, sprach Gott.
Du aber: Mach dich auf die Reise!

Nein, sagte Jona. Was zu viel ist,
ist zu viel. Und dieses, Gott, ist viel
zu viel. Mit solchen Worten lief er
weg, so eilig, dass er stolperte.

Er lief, so schnell er konnte, lief
so schnell, dass er nicht merkte,
dass keiner ihn verfolgte. Und blieb
erst stehn, als er ans Wasser kam.

Aufatmend nahm er sich ein Schiff,
das grad nach Tarsis wollte – so weit,
wie's geht, von Ninive. Er ging an
Bord und seufzte leis: Geschafft.

Jona kommt nicht los

Du siehst so aus wie auf der Flucht.
sagte der Steuermann, als sie schon
weit vom Ufer waren. Du bist so blass
und aufgeregt. Sag: Wovor läufst du weg?

Ach, nichts, rief Jona. Wovon redest du?
Ich bin ein freier, unbefangner Mann.
Er lachte in den Wind. Da schien es ihm,
als drohe ihm ein böses Donnerwetter.

Ich bin ein freier, unbefangner Mann …
Betroffen floh er unter Deck. Ich *muss*
ja nicht, wenn ich nicht will. Gott findet
einen anderen. Und Ninive ist weit.

Du siehst so aus wie auf der Flucht,
sprach auch der Kapitän. Unglücklich
noch dazu. Du hast wohl Steine auf
dem Herzen. Was hast du nur getan?

Ich bin ein freier, unbefangner Mann,
sprach Jona noch einmal. Ich geh,
wohin ich will. Und wegen Ninive …
Ich hätt's ja doch nicht gut gemacht.

Willst du nach Ninive, so spring!,
lachte der Kapitän. Denn eher führt dich
dieses Schiff der Hölle in den Schlund,
als dass es dich zum Tigris bringt.

Das ist ein guter Witz!, rief Jona und
fiel in das Gelächter ein. Da schien es
ihm, als risse ihm ein Sturm die Worte
aus dem Mund. Die Sonne wurde grau.

Und eh er sich's versah, da sprang er
schon. Der Witz war plötzlich ernst.
Er wusste nicht, warum er's tat.
Er konnte nicht mal schwimmen.

Gott sorgt dafür, dass Jona nicht versinkt

Pass auf den Jungen auf, sprach Gott
zu einem Wal. Dass er mir nicht ertrinkt!
Denn dass er springt, ist meine Schuld.
Er kann den Auftrag nicht vergessen.

Der Wal war weder taub noch dumm.
Er wusste, wer ihn rief: Der Herr, der
ihn geschaffen hatte. Er schuldete ihm
Dank. So sperrte er den Rachen auf.

In einem wilden Wasserschwall
trieb Jona in die Höhle des Bauches
von dem Riesenfisch. Oh weh, rief er.
Dies ist der Höllenschlund.

Es schüttelte den Wal vor Wut,
dass Jona für ein Unglück hielt,
was ihm in Wahrheit Rettung brachte.
An diesem Jungen ist nichts dran,

sprach er zu Gott. Er scheint mir blind
und taub. Du findest leicht 'nen
Besseren, das kann ich dir versprechen.
Was meinst du? Fress ich ihn?

Vergiss nicht, dass du Pflanzenfresser
bist, sprach Gott mit einem Lächeln.
Und lass den Jungen nur ein wenig
ruhen – dann wird er sich besinnen.

Am ersten Tag saß Jona still,
er fror und hatte Angst. Am zweiten
Tag sah er sich um und merkte, dass
er lebte. Ich muss dir danken, Wal,

so sagte er. Da war der Wal gerührt.
Am dritten Tag fing Jona an und sang
für Gott ein Lied. Ich hab mir's überlegt,
sprach er. Ich laufe nicht mehr weg.

So führ mich nun, wohin du willst,
doch hol mich erst aus diesem Wal.
Er ist zwar großherzig und gut –
doch auf die Dauer öd und fad.

Du könntest ihn mal an der Zunge
kitzeln, sprach Gott. Dann niest er dich
an Land. Und wenn du dann nach
Osten gehst, erreichst du Ninive.

Und Jona betete und sprach:

Ich rief zu dem Herrn in meiner Angst und er antwortete mir.

Ich schrie aus dem Rachen des Todes und du hörtest meine Stimme.

Du warfest mich in die Tiefe, mitten ins Meer, dass mich die Fluten umgaben. All deine Wogen und Wellen gingen über mich her, dass ich dachte, ich wäre von deinen Augen verstoßen …

Wasser umgaben mich und gingen mir ans Leben, die Tiefe umringte mich und Schilf bedeckte mein Haupt. Ich sank hinunter zu der Berge Gründen, der Erde Riegel schlossen sich hinter mir ewiglich.

Aber du hast mein Leben aus dem Verderben geführt, Herr, mein Gott!

Als meine Seele in mir verzagte, gedachte ich an den Herrn und mein Gebet kam zu dir …

Jona 2, Verse 3 bis 8

Jona macht eine böse Erfahrung

Ninive war eine große, reiche Stadt,
sehr prächtig anzusehen. Die Häuser
hoch, die Menschen stolz und alle sehr
in Eile. Es wuselte und wimmelte,

vom Tigris bis zur Burg. Den Jungen
mit dem nassen Hemd beachteten sie
kaum. Sie hasteten an ihm vorbei
wie Jäger auf der Jagd. Die Hände

waren Fäuste, die Gesichter starr.
Doch Glanz lag auf der ganzen Stadt
und Jona war geblendet. Hier ist es
schöner als zu Haus, rief er und lachte.

Er sah sich um und wünschte sich,
er wäre einer jener stolzen Leute.
Wer ihn gesandt, zu welchem
Zweck, das hatte er vergessen.

Du bist hier fremd, sprach ihn ein
kleines Mädchen an. Gibst du mir
Brot, wenn ich dich führe? Vertrau
mir nur. Ich kenne jeden Weg.

Jona blieb stehen und lächelte. Arm
sah sie aus und schrecklich dünn. Ich
danke dir und gäb dir's ehrlich gern,
sprach er. Wenn ich nur selbst was hätte.

Was willst du hier?, fragte das Kind
und nahm ihn bei der Hand. Ich hörte,
Ninive ist schlecht, sprach Jona sehr
verwundert. Nun aber sehe ich: Es glänzt.

Es glänzt!, schrie ihn das Mädchen an.
Doch nur die eine Seite. Wer reich
ist hier in Ninive, oh ja – wird immer
reicher. Doch wehe, du bist arm.

Sie treten dich und schubsen dich
und keiner hat Erbarmen. Sie nehmen
dir das letzte Hemd, die Hoffnung sowieso.
Und sagen: Klage nicht, selbst schuld.

Mein Vater ist verhungert, vor eines
reichen Mannes Haus. Kein schöner
Anblick, sprach der Reiche ungerührt,
und: Diener, fort mit ihm. Er stört.

Ach, Unsinn! Jona schauderte. So kalte Herzen gibt es nicht! Hör zu: Ich setz mich neben dich. Wir betteln und ich zeige dir: Wir werden Hilfe finden.

Sie saßen da von früh bis spät. Die Leute hasteten vorbei. Der Einzige, der stehen blieb, rief: Weg mit euch. Für Bettler ist kein Platz! Ihr stört.

Genug!, rief Jona voller Zorn. Das ist ja unerhört! Wie hart ihr seid! Ich fluche euch: Drei Wochen nur noch sollt ihr leben. Dann öffne sich der Höllenschlund.

Der Mann sah ihn entgeistert an. Du hast doch aber keine Macht zu fluchen und zu töten? Da erst fiel Jona Gottes Auftrag wieder ein.

Jona droht mit Gottes Zorn

Oh doch!, rief er und streckte sich. Ich bin ja Gottes Bote. Gott weiß, wie böse ihr es meint. Drei Wochen noch – und es ist aus. Der Höllenschlund steht offen.

Da blieben viele Leute stehen und hörten zu, was Jona sagte. Dass ihr mit *ihr* kein Mitleid habt – er zeigte auf das Mädchen –, das richtet euch zugrunde.

Was Jona nicht erwartete, geschah: Die's hörten, glaubten ihm. Erschrocken schauten sie sich an: Was haben wir gedacht? Wir haben alles falsch gemacht!

Da rissen sich die reichen, stolzen Leute die Kleider ab und gaben sie dem Kind. Sie hüllten es in Liebe ein und brachten Milch und Brot.

Jona droht auch dem König

Der Aufruhr blieb nicht unbemerkt. Zwei Wachsoldaten kamen. Los, geh mit uns!, so sprachen sie zu Jona. Befehl des Königs: Sprich mit ihm.

Das Mädchen zog an Jonas Arm. Gib Acht! Der König ist ein harter Mann! Er fragt nicht viel und sperrt dich ein. Am besten wär's: Du fliehst.

Ich fliehe nicht ein zweites Mal, sprach Jona zu sich selbst. Gott sagte ja: Ich soll vom Tigris bis zur Burg. So tu ich es und gehe hin.

Des Königs Thron in Ninive war hoch und ganz aus Gold. Er selbst trug ein Gewand aus blauem Samt und schweren goldnen Schmuck.

Als Jona diesen König sah, in Glanz und Gloria, bekam er's mit der Angst. Gott selber kann nicht größer sein! Er machte sich ganz klein.

Da sah er einen dicken, kleinen Hund, der zu des Königs Füßen saß. Und sah: Das Hündchen war viel besser dran als jenes arme Kind.

Da packte ihn erneut die Wut und alle Angst fiel von ihm ab. Weh!, rief er laut. Wie seid ihr schlecht, wenn Hunde besser leben als die Armen.

Du kommst von Gott?, fragte der König und beugte sich nach vorn. Es sah gefährlich aus. Und wagst es, mir und meiner Stadt zu drohn?

Ich wag nicht viel, sprach Jona kühn.
Du bist ja längst verloren. Drei
Wochen noch, dann öffnet sich der
Schlund – für dich und alle Reichen.

Als Jona so gesprochen hatte, da
saß der König still. Er hatte Feuer
in den Augen. Jetzt geht mir's an
den Kragen, sprach Jona insgeheim.

Da nahm der König seinen Mantel ab
und stieg von seinem Thron. Wahr
ist das Wort, das Gott mir sagen lässt,
sprach er, es schmettert mich zu Boden.

Dann rief er laut und gab Befehl:
Die ganze Stadt soll Trauer tragen!
Wir sagen Gott: Es tut uns Leid.
Wir ändern uns. Ob er verzeiht?

Der kalte Glanz wird warm

Drei Wochen, hatte Jona laut gesagt.
Drei Wochen noch, dann ist es aus.
Es war ihm selber eingefallen,
doch glaubte er's wie Gottes Wort.

Und wartete, dass es geschah.
Die erste Woche baute er ein
kleines Haus, am Rand von Ninive.
Er sah die Leute trauern.

Die zweite Woche kam und ging.
Die Stadt war stumm und still.
Die Lichter schienen weniger.
Der Glanz schien ganz dahin.

Die dritte Woche neigte sich
schon fast dem Ende zu. Und
Jona ging, zum Abschied nur,
noch einmal durch die Stadt.

Die Leute gingen langsamer,
sie sahn einander an. Und mancher
hat, im Weitergehn, ein kleines
Lied auf seinen Lippen.

Der Glanz von Ninive, sah Jona,
war gar nicht fort. Dort lag er,
sanfter nun und nicht so grell,
auf menschlichen Gesichtern.

Du bist ein Fremder hier, sprach
ihn ein Mädchen an, in einem
neuen Kleid. Er hätt sie beinah nicht
erkannt, die Kleine ohne Brot.

Sie hatte keinen Hunger mehr
und war nicht mehr allein. Der Mann,
sprach sie, den du getadelt hast,
er nahm mich mit nach Haus.

Und allen Bettlern in der Stadt geht es
auf einmal gut. Sie haben Wein und
Brot. Denn unsere Reichen sind,
gottlob, nun wie verwandelt.

Zu spät, sprach Jona düster. Wie
könnten sie in zwanzig Tagen
gut machen, was in zwanzig Jahren
nie anders war als schlecht?

Das Mädchen sah ihn ratlos an.
Er aber ging zu seiner Hütte.
Und wartete auf das, was kommt,
den Schlund der Hölle und das Ende.

Gott hat wieder Freude an Ninive

Am Morgen schreckte Jona
aus dem Schlaf. Er hatte es verpasst!
Doch als er dann zum Nachschauen
ging, war alles unverändert.

Der König lebte noch und alle Reichen.
Sie jubelten und lobten Gott.
Nur Jona war verzweifelt. Mein Gott,
rief er. Das war nicht recht!

Du musstest tun, was ich hier sagte.
Jetzt glaubt ja keiner mehr an mich.
Ich wette, dass sie lachen. Kein guter
Lohn, mein Gott, für alle meine Mühe.

Jona, sprach Gott, kannst du dich
denn nicht mit mir freuen? – Sie oder
ich, sprach Jona trotzig. Wenn sie
am Leben bleiben, sterbe ich.

Jona ist beleidigt, aber Gott lässt ihn nicht los

Und Jona ging in seine Hütte. Er
trank nicht mehr und aß nicht
mehr und lag in praller Sonne.
Bald war er da schon sterbensmatt.

Pass auf den Jungen auf, sprach Gott
zu einer zarten Pflanze. Dass er mir
nicht verbrennt! Dass er da liegt, ist
meine Schuld. Ich habe ihn enttäuscht.

Die Pflanze wurde rasch ein Baum
und gab dem Jungen Schatten.
Er schlug noch mal die Augen
auf und lächelte versonnen.

Ich weiß, du bist enttäuscht von mir,
sprach Gott. Und solltest dich doch
freuen. Sieh, über Schatten freust du
dich, wo Sonne vorher brannte.

Um wie viel mehr muss man sich
freuen, wenn Menschen sich besinnen.
Und fortan nicht mehr hart wie Stein,
sondern wie weiche Daunen sind.

Du tatest nicht, was ich dem König
sagte!, rief Jona, noch empört.
Ganz recht, sprach Gott. *Du* warst
es, der es sagte. Doch nicht ich.

Ich liebe Leben, nicht den Tod.
Du hast die Botschaft falsch vermittelt.
Lass ab vom Zorn. Nimm meinen
Dank. Am Ende ist es gut gegangen.

Und Jona sprach:

Ach, Herr, das ist ja, was ich dachte,
als ich noch in meinem Lande war,
weshalb ich auch eilends nach Tarsis
fliehen wollte; denn ich wusste,
dass du gnädig, barmherzig, langmütig
und von großer Güte bist und lässt
dich des Übels gereuen …

Jona 3, Vers 2

Propheten

Gott sendet Boten zu seinen verirrten Kindern

Er hatte Gott nie recht verstanden.
Saul, König von
Israel und Juda.

Er hatte Gott mitunter aus dem
Ohr verloren.
David, König von
Israel und Juda.

Er hatte Gott verwechselt,
mit fremden, falschen Göttern.
Salomo, König
von Israel und Juda.

Nach ihnen ist das Reich zerfallen
In Israel und Juda.
Beider Könige verirrten
sich in den Netzen

fremder Völker,
fremder Götter,
fremder Träume.

Hätte Gott nicht
Boten gesandt,
um den Staub
aufzuwirbeln
in den Palästen –

wer weiß,
ob wir heute
noch seinen Namen
wüssten:

Ich bin, der ich bin,
und ich bin für euch da.

Und ich hörte die Stimme des Herrn,
wie er sprach: Wen soll ich senden?
Wer soll unser Bote sein?
Ich aber sprach: Hier bin ich, sende
mich!

Jesaja 6, Vers 8

Der Herr aber sprach zu mir:
Sage nicht: Ich bin zu jung, sondern
du sollst gehen, wohin ich dich sende,
und predigen, was ich dir gebiete.

Jeremia 1, Vers 7

Und die Kinder, zu denen ich dich
sende, haben harte und verstockte
Herzen. Zu denen sollst du sagen:
So spricht Gott der Herr!

Ezechiel 2, Vers 4

Jesaja und Micha: Träume und Albträume für Jerusalem

Erinnerst du dich an Sodom, die starre Stadt,
die ihre Türen verschlossen hielt?
Gott nahm ihr seinen Geist, weil sie ihn nicht mehr wollte.
Mit Davids Stadt, Jerusalem, hätte es fast ein ähnliches
Ende genommen.
Doch dann sandte Gott Jesaja. Und Jesaja hat Jerusalem ordentlich
wach gerüttelt.

Hör zu, sagt Micha, ich erzähl dir von Jesaja – und von mir.

Moreschet ist bloß ein armes, kleines Dorf,
fast einen Tag entfernt von Davids Stadt.
Doch reichen die Arme der Reichen dort
weit bis zu uns herüber. Keiner von uns ist
frei, sich zu freuen an dem, was er erntet.

Die reichen Herrn, dort in Jerusalem, sie
haben Anspruch auf das Land und auch,
so sagen sie, auf unsere Arbeit. Jede Ernte,
sei sie noch so klein, verlangen sie für sich!
Uns bleibt dann nur, was sie nicht wollen.

Mein Vater ist schon lange tot. Wir haben
Obst und Wein und ein paar dürre Ziegen.
Doch geben wir fast alles ab. An einen Reichen
in der Stadt, der sagt: Das Land ist mein.
Und Mutter sagt: Wir leben, Gott sei Dank.

Und der Herr Zebaoth wird
auf seinem Berge allen Völkern
ein fettes Mahl machen,
ein Mahl von reinem Wein,
darin keine Hefe ist.

Jesaja 25, Vers 6

Ich habe manchmal dumme Träume: Dass meine Trauben für uns alle reichen, für uns und unsern Herrn. Dass ich ihm lächelnd davon gebe und er mir sagt: Komm, lass uns teilen, und lädt uns ein zum Erntefest.

Wir leben im Krieg. Juda und Israel wollen sich nicht vertragen. So geht es hin und her. Die Opfer sind allemal wir. Soldaten ziehen umher. Ob Freund, ob Feind – sie plündern Häuser und Gärten und töten die Ziegen.

Ich habe manchmal dumme Träume. Dass alles anders wäre. Dass Groß und Klein und Feind und Freund an *einem* Haus zusammen bauten. Da säßen wir und feierten und weder Sonne noch Wolken könnten uns schaden.

Wir traun auf Gott in Moreschet. Ich glaube, dass er machen kann, dass meine Träume Wahrheit werden. Wie unsre Alten sagen: Das Böse rings geschieht, weil Juda Gott vergessen hat. Doch Gott vergisst uns nicht.

Ja, es wird ein Schutz sein über allem, was herrlich ist, und eine Hütte zum Schatten am Tage vor der Hitze und Zuflucht und Obdach vor dem Wetter und Regen.

Jesaja 4, Verse 5b + 6

Micha lernt Jerusalem kennen – und lernt es hassen

Einst, als ich fast erwachsen war, in einem trocknen, dürren Jahr: Was da geschah, das werd ich nie vergessen. Eines der Kinder wurde krank. Es war mir lieb und teuer. Der Heiler sprach: Es ist zu schwach. Es müsste viel mehr essen.

Da sandte mich der Onkel in jenes reichen Mannes Haus. Lass uns doch diesmal unsrer Arbeit Frucht, so sollte ich ihn bitten. Ich war voll Hoffnung und voll Mut. Denn meine Bitte war gerecht. Gott hilft dir, sagte Mutter.

So ging ich dann zum ersten Mal durch Davids Stadt Jerusalem. Ich fand sie reich und schön. Ich sah die viel besungenen Frauen, mit bunten Kleidern, Schminke, Schmuck, mit stolzem Schritt zum Marktplatz gehen.

Ich sah die Männer aus den großen Häusern. Sie trieben Opfertiere zum Altar. Und beteten voll Stolz: Dank, Gott, für unser Gold. Und deinen wunderbaren Schutz. Nicht mal Assyrien in seiner Macht kann uns gefährlich werden.

Ich sah die Männer wiederkehren, ganz ohne ihre Tiere. Sie hatten sie für Gott verbrannt. Wie gut, dass Gott uns lieber hat als die elf andren Stämme! Mit uns wird's nie zu Ende gehen. *Wir* bringen Gott genug Geschenke.

Da wollt ich fragen: Was hat Gott von euren toten Tieren? Sprach Gott nicht einst: Nein, Opfer will ich nicht? Jedoch, ich schwieg. Ich wusste ja: Die hohen Herren hören nicht gern, wenn man es besser weiß als sie.

Dann kam ich an, wohin ich sollte. Welch ein Palast! Wie blendend schön! Die Not der Diener übersah ich. Und neigte mich vor unsrem reichen Herrn. Um was ich bat, war rasch gesagt. Bei Gott, schloss ich, und um des Kindes willen.

Ein Ochse kennt seinen Herrn und ein Esel die Krippe seines Herrn. Aber Israel kennt's nicht und mein Volk versteht's nicht.

Jesaja 1, Vers 3

Der Reiche hat mich ausgelacht. Ich weiß noch, wie er mich beschämte. Mein Gott, dacht ich. Der Mann hat alles, was er braucht. Wie kann er da *nicht* gnädig sein? Voll Zorn hob ich die Hand und ballte eine Faust.

Der Kerl, er will mich schlagen, rief da der Reiche. Er ließ mich gleich in Ketten legen. Mein Gott, rief ich, siehst du das an? Ich bin zwar nur aus Moreschet, doch Moreschet ist Juda! Auch wir sind deine Kinder!

Ob Gott mich hörte, weiß ich nicht. Doch kam ich wieder frei. Rasch kehrte ich der Stadt den Rücken. Ich wollt sie nie mehr wiedersehen. Zu Hause herrschte tiefe Trauer. Das Kindchen war gestorben.

Ich hatte nur noch *einen* Traum: Dass alle Reichen fallen: Sie sollten arm sein, so wie ich, und lernen, wie es ist, zu bitten und nur Spott zu ernten. Ja, kämen sie dann flehend auch zu mir: Ich bliebe hart und würde lachen.

Micha hört von Gottes Boten

Unser Leben ging mühselig weiter. Kriege
kamen und gingen, die Ernte war gut oder schlecht.
Die Sache mit dem Reichen und dem Kind,
sie ließ mich nicht mehr schlafen. Bleibt denn so
eine Ungerechtigkeit ganz einfach ungestraft?

Ich könnte es dem König sagen, sprach ich
zu meiner Mutter, dass er den Reichen straft.
Er muss ein Ohr für *alle* haben, ob sie nun reich
sind oder arm. Es sollte wohl so sein, sprach
meine Mutter. Und so will Gott es haben.

Jedoch, bedenke: Der reichste Mann im ganzen
Land – das ist ja unser König! Ich höre lange
schon das Reden: Er ist so ungerecht wie reich.
Und nur noch Gott – wenn er denn will –,
kann uns zu unserm Recht verhelfen.

Ja, wie denn?, rief ich zornig aus. Was könnte
Gott denn tun? Und wenn er's kann – worauf
will er noch warten? Soll er ein Donnerwetter
schicken und alle bösen Reichen mit *einem* Blitz
erschlagen! Das tut Gott nicht, sprach Mutter.

Gott straft ja nicht, er redet. Gott will den Tod
der Bösen nicht. Er will, dass sie sich ändern.
Wie will er sie bewegen?, fragte ich. Sie sind ja
hart wie Stein! Micha, sprach sie. Gott schickt
bisweilen Boten. Sie sagen an in Gottes Namen,

was recht vor Gott ist und was falsch. Und
manchmal werden sie gehört. – So einen muss
ich finden, rief ich, dass er mir neue Hoffnung
gibt. Ich packte eilig ein paar Sachen. Gib Acht,
sprach meine Mutter. Gott mit dir.

Micha kommt wieder nach Jerusalem – und findet's nicht besser

So kam ich wiederum in Davids Stadt Jerusalem.
Ich sah mich suchend um. Ich hasste es. Und
fand's doch reich und schön wie einst. Ich fluchte
ihm und sprach: Ich wünsche dir Verderben!,
und sah, wie faul der Glanz in Wahrheit war.

Ich sah die viel besungenen Frauen, mit ihren
schönen Kleidern, ganz Farbe, Schminke, Schmuck,
mit stolzem Schritt zum Marktplatz gehen. Ich
sah sie Honigkonfekt naschen. Die Witwe aber,
in der Gasse, erhielt ein trockenes Stück Brot.

Ich sah die Herren ihre Opfertiere treiben und
denken: Gott sei Dank. Wie gut, dass du uns lieber
hast als all die Fremden und die Armen, als alle,
die nicht sind wie wir. – Wir sind ja *alle* Gottes
Kinder, sprach ich still. Ihr aber kennt ihn nicht.

Ich sah das Blut an ihren Händen und wusste:
Es ekelt Gott wie mich. Ein kleines Mädchen
bettelte, ein Junge wühlte tief im Müll. Nein,
Gott!, rief ich. So kann's nicht bleiben. Nicht
einmal damals, in Ägypten, war es schlimmer!

Micha findet den Propheten Jesaja

So kam ich auch zum Marktplatz. Viel Volk sammelte sich da um einen Mann, der laut und heftig sprach. Jesaja, der Verrückte, hörte ich es raunen. Voll göttlichen Geistes! – Ja, lachten sie. Voll Geist des süßen Weines!

Göttlicher Geist? Ich horchte auf und drängte mich nach vorn. Gottes Bote? Wie ich ihn suchte? Nein, keineswegs wie ich ihn suchte! Der Mann, den sie Jesaja nannten, sah reich und vornehm aus wie sie. Das ist er nicht, dachte ich gleich.

Dann aber hörte ich auf seine Worte. Und fand in ihnen meinen alten, dummen Traum, den reichen Herrn, der sagte: Lass uns teilen. Das große Fest für Arm und Reich, für Freunde wie für Feinde, Gerechtigkeit und Frieden.

Ach, Jesaja, dachte ich, lang ist es her, dass ich so träumte. Ich fürchte längst, es war sehr dumm. Jedoch beschwor Jesaja den Traum nicht aus sich selbst. Er sagte, es sei Gottes Traum. Und glaubte fest, die Leute würden folgen.

Er glaubte, sie würden umkehren und sich ändern, Gott zu Gefallen und seinen Kindern zugute. Jesaja, sagte ich leise. Wenn das gelänge! Wenn du das erreichen könntest! Das wäre ein Wunder und Gottes Garten auf Erden!

So spricht Gott, rief Jesaja. Was sollen mir die Opfer? Blut und Qualm? Gebt lieber Armen Brot. Gebt Waisen und Witwen ein gutes Zuhaus. Was denkt ihr und was hofft ihr, wenn ihr das Vieh zu meinem Tempel treibt?

Dass Opferrauch vernebeln kann, wie hart
ihr seid und ungerecht? Dass Blut mich lockt,
mehr Segen zu verschenken? Ihr habt genug!
Ihr seid so satt und reich, dass ihr in Staub
erstickt, und starr wie Stein sind eure Herzen.

Es kommt mir vor, als seh ich Sodom neu!
Seid ihr's denn wirklich, meine Kinder? –
Sodom! Ich kannte die alte Geschichte von
jener Stadt geschlossner Türen! Als sie sich
nicht bewegen ließ, hat sie ihr Gott verlassen.

Ja, dachte ich. Wie wahr! Jerusalem ist Sodom.
Der Mann muss wirklich Gottes Bote sein!
Wer ist der Mann?, so fragte ich. – Du kennst
Jesaja, nicht?, sagten die Leute. Ein Spinner, ein
Verrückter! Vor kurzem noch war er wie wir:

Reich, vornehm und vernünftig. Nun aber
fiebert er! Er hat angeblich Gott gesehen!
Er soll uns von ihm warnen! Sein Vater Amoz
tut uns Leid. Welch eine Schande, so ein Sohn!
Wahrscheinlich liegt's an seiner Frau.

Sie ist ein ganz verdrehtes Weib. Hör nur
den Namen, den sie ihrem Söhnchen gab:
Eile-Beute-Raube-Bald! Als ob *uns* Unheil
droht! – Ich dachte an den Unfrieden der Welt
und dass wir leicht bald Beute werden.

Micha macht sich mit Jesaja bekannt

Herr, sagte ich, als sich das Volk verlaufen hatte. Ich teile deinen Traum. Jesaja kauerte am Boden, Gesicht in Händen, traurig. Er hob den Kopf und sah mich an. Er sah mein staubiges Gewand und meine nackten Füße. Er lächelte mich an.

Gewiss, sprach er. Die Armen hören gern, was ich zu sagen habe. Die Herren aber nicht, die reichen, noch ihre Frauen, aufgeputzt und selbstverliebt. Herr, sagte ich und schämte mich für meine nackten Füße. Ich denke dabei nicht an mich.

Ich denke, dass dies Volk zugrunde geht, wenn seine Großen alle Türen schließen. Wenn sie sich nicht mehr rühren lassen, von Menschen nicht und nicht von Gott. Wenn sie sich allzu sicher wissen, im Reichtum und im Schutz von Gott.

Verzeihung, sagte da Jesaja. Ich wollte dich nicht kränken. Ich seh, du willst nicht Brot und Fleisch von mir, sondern du suchst nach Hoffnung. Ich fürchte nur, mein lieber Junge, dass ich jetzt auch nicht weiter weiß.

Ich hoffte, dass sie folgen – umkehren und sich ändern, um Gottes willen und zugute seinen Kindern. Jedoch: Die Ohren sind verstopft und mehr noch ihre Herzen. So dass sie hören und hören doch nicht; sehen und sehen nichts ein.

Ich will dir helfen, sagte ich. Du sprichst, wie ich schon lange denke. Jesaja fand mich überheblich. Über die Opfer, Herr, sprach ich. Dass Gott sie gar nicht will. Da nahm er mich beim Arm. Wer du auch bist, komm mit!

Micha und Jesaja träumen von Gerechtigkeit und Frieden

Jesaja wohnte gar nicht schlecht, in einem großen, schönen Haus. Sein Sohn war hübsch und wohl genährt. Die Frau sprach klug und offen. Micha aus Moreschet, erklärte ihr Jesaja. Er träumt den gleichen Traum wie Gott.

Von einem Land des Friedens, wo die Menschen einander lieben und verstehen?, so fragte sie mit einem Lächeln. – Sie teilen, was sie haben, sagte ich. Und ihre Spieße machen sie zu Sicheln. Mit ihren Schwertern pflügen sie den Acker.

Ja, rief Jesaja voller Leben. Und selbst die Tiere halten Frieden! Die Löwen fressen Gras und Wölfe spielen mit den Lämmern. Die Jungen von Bären und Rindern sind Freunde und Kinder streicheln unversehrt Nattern- und Otternhaut.

Jesaja nahm die Harfe. Er spielte wild und sehnsuchtsvoll. Wir sahen, was er hoffte. Sein Traum und mein Traum wurden wahr, in jener Nacht in seinem Zimmer. Doch als es schließlich Morgen war, war alles so wie immer.

Sie werden ihre Schwerter zu Pflugscharen und ihre Spieße zu Sicheln machen. Es wird kein Volk wider das andere das Schwert erheben, und sie werden hinfort nicht mehr lernen, Kriege zu führen.

Micha 4, Vers 3

Da werden die Wölfe bei den Lämmern wohnen und die Panther bei den Böcken lagern. Ein kleiner Knabe wird Kälber und junge Löwen und Mastvieh miteinander treiben.
Kühe und Bären werden zusammen weiden, dass ihre Jungen beieinander liegen, und Löwen werden Stroh fressen wie die Rinder.
Und ein Säugling wird spielen am Loch der Otter, und ein entwöhntes Kind wird seine Hand stecken in die Höhle der Natter.

Jesaja 11, Verse 6 bis 8

Micha und Jesaja beraten über Jerusalem

Jesaja ließ die Harfe stehen und sah mich fragend an. Micha aus Moreschet, sprach er. Wir wissen, was wir wollen. Wie aber sagen wir's Jerusalem in seine zugestopften Ohren? Denn das ist's, was Gott fordert. Nun sag, wie du mir helfen willst.

Ich habe ihren Spott gehört, rief ich, und sah sie lachen über dich. Ich würd sie lieber fallen sehn! Doch wenn du glaubst, du musst sie retten, so höre meinen Rat! Zu warnen ist nicht mehr genug. Du musst mit Gottes schwerer Strafe drohen!

Gott straft ja nicht, erinnerte Jesaja. Gott redet. Und wenn schon, rief ich laut. Man kann die Botschaft leicht verändern. Mach ihnen Angst, dass sie sich bessern. Sind sie erst gut und recht – wer fragt, wo Gottes Strafe bleibt?

Jesaja wehrte ab. Ich kann nur Gottes Worte sprechen. Da kam es über mich, als rühre Gott mich an. Er legte eine Last auf meine Brust. Die drückte mich wie Husten. Ich öffnete den Mund. Kein Husten kam, doch neue, unbekannte Worte:

So spricht Gott, rief ich: Weh euch, ihr Frauen von Jerusalem! Ich will den Schmuck von euren Hälsen reißen. Weh euch, ihr hohen Herrn! Gottlob, sagt ihr, wie sind wir sicher! – Wie Treibsand ist die Sicherheit; ein Schritt, ihr müsst versinken!

Weil ihr euch nehmt, was euch nicht zusteht, will ich euch *alles* nehmen, fuhr ich fort. Ich schicke gegen euch den König von Assyrien. Der klopft an eure Türen. Er schlägt euch mit dem Schwert und schert euch euer Haar. Ihr aber müsst ihm dienen.

Micha! Jesaja rüttelte mich auf. Du träumst! Du übertreibst! So weit lässt Gott es niemals kommen. Das war kein leerer Traum, rief ich benommen. Gott hat es mir gesagt. Jesaja schüttelte den Kopf. Du bist ein Hirtenjunge und kein Seher.

Die Rede, die ich hielt, hat dir gefallen. Nun willst du sein wie ich. Jedoch, mein Junge, glaube mir: Jerusalem zu drohen, ist kein Spaß. Nur der ist Gottes Mund, den Gott sich selbst erwählt. Nur den wird Gott auch schützen. – Hör zu, Jesaja!

Ich widersprach ihm heftig. Ich habe es *gesehen!* Jerusalem muss untergehen. So viel Unrecht und Betrug und Härte – daran geht jede Stadt kaputt. Die Armen weinen und die Reichen werden Stein. Gottes Geist flieht. Und dann ist's aus.

Jesaja erzählt, wie Gott ihn berufen hat

Schweig lieber still, mahnte Jesaja wieder. Du hast zwar Richtiges erkannt. Doch macht dich das noch nicht zum Seher. Auch ich wär's nicht, hätte nicht Gott sich mir gezeigt in seiner ganzen Herrlichkeit. Und hätte mir gesagt: Sprich du!

Wann war das?, fragte ich gespannt. Und wie ist's dabei zugegangen? Jesaja überlegte erst, ob er mir's sagen soll. Da nickte seine Frau ihm zu. Hör zu, sprach da Jesaja. Ich schaute Gott auf seinem Thron, in silbrig blauem Glanz. Und um ihn waren Engel.

Sie riefen alle: Dreimal heilig, dreimal heilig ist Gott. Seine Nähe schenkt Leben. Sein Wort macht Mut. Und wenn er handelt, befreit er. Ich aber bekam Angst vor allem, was ich sah und hörte. Ich fiel hin und rief: mein Ende!

Drei Tropfen wie Wasser fielen auf meine Stirn. Fürchte dich nicht, rief eine Stimme. Ich bin Gott, der das Leben will und nicht den Tod. Da stand ich wieder auf. Ich brauche einen Boten, sprach Gott, der Wind in Jerusalems Mauern bläst.

Nimm mich, rief ich und hob mein Gesicht. Ja, du, sprach Gott, Jesaja. Sage Jerusalems Großen und Reichen, dass ich mich um sie sorge. Erinnre sie an mich. Erinnre sie daran: Die Kleinen und die Schwachen – auch sie sind meine Kinder.

Und ich versprach's. – Jesaja sah mich an. Glaubst du mir?, fragte er. Mir war, als hätt ich's miterlebt. Natürlich, sagte ich. Nur, glaub auch mir. Und so, Jesaja, ist es deine Pflicht, zu drohen, bis sie hören. Es geht um Leben, Tod und Gott.

Jesajas Frau stimmte mir zu. Jesaja überlegte. Vielleicht habt ihr ein wenig Recht. Er reichte mir die Hand. Micha, komm morgen wieder in die Stadt. Ich sage ihnen einen Traum, an den sie lange denken. – Sag ihnen *meinen,* riet ich ihm.

Heilig, heilig, heilig
ist der Herr Zebaoth,
alle Lande sind seiner Ehre voll.

Jesaja 6, Vers 3

Und ich hörte die Stimme des
Herrn, wie er sprach:
Wen soll ich senden?
Wer will unser Bote sein?

Ich aber sprach:
Hier bin ich,
sende mich!

Jesaja 6, Vers 8

Jesaja erzählt das Gleichnis vom Weinberg

Am andren Morgen war ich da. Jesaja stieg auf einen Tisch. Ich sage euch ein Bild, rief er. Und rate euch: Hört zu. Ob's euch nicht Wichtiges zu sagen hat. Die Leute fingen an zu murren. Ach, geh, Jesaja, du: Geh heim und schlaf dich aus!

Seid still, rief ich, so laut ich konnte. Hört ihn doch an! – Sie waren überrascht und schwiegen. Jesaja aber sprach: Ich habe einen Freund. Der kaufte im vergangnen Jahr den Weinberg, dort am Hang. Er wollte eigne Trauben ernten.

Gewiss, dachte ich bitter. Das wollen alle hohen Herren! Sie wollen ernten, wo sie selbst nicht säen. Sie können sich's erlauben. Ich dachte an die Sache mit dem Kind. Jesajas Bild gefiel mir nicht. Die Leute fanden's spannend. – Der Weinberg,

fuhr Jesaja fort, war gutes, fettes Land. Er war aber verwildert. Mein Freund hat sich mit ihm abgemüht. Er grub ihn um und las die Steine. Er pflanzte neu, die besten Reben. Er wässerte und baute einen Turm, um Wachsen und Gedeihen zu bewachen.

Bei Gott, dacht ich. Jesajas Freund ist nicht wie all die andern. Er sät ja auch, bevor er erntet. Da hat er eine gute Ernte wohl verdient. Jesajas Bild gefiel mir besser und ich verstand: *Jesajas Freund ist Gott.* Die Leute aber murrten.

Doch dann, was meint ihr wohl?, rief er. Der Wein ist nicht gewachsen. Nicht *eine* gute Traube hat der Berg für meinen Freund hervorgebracht! Drum, Leute, frag ich euch: Was soll mein Freund nun tun? Na was?, rief ich. Er wird ihn sicherlich verlassen.

Und dann?, fragte Jesaja weiter. Was wird dem Weinberg dann geschehen? – Er wird verdorren, sagte ich. Wird wild und öde werden. Nur Dornen werden wachsen. Und nicht mal Bienen in ihm tanzen. – *Und dieser Weinberg – das seid ihr!*

Des Herrn Zebaoth Weinberg aber
ist das Haus Israel und die Männer
Judas seine Pflanzung, an der
sein Herz hing.
Er wartete auf Rechtsspruch,
siehe, da war Rechtsbruch,
auf Gerechtigkeit,
siehe, da war Geschrei über
Schlechtigkeit.

Jesaja 5, Vers 7

Jesaja singt das Lied vom Sturz eines Königs

Die Großen in Jerusalem hatten nur Spott für uns. Das Lied vom Weinberg verstanden sie falsch. Der Weinberg sind wir nicht, so riefen sie. Wir sind seine *Besitzer!* Wie hochmütig und dumm, sagte Jesaja, denn Juda drohte nun Gefahr.

Der König von Assyrien eroberte die Welt. Gebt Gold, ließ er Hiskia, unserm König, sagen. Wenn nicht, so nehme ich Jerusalem! – Kein Stäubchen Gold für dich, Assyrien, entgegnete Jerusalem. Gott ist mit uns und nicht mit dir.

Jesaja wusste: Ich will widersprechen. *Assyrien* kommt in Gottes Namen, als frischer Wind in Judas Mauern. Das darfst du nicht sagen, warnte Jesaja. Das ist nicht Gottes Wort. Doch geb ich zu: Es ist nun Zeit, mit Juda deutlicher zu sprechen.

So will ich tun, was du von Anfang an verlangtest. Ich drohe ihnen, bis sie *sehen!* Dann nahm er eine Harfe und ging noch mal zum Markt. Bleibt da, rief er, ich will ja gar nicht reden. Ich singe bloß ein Lied. Und sang von *meinem* Traum.

Wie bist du tief gefallen, du, der du groß warst und so hoch. Ein Stern warst du, der hellste, und all die andern Sterne wurden blass vor dir. Du aber wolltest immer höher steigen – an Gottes Seite, sagtest du. Da packte dich ein Sturm.

Du stürztest tiefer als zur Erde, du stürztest in ihr Innerstes. Dort unten, bei den Toten, glänzt du nun. Doch niemand, unten, lobt den Glanz. Sie spotten über dich. Ja, hättest du nur Halt gemacht und dich besonnen, ehe noch der Sturm dich packte.

Wie bist du vom Himmel gefallen, du schöner Morgenstern! Wie wurdest du zu Boden geschlagen, der du alle Völker niederschlugest!

Jesaja 14, Vers 12

Micha und Jesaja gehen zum König

Die Großen in Jerusalem hatten nur Spott für ihn.
Das Lied vom Sturz des Königs: Auch das hörten
sie falsch. Wir sind nicht der Stern, riefen sie.
Wir sind der Sturm, der ihn packte. Wie dumm,
sagte Jesaja. Gefahr für Juda war schon nah.

Der König von Assyrien eroberte die Welt.
Kein Gold, Jerusalem? Da war er sehr gereizt.
So gibst du mir dein *Blut!* Assyriens Heer marschierte.
Es überschwemmte schon ganz Kanaan.
Doch Juda harrte stolz und fest verschlossen.

Was macht sie nur so sicher, fragte ich grollend
Jesaja. Assyrien bringt uns alle um! Hör doch,
was rings um uns geschieht! – Sie traun auf Gott,
sagte Jesaja. Ich schüttelte den Kopf. Auf Gott
nicht, auf sich selbst – mit dummem, eitlem Stolz.

Du hast gesungen vor den falschen Leuten,
sagte Jesajas Frau, als wir bedrückt nach Hause
kamen. Wenn Juda Unheil droht, so müsst ihr es
dem König sagen. Ich lachte bitter. Der König
ist ja taub. Die Türen seines Hauses sind geschlossen.

Jesaja sah mich an. Für dich sind sie es wohl,
Micha aus Moreschet, sprach er, doch nicht für
einen so wie mich. Mag sein: Das ist der Grund,
dass Gott *mich* gesandt hat und nicht dich. Der
König wird mich hören, Micha, wenn ich will.

Ich sah auf meine nackten Füße und schämte
mich. Ein Ziegenhirt aus Moreschet. Herr,
sprach ich und verneigte mich. Tu deine
Arbeit. Ich will dich nicht mehr behindern.
Micha, rief Jesaja und hielt mich fest.

Ich wollte dich nicht kränken. Du weißt:
Meine Arbeit kann ich ohne dich nicht tun.
Das Lied vom Sturz des Königs – Gott hat es
dir gegeben und nicht mir. Komm, Micha,
begleite mich. Ich öffne uns beiden die Türen.

Jesajas Frau hat über uns gelacht. So sorgsam
machten wir uns fein, bevor wir vor den König
traten! Jesaja gab mir einen seidnen Mantel und
Schuhe aus edlem Leder. Die Köpfe müsst ihr
vorbereiten, sprach sie, nicht eure Körper.

Dann endlich warn wir im Palast des Königs.
Der König, er war groß und dick und er trug
Seide so wie ich. Er las wohl meinen Blick.
Salomos Mantel ist nicht mehr modern,
erklärte er. Ich aber gehe mit der Mode.

Er ließ uns Süßigkeiten bringen. Er sprach zu
uns als Freund. Seltsam jedoch: Er fragte nicht,
was wir zu sagen hatten. Ich stieß Jesaja an.
Dein Lied! Jesaja lächelte und sprach
belanglos weiter. Hatte er alles vergessen?

Dann kam ein magerer, ängstlicher Diener.
Vor dem König warf er sich zu Boden: Verzeih!
Warum störst du?, fragte der König. Der kleine
Prinz, stammelte er, hat sich gestoßen und er weint.
Der König grollte und trat nach dem Diener.

Befahl ich dir nicht, auf ihn aufzupassen? –
Fort, pack dich! Zurück in dein Dorf. Da flehte
ihn der Diener an. Schluss, schrie der König.
Sonst sperr ich dich ein! Der Diener floh zitternd.
Sein Blick, schien mir, lag anklagend auf mir.

Mir aber fiel die alte Sache ein: Der Reiche und
das kranke Kind. Das hat man davon, sagte
der König: Dorfleute sind einfach zu allem
zu dumm. – Ich warf den seidenen Mantel
weg. Weit flogen die ledernen Schuhe.

Sieh!, rief ich laut. Auch ich bin so ein Dummer
aus dem Dorf! Und doch weiß ich, was du
nicht weißt: Reich oder arm – vor Gott sind alle
gleich! Und zu Jesaja sagte ich: Jetzt sperrt er
mich natürlich ein. Na und? Ich habe Recht!

König, sagte Jesaja und machte mir ein Zeichen: Sei still! Verzeih meinem Diener. Er meint es nicht so. Ich meine es ernst, wollte ich sagen. Aber Jesaja hatte die Harfe im Arm. Er sang sein Lied von dem Sturz des Königs.

Der König warf das Tischchen um, auf dem die Süßigkeiten standen. Was sagst du mir mit diesem Lied?, fuhr er Jesaja an. Wer bin ich denn? Sturm oder Stern? – Assyrien ist stark, entgegnete Jesaja. Ich sehe nicht, warum es uns verschonen sollte.

Weil Gott mit uns ist, sprach der König, und nicht mit diesen gottverfluchten Fremden. – Bist du so sicher?, fragte ich. Jesaja hob die Hand. *Sei still.* Ich sehe nichts, fuhr er dann fort, was Gott an uns gefallen kann. Wie soll er uns erkennen?

Sieht er den Schmuck der Frauen an, die Schminke und die Farben, sieht er die Türen fest verschlossen – die Armen aber draußen in den Gassen, so glaubt er nicht, dass wir es sind, die Kinder, die er liebt. Und Opferfeuer blenden ihn. Er sieht nicht mehr so gut.

Er hört das Prahlen und die harten Worte, die Große gegen Diener sagen. Sie stopfen ihm die Ohren zu. Er sieht, wie seine Boten vergebens an die Türen klopfen. Sie finden kein Willkommen. Betrübt schließt er die Augen. Da übersieht er unsre Not.

Der König wurde blass. Den Honig spie er aus. Er riss den seidnen Mantel ab, ging barfuß, so wie ich. Jesaja, sagte er, wenn es so ist, wie du es sagst, dann müssen wir uns ändern! Wir stehen sonst allein im Kampf und müssen unterliegen.

Als Erstes hole deinen Diener wieder, verlangte ich. Denn er verdiente keine Strafe, nur weil dein Sohn so launisch ist. Sei still, winkte Jesaja mir. Der König aber sah mich an und nickte. Und dann, sprach er, tun wir die Tore auf und es gibt Brot für alle.

Als wir am Abend durch die Straßen gingen, liefen des Königs Herolde von Haus zu Haus und sagten allen Reichen: Tut eure Türen auf. Gebt Raum für Witwen und für Waisen. Dass Davids Gott uns wiederkennt, die Kinder, die er liebt.

Jerusalem kehrt um und ändert sich, Gott zu Gefallen

Jerusalem veränderte sein Angesicht. Da schwanden Schmuck und Schminke und allzu farbenreiche Kleider. Die Großen und die Reichen gingen wie einst das Volk in öder Wüste: in einfachen und groben Kleidern, und immer mehr auch ohne Schuhe.

Die Türen der Häuser standen offen. In Gassen konnte man Arme und Reiche einander begegnen sehen. Sie sprachen miteinander und fanden voll Staunen: Sie hatten noch immer eine gemeinsame Sprache! Sie sangen die gleichen Lieder.

Ganz Jerusalem lobte Gott. Sie schrien zu Gott auf den Plätzen und Straßen, und täglich von Morgen bis Abend im Tempel. Sieh uns doch an, so riefen sie. Sieh unser Elend! Sieh: Unter Schminke und Schmuck sind wir noch immer dieselben!

Es reicht nicht, sagte der König einmal zu mir. Flüchtlinge kamen aus allen Städten von Juda. Dort war Assyriens Heer schon gewesen. Es reicht nicht, Micha. Was können wir sonst noch tun, damit Gott uns wieder nahe kommt?

Du weißt, was Gott will und was euch gut tut, sagte ich nur. Lebt nach Moses Geboten. Lebt in der Liebe und traut auf Gott. Jesaja aber war bei den Flüchtlingen und gab ihnen Trost. Ich sehe Licht nach dem Dunkel, verkündigte er.

Es ist dir gesagt, Mensch,
was gut ist und was der Herr
von dir fordert,
nämlich Gottes Wort halten und
Liebe üben und demütig sein
vor deinem Gott.

Micha 6, Vers 8

Das Volk, das im Dunklen wandelt,
sieht ein großes Licht, und über
denen, die da wohnen im finstern
Lande, scheint es hell.

Jesaja 9, Vers 1

Jerusalem droht große Gefahr

Trotz allem: Assyriens König kam! Wir sahen sein Heer in der Ferne. Wir standen auf Jerusalems Mauern und sahen's wirbeln wie Staub. Wie Körner von Staub war ihre Zahl, wie Tropfen im Meer. Da schlossen wir alle Tore.

Jesaja sah bitter und traurig aus. Glaubst du noch immer: Assyriens König wäre von Gott gesandt als Wirbelwind, Micha von Moreschet?, fragte er müde. Die Angst vor ihm hat viel bewirkt, entgegnete ich und wies auf die Stadt.

Dummkopf vom Dorf, rief da Jesaja und spuckte vor mir aus. Zählst du die Toten, die Assyriens Wege säumen? Arme wie Reiche, Alt und Jung? Zählst du die Tränen der Kinder, die Schmerzen der Frauen? Und wagst zu sagen: So will es Gott?

Ich fürchtete mich vor ihm und ließ ihn stehen. Da kam Bewegung in das Heer. Wir sahen eine kleine Schar, die sich zum Reden unsern Mauern näherte. Und unsre Großen traten vor zu hören, was sie wollten. Jesaja stand beim König.

Der Heerführer Assyriens rief laut unter der Mauer: Zion, öffne deine Tore! Nichts rettet dich vor uns – auch nicht dein Gott! Und unser Hauptmann rief: Sprich leiser! Es muss dich doch nicht jeder hören! Der fremde Hauptmann lachte.

Sie sollen's hören und entscheiden, wenn euer König die Entscheidung scheut. Sie sollen wissen, wie es steht: Auf *unsrer* Seite ist jetzt euer Gott! Er selbst sagt euch: Öffnet die Tore. Denn ihr verdient Besuch von einem Wirbelwind.

Die Leute auf den Mauern schrien. Weh! Alle
Umkehr war zu spät! So wollen wir die Tore
öffnen. Wir folgen Gott und seinem Wort.
Vielleicht, wenn wir gehorsam sind, wird uns
Assyriens König gnädig sein. Und ich?

Mich traf es wie ein Schlag. Assyriens
Unterhändler sagte ja, was ich schon lange
glaubte. Doch als er's sagte, war es falsch.
Auf einmal sah ich Blut an seinen Händen
und auf dem ganzen Heer Assyriens.

Der König von Assyrien ist nicht der Rechte,
die Tore meiner Stadt Jerusalem zu öffnen,
so sprach in meinem Kopf die Stimme, die
niemandem gehören konnte als nur Gott.
Jesaja, rief ich laut und ängstlich. Rede du!

Auf, rief bereits Jerusalem. Befiehl es, König,
und wir öffnen unsre Tore. Nein, rief Jesaja
endlich. Das dürfen wir nicht tun! Assyriens
König ist ein Mörder und ein Lügner, nicht von
Gott. Wir heißen ihn niemals willkommen!

Aber, Jesaja, riefen die Leute, er bringt uns
alle um. – Fürchtet euch nicht!, rief da Jesaja.
Denn in den letzten Tagen hat Gott euch wieder
angesehen. Und spricht zu euch: Ich kenne
euch. Für dieses eine Mal: Lasst alle Türen zu!

Der König hob den Kopf und richtete sich auf.
Und dann befahl er klar: Die Tore bleiben zu!
Der fremde Hauptmann fluchte. Er drohte uns:
Das tut euch Leid. Wir aber sangen Gottes Lob
und flohen in die Burg, gemeinsam, Arm und Reich.

Da sprach ich ein Gebet: Mein Gott, du wolltest,
dass Jesaja den Großen sagt: Kehrt um. Und sieh,
er hat es gut gemacht, ein wenig auch mit
meiner Hilfe. Doch alle Mühe wär umsonst,
wenn wir nun heute Nacht noch sterben müssen …

Assyriens König zieht heim

Die Nacht verging. Der Morgen kam. Wir waren noch am Leben. Und als wir von der Mauer sahen, da war nur Leere um uns her. Das Heer Assyriens, vom Erdboden verschluckt! Ein Wunder, riefen alle Leute. Das hat Gott selbst für uns getan.

Wir hoben jubelnd unsre Arme. Wir öffneten die Türen und feierten ein Fest. Arme und Reiche, Klein und Groß. Es war so wie mein dummer, alter Traum. Der König ließ uns Wein und Speisen bringen. Zu Gott im Himmel klang sein Lob.

Ich aber saß allein und ich sprach lange ernst mit Gott. Verzeih, dass ich nicht glauben wollte. Du liebst das Leben, nicht den Tod. Du redest lieber als zu strafen. Und wählst zu Boten deiner Worte die größten *Dummköpfe* aus Stadt und Land.

Als ich dann aufsah, stand Jesaja vor mir, Eile-Beute-Raube-Bald an seiner Hand. Er hat jetzt einen neuen Namen, sprach Jesaja. Er heißt jetzt Gott-mit-uns. Ich wollte gar nicht mit ihm reden. Doch diese Nachricht ließ mich fragen.

Bist du jetzt frei und nicht mehr Gottes Bote? Oh doch, sagte Jesaja, mehr denn je. Du glaubst doch nicht, dass dieses Wunder bleibt? Assyriens Heer wird wiederkehren, es zog nur fort, weil schlimme Nachricht aus der Heimat kam.

Und wenn auch nicht: Wir müssen weiter mahnen. Dass ja nicht Juda wieder eitel wird und dann vergisst, wie viel es Gott verdankt. Ich weiß inzwischen, Judas König ist nicht stark. Erst kommt bei ihm die Mode, dann kommt Gott.

Wo ist solch ein Gott,
wie du bist, der die Sünde vergibt
und erlässt die Schuld denen,
die übrig geblieben sind von
seinem Erbteil; der an seinem
Zorn nicht ewig festhält,
denn er ist barmherzig!

Micha 7, Vers 18

Micha und Jesaja träumen von einem besseren König

Jesaja hatte gesagt: *Wir* müssen weiter mahnen.
Ich nicht, sprach ich, ich kehre heim nach Moreschet.
Du sagtest ja, ich bin ein Hirte und kein Seher.
Ich habe mich geirrt, sagte Jesaja schlicht. Und
ohne viel zu fragen, nahm er mich mit nach Haus.

Jesajas Frau begrüßte uns und sagte: Träumt ihr
wieder? Ja, sprach Jesaja, und weiter und größer
denn je. Dass es so bleibt, wie es jetzt ist?,
meinte ich zögernd. Dass Assyrien fern bleibt
und Gott nah. Und dass der König stärker wär …

Weiter und mehr, wiederholte Jesaja. Dass ewig
Frieden wär – und der König – ein viel besserer.
Da kam es auf einmal über mich wie Husten.
Und als ich den Mund öffnete, war es kein
Husten. Es waren nie gehörte, wunderbare Worte.

So spricht Gott, rief ich aus. Wie David kommt
ein neuer König, aus Bethlehem wie David. Ein
König, der nicht schlägt noch schreit. Ein Herr
des Friedens, der Gerechtigkeit und Milde. Und
ewig wird er herrschen. Und über alle Menschen.

Ja, rief Jesaja voller Leben. Und er wird
wunderbare Namen haben, noch schönre als
mein Sohn: Man nennt ihn Gottes eignes Kind,
freundlicher als David und weiser noch als
Salomo. Gesalbt mit Gottes heißen Tränen.

Jesaja nahm die Harfe. Er spielte still und sacht.
Sein Traum und mein Traum waren klar,
in jener Nacht in seinem Zimmer. Wir wussten
beide, was wir wollten, und würden es verkünden.
Wann aber, Gott, wann wird es wahr?

Und du, Bethlehem Efrata,
die du klein bist unter den Städten
in Juda, aus dir soll mir der
kommen, der in Israel Herr sei,
dessen Ausgang von Anfang und
von Ewigkeit her gewesen ist.

Er aber wird auftreten und weiden
in der Kraft des Herrn und in
der Macht des Namens des Herrn,
seines Gottes. Und sie werden
sicher wohnen.

Und er wird der Friede sein.

Micha 5, Verse 1 + 3a + 4

Denn uns ist ein Kind geboren,
ein Sohn ist uns gegeben,
und die Herrschaft ruht auf seiner
Schulter; und er heißt Wunder-Rat,
Gott-Held, Ewig-Vater, Friede-Fürst;
auf dass seine Herrschaft groß
werde und des Friedens kein
Ende auf dem Thron Davids und
in seinem Königreich, dass er's
stärke und stütze durch Recht und
Gerechtigkeit von nun an bis in
Ewigkeit. Solches wird tun der Eifer
des Herrn Zebaoth.

Jesaja 9, Verse 5 + 6

Jeremia: Tränen und Trost für Jerusalem

Hundert Jahre nach Jesaja sendet Gott einen neuen Propheten in Davids Stadt.
Und dies ist, was er sagte:

Höre, Juda, hört, ihr Kinder des Gottes,
der das Leben will und nicht den Tod:

was euch geschehen kann,
wenn ihr euren Vater verwechselt
und wenn ihr euch verirrt …

Der Bote Gottes ist einsam – trotz seiner Nähe zu Gott

Ich bin allein. Was nützt es, Recht zu haben?
Ich bin allein. Doch immerhin: Allein mit Gott.
Das ist mein Trost und meine Hoffnung und
auch der Sinn in allem, was ich tue.

Ich war allein, von Anfang an. Ein Kind, das
niemals spielen wollte, zu ernst, zu krank und,
wie man sagte: *anders.* Zum Priester ausersehen,
weil auch der Vater Priester war.

Ich war allein, weil meine Mutter starb und weil
mein Vater so in Sorge war um Gott und unser Land,
dass er nach mir nicht fragte. Ich hörte zu, wenn er
zu andern sprach, doch hab ich's nicht verstanden.

Und des Herrn Wort geschah zu mir:

Ich kannte dich, ehe ich dich im Mutterleib bereitete, und sonderte dich aus, ehe du von der Mutter geboren wurdest, und bestellte dich zum Propheten der Völker.

Jeremia 1, Verse 5 + 6

Ich war allein, bis eines Tages dann Gott selbst
zu mir gesprochen hat. Jeremia, rief Gott, hör mir zu!
Du bist nur äußerlich allein. Denn ich bin dir schon
nah gewesen, als du noch nicht geboren warst.

Ich war allein und hab auf dich gewartet, Jeremia.
Damit du rasch heranwächst und verkündest, wie
ich um meine Kinder bange. Denn sieh: Sie haben
mich verlassen und gehen furchtbar fehl.

Ich bin allein und bin zu jung, entgegnete ich Gott.
Doch nein, sprach Gott, denn ich will bei dir sein.
Ich sag dir, was du sagen sollst, und passe auf dich
auf. Ich mach dich fest wie Stein.

Ich war danach noch mehr allein. Denn was ich Gottes
Kindern sagen sollte, hat ihnen nicht gefallen. Kein
Freund hat mir je Mut gemacht und keine Frau hat
mich geliebt. Nun aber ist's ganz deutlich.

Ich allein, ich hatte immer Recht. Das Unheil ist herein-
gebrochen, gemäß den Worten, die ich mahnend sprach.
Jetzt schreib ich den Verlorenen Trost – und wieder
werden sie mich hassen.

Gott weiß allein, wie sehr ich leide und ob es Sinn hat
insgeheim. Vielleicht, dass ihr euch von mir warnen
lasst und seht: Ich hatte Recht – und, ganz vielleicht:
dass ihr mich lieb gewinnt?

Fürchte dich nicht vor ihnen.
Denn ich will bei dir sein
und will dich erretten, spricht
der Herr.

Jeremia 1, Vers 8

Das Märchen von der Blinden und der Tauben

Ich erzähle euch die Wahrheit,
die ich sprach, in Bildern,
wie in einem Märchen. Damit sie,
wie für Juda, dann auch für
alle andren Zeiten gilt.

Ein Mensch hatte zwei Töchter,
sie hießen Israel und Juda.
Er hatte beide so sehr lieb,
dass er sich sicher war: Nichts
konnte sie und ihn je trennen.

Er kaufte ihnen schöne Kleider
und baute auch ein festes
Haus. Er pflanzte einen bunten
Garten und Bäume gaben
Schatten ringsherum.

Die Töchter hatten kühles,
klares Wasser, zu löschen
ihren Durst, und Obst und
Brot, wann immer sie ein
wenig hungrig waren.

Er lud den Töchtern Gäste,
damit es niemals einsam war.
Sie spielten und sie sangen,
sie lachten und sie lernten,
was gut zu wissen war.

Israel hat Schuppen vor den Augen

Die Zeit verging. Da merkte
er, dass seine Töchter niemals
sicher waren. Die eine, Israel,
sah suchend oft die Gäste an
und fragte ratlos: Vater?

Wie kommt es, dass sie mich
verwechselt?, fragte er Juda
eines Tages. Sie sieht nicht gut,
sprach zu ihm Juda. Sie trägt ja
Schuppen vor den Augen.

Dann müssen wir sie besser
schützen, rief er und hatte Angst.
Was, wenn sie einst dem
Falschen traut und sagt zu
ihm: Mein lieber Vater?

Er ließ die besten Lehrer
kommen. Sie lehrten Israel
des Vaters Wort und Willen
zu erkennen. Denn darin
war er unverwechselbar.

Viele Gäste – viele Lehren. Die Blinde verkennt den Vater

Die Gäste aber sprachen viel
von ihren eignen Vätern.
Der eine war sehr streng,
der andre eher schwach.
Doch alle forderten Geschenke.

Den Vater recht beschenken,
ist eine hohe Kunst. Zu wenig
macht ihn zornig; doch gibst
du viel, gewährt er dir,
was immer du erbittest.

So sprachen alle Gäste. Da
wuchs in Israel die Sorge, was
denn *ihr* Vater von ihr wollte.
Er hatte nie ein Wort gesagt.
Und doch, was muss ich tun?

Das hätte sie ihn dringend gern
gefragt; doch wagte sie es nicht.
Am Ende war sie dumm vor Angst
und schlich sich aus dem Haus.
Blindlings lief sie davon.

Der Vater fand ihr Bett am
Morgen leer und konnte es
kaum glauben. Wer läuft denn
wohl davon, der alles hat,
ins Nichts und in Gefahr?

Vergebens rief er seine Israel.
Und nachts, im Traum, sah er
sie Hunger leiden und Durst
und Angst vor wilden Tieren.
Mein dummes, dummes Kind!

Juda will keine Lehren mehr. Sie verstopft sich die Ohren

Gib Acht, dass *du* mir meine
Liebe besser dankst, sagte
er oft zu Juda und lehrte sie,
wie vorher ihre Schwester,
sein Wort und seinen Willen.

Doch mit der Zeit war Juda
die Mahnungen des Vater
leid. Gib Ruhe, sagte sie.
Sie nahm sich Dattelkerne
und stopfte sie in ihre Ohren.

Sie blieb im Haus und schloss
die Tür. Und weil sie nicht
gut hören konnte, vernahm
sie bald kein Klopfen mehr,
wenn ihre Freunde kamen.

Und hörte auch nicht mehr
den Vater. Er stand oft ratlos
vor der Tür und konnte nicht
hinein. Und sah sie ihn, so
bat sie ihn um Gold.

Sie sprach: Das Leben ist so
blass geworden. Ich will
ein bessres, schönres Haus.
Sie baute und sie schmückte
und kam nicht mehr zur Ruhe.

Vergebens warnte sie der Vater:
Baust du zu hoch, so stürzt
es ein. Und denke dran: Vergiss
die Türen nicht. Am Ende, fürcht
ich, bist du ganz allein.

Die Taube verliert das Maß. Sie fällt dem Neid zum Opfer

Doch Juda hörte nicht auf
ihn; sie war viel zu beschäftigt.
Die Freunde blieben staunend
stehn und sagten: Ein schönres
Haus als dieses hat wohl keine.

Doch Juda hatte Angst vor
Staub und Wind und jagte sie
davon. Da waren sie gekränkt.
Das soll ihr Leid tun, sprachen
sie und bauten eine Falle.

Da lag ein Haufen Gold, drei
Schritte vor der Mauer. Von
Vater, dachte Juda und lief voll Freude
hin. Sie ahnte nicht die Grube,
die unterm Gold verborgen lag.

Der Vater sah die Falle, doch
zu spät: Gib Acht!, rief er. Du
fällst ja in die Grube! Doch Juda,
Steine in den Ohren, hörte nicht.
Sie fiel, bevor er helfen konnte.

Da packten grobe Hände Juda
und zerrten sie davon. Der
Vater rief nach ihr vergebens.
Das schöne Haus stand leer.
Im Garten trauerte der Vater.

Der Vater nimmt den Töchtern die Untreue übel

Lange Zeit ging es dem Vater
schlecht. Und alles Rufen
blieb vergeblich, so dass er
schließlich schwieg. Sie haben
meine Liebe nicht verdient.

So sagte er sich trotzig. Wie
können sie die Fülle von sich
weisen, die ich aus lauter Liebe
gab? Ich sollte nicht mehr traurig
sein. Ich sollte sie vergessen.

Als er nun so den Zorn im Herzen
nährte, da spürte er es umso mehr:
Er liebte sie. Sie waren sein.
Was, wenn sie sich nicht helfen
können?, fiel ihm am Ende ein.

Er dachte an die Schuppen,
die Israel die Augen trübten,
entsann sich Judas, dass sie
immer schlechter hörte. Ob
das des Rätsels Lösung war?

Sie kämen, wenn sie könnten?
Doch leider schafften sie es
nicht? Dann aber darf ich
doch nicht zürnen. Zu helfen
täte not – doch wie?

Denn ich weiß wohl,
was ich für Gedanken
über euch habe,
spricht der Herr:
Gedanken des Friedens
und nicht des Leids,
dass ich euch gebe
Zukunft und Hoffnung.

Jeremia 29, Vers 11

Der Vater sendet einen Trostbrief an die Töchter

Nun ist es aber so: Der Vater
kann sein Haus nicht jederzeit
verlassen. Er muss es hüten,
muss sich rüsten, muss viel
bedenken, eh er geht.

Und fürchtete: Bis alles dies
geschehen ist, ist es vielleicht
zu spät. Da schrieb er einen
Brief und suchte einen Boten.
Der Auftrag war nicht leicht.

Geh, suche meine Töchter.
Sie haben mich verwechselt
und haben sich verirrt. Ich will,
dass sie nach Hause kommen.
Ich bin nicht länger gram.

Ich fürchte, es wird schwer
sein, sie zu finden. Sie sitzen
wohl in Dunkelheit. Sie
hungern wohl und dürsten.
Mag sein, sie sind verletzt.

Und dann, mein Bote, hüte dich:
Mag sein, dass sie dich nicht
erkennen. Die eine nämlich
kann kaum sehen, der andern
ist das Ohr verstopft.

Wenn sie dich schmähen
und verletzen, lass sie los.
Gib ihnen aber meinen Brief.
So werden sie am Ende sehen:
Die Rettung ist schon nah.

Der Brief des Vaters ist ein Liebesbrief

Herr, sprach der Bote. Den
Auftrag will ich gern erfüllen
und trage auch das Risiko. Doch
eines muss ich vorher fragen:
Was steht denn in dem Brief?

Da steht, sagte der Vater, dass
ich sie immer, immer lieb
behalte. Selbst wenn sie
mich betrüben. Und dass,
wenn sie nicht kommen,

am Ende auch ich selbst
mein Haus verlassen will
und geh ihnen entgegen.
Damit durch meine große Liebe
die Liebe auch zu ihnen dringt.

So spricht der Herr:

Ich habe dich je und je
geliebt; darum habe ich
dich zu mir gezogen
aus lauter Güte.

Jeremia 31, Vers 3

Der Bote Gottes findet Mut in Gottes Botschaft

Ich war allein wie dieser Bote – ich war ja *er* und er war *ich* – und habe diesen Brief noch in der Tasche. Schwer ist die Suche der verlornen Töchter, gefahrenvoll und mühsam, ganz so, wie es der Vater sagte.

Juda ist allein in Babylon, seit Babels König Juda überrannte. Er brachte alle Großen in Juda und Jerusalem nach Osten, fern der Heimat Kanaan. Dort leben sie nun trauernd als Verbannte. Und Israel ist lange schon zerstreut.

Ich bin allein, doch werde ich die Töchter finden. Ich eile, fliege mit den Winden, ich bin ja hart wie Stein und nichts und niemand kann mir schaden. Wenn sie auch spotten und mich schlagen: Der Brief findet sein Ziel.

In Wahrheit bin niemals ganz allein, solang ich diese guten Worte trage. Bis ich die Töchter finde und den Brief in ihre Hände lege, les ich ihn selbst und freu mich dran. Und les ihn gern für alle Welt. Er ist ja groß genug.

Wie Micha und Jesaja, so träumte auch Jeremia von einer friedlicheren Welt und einem gerechten, freundlichen König:

Wie David kommt ein neuer König, wie David
und noch besser. Ein König, der nicht schlägt noch schreit.
Ein Herr des Friedens, der Gerechtigkeit und Milde.
Und ewig wird er herrschen. Und über alle Welt.

Siehe, es kommt die Zeit, spricht der Herr,
dass ich dem David einen gerechten Spross
erwecken will.
Der soll König sein, der wohl regieren und
Recht und Gerechtigkeit im Lande üben wird.
Zu seiner Zeit soll Juda geholfen werden
und Israel sicher wohnen.
Und dies wird sein Name sein, mit dem man
ihn nennen wird:
Der Herr unsere Gerechtigkeit.

Jeremia 23, Verse 5 + 6

Ezechiel: Grenzenlose Enttäuschung und übermenschliche Hoffnung

Ezechiel hat Jeremia nicht gekannt.
Aber das Märchen von dem Vater und der blinden
und der tauben Tochter, das hat er neu erzählt, und, glaub mir:
So wie Ezechiel erzählt,
habe ich mit den Töchtern überhaupt kein Mitleid – du?

Von fern betrachtet sieht man manches klarer. Ich war zwar nicht dabei, als der Vater den Töchtern das Haus baute und einen Garten pflanzte. Aber er ließ es mich sehen. Von oben.

Es war ein schönes Haus und ein prächtiger Garten. Ströme von Wasser erweckten das Ganze zum Leben. Eine Mauer gab Geborgenheit gegen manch bösen Sturm von außen.

Am besten war der Vater selbst. Wie lieb er zu den Kindern war, ganz unglaublich geduldig! Sie hatten, dacht ich, keine Wahl, als immer nur: ihn lieben von Herzen.

Da ließ der Vater mich in ihre Herzen schauen. Das hat mich sehr erschreckt. So wohl gelungen sie auch schienen, es war nur ihre Schale. Ich aber sah den faulen Kern, tief innen.

Da führte mich der Geist fort zwischen Himmel und Erde und brachte mich nach Jerusalem in göttlichen Gesichten zu dem Eingang des inneren Tores, das gegen Norden liegt, wo ein Bild stand zum Ärgernis für den Herrn. … Und er sprach zu mir: Du Menschenkind, siehst du auch, was diese tun?

Ezechiel 8, Verse 3b + 6a

Israel hat ein unruhiges Herz

Israel war ein hübsches, aber dummes Mädchen, unheilbar blind für all das Gute, mit dem der Vater sie umgab. Sie richtete den Blick in weite Ferne. Ich weiß, sprach sie: Das Gute liegt da draußen.

Sie war mit ihrem Vater nicht zufrieden. Sie hielt sich gern an fremde Väter. Sie kochte ihnen Tee und backte ihnen Kekse. Sie malte sie und trug die Bilder dann an Ketten um den Hals, am Herzen.

Der Vater fragte sie: Was tust du? Willst du denn nicht mich allein so lieben wie ich dich? Ich könnte viel versäumen, sagte sie. Das Nahe langweilt mich. Und darum such ich in der Ferne.

Das siehst du falsch, sprach da der Vater. Die Fremden lieben dich ja nicht. Sie lassen sich von dir bedienen. Doch geht's dir schlecht, so werden sie nicht helfen. Sie jagen dich davon.

Israel erkannte nicht, dass er sich ehrlich sorgte. Du bist ja eifersüchtig! Sie lachte ihren Vater aus. Sie scheute sich nicht mehr und trug die fremden Bilder nun offen auch zur Schau.

Mädchen, sagte da der Vater. Es fiel ihm gar nicht leicht. Du musst dich jetzt entscheiden. Sei mein oder geh fort. Die Bilder dieser fremden Väter ertrag ich nicht in meinem Haus.

Und als der neue Morgen kam, da war das Mädchen weg. Sie hatte alles eingepackt, was sie vom Vater je bekommen hatte, und nahm es mit sich fort. Und ließ ihm nicht mal Dank zurück.

Du nahmst auch dein schönes Geschmeide, das ich dir von meinem Gold und Silber gegeben hatte, und machtest dir Götzenbilder daraus …

Ezechiel 16, Vers 17

Juda hat ein hartes Herz

Juda war ein kluges, aber kaltes Mädchen, unheilbar taub für alle Bitten, was sie besaß, zu teilen. Sie blieb und sammelte für sich, was ihr gehörte und zuvor der Schwester.

Der Vater lud gern Gäste ein, auch Freunde für die Kinder. Mit Juda gab es immer Streit. Sie wollte zwar Geschenke haben, doch gab sie nie etwas zurück. Da wurden Freunde selten.

Du machst dir Feinde rings umher, warnte der Vater Juda. Wenn du nur nimmst, nicht gibst, wird niemand zu dir halten. Kann sein, sie plündern unser Haus und nehmen dich gefangen.

Juda hörte nicht, dass er sich ehrlich sorgte. Du neidest mir wohl meine Schätze! Sie schlug die Warnung in den Wind. Der letzten Freundin stahl sie Schmuck und warf sie dann hinaus.

Mädchen, sagte der Vater da. Ich will dich nicht verlieren. Gib nur die Beute rasch zurück. Sonst wird man dich bestrafen. Doch Juda wollte ihn nicht hören. Sie verstopfte sich die Ohren.

Und als der neue Morgen kam, da war das Mädchen fort.
Die Freundin hatte sie entführt. Und ihre Schätze mitgenommen.
Von Juda gab es keine Spur. Ob sie verloren war?
Am Ende sogar tot?

Siehe, das war die Schuld deiner Schwester Sodom:
Hoffart und alles in Fülle und sichere Ruhe hatte sie mit ihren Töchtern; aber den Armen und Elenden halfen sie nicht, sondern waren stolz …

Ezechiel 16, Verse 49 + 50a

Gott gibt nicht auf

Das, sagte Gott zu mir, ist die Geschichte meiner Töchter. Nun sage mir: Was soll ich tun? Freu dich, sprach ich. Sie haben die verdiente Strafe. Du hast genug getan für sie.

Und doch, sprach Gott, so Recht du hast: Das ist nicht meine Art. Ich strafe nicht, ich rede lieber. Könnt es nicht doch noch Rettung geben? Du, Menschenkind, lauf ihnen nach, da draußen.

Ach Gott, wozu denn nur? Sie werden lachen oder zürnen. Wo du nicht überzeugtest, wie dann ich? Nimm meine Worte, sagte Gott, und iss sie auf. Schluck sie hinunter, nimm sie in dich auf.

Und wehe, fuhr Gott fort: Du sagst sie nicht der einen wie der andern. Sie sollen noch einmal entscheiden, ob sie nicht doch zu mir gehören. Sagen sie ja, sind sie willkommen, wenn nein: Vorbei.

Ich mache *dich* verantwortlich, sprach Gott zu mir. Nicht dafür, wie sie sich entscheiden. Doch dafür, dass mein Wort zu ihnen dringt. Das, Menschenkind, ist deine Arbeit. Ich rate dir: Mach's gut.

Was ist's? Was soll ich essen und was zu deinen Töchtern bringen, so fragte ich. Ich wollte nicht, er aber ließ mir keine Wahl. Zwei Dinge, sagte Gott. Die Warnung erst und dann die Hoffnung.

So wahr ich lebe, spricht Gott der Herr: Ich habe kein Gefallen am Tod des Gottlosen, sondern dass der Gottlose umkehre von seinem Weg und lebe.

So kehrt nun um von euren bösen Wegen. Warum wollt ihr sterben, ihr vom Hause Israel?

Ezechiel 33, Vers 11

Du Menschenkind, ich habe dich zum Wächter gesetzt über das Haus Israel. Du wirst aus meinem Mund das Wort hören und sollst sie in meinem Namen warnen.

Ezechiel 3, Vers 17

Gott warnt und verheißt Rettung

Du, Menschenkind, warne meine Töchter vor dem, was dem König von Tyrus geschah. Er war ein Bild von einem Fürsten, schön und reich, glänzend geschmückt mit Weisheit und Gerechtigkeit.

Da aber sprach er zu sich selbst: Wie bin ich schön, wie bin ich reich! Hat Freund und Feind verachtet. Da haben seine Freunde ihn verlassen. Die Feinde aber griffen an und warfen ihn zu Boden.

Da liegt er nun und kommt nicht wieder hoch. Die Freunde und die Feinde weiden sich an seiner Not. Und niemand reicht ihm eine Hand. Er hat durch seinem Stolz sein Leben selbst kaputt gemacht.

Gott, sagte ich, als ich das hörte, du solltest noch ein wenig weiter reden. Sag deinen Töchtern auch: Genauso wie den Herrn von Tyrus wirst du auch sie, wenn sie nicht hören, zu Boden schlagen.

Menschenkind, hast du nicht zugehört? Nicht ich, sprach Gott, schlug Tyrus' König. Er richtete sich selbst zugrunde – wie Juda. Doch jetzt nimm auf, was niemand glaubt: Es gibt noch Hoffnung *nach* dem Tod.

Du, Menschenkind, sag meinen Töchtern: Es ist niemals zu spät. Wenn sie nur umkehren wollen: Ich hole sie von überall zurück. Wenn sie in ferne Länder vor mir flohen oder ans Meer ganz außen,

wenn sie zum Himmel aufgestiegen sind oder hinab in eine dunkle Höhle: Sie mögen fliegen oder laufen – ich kann sie wieder finden. Und sind sie tot und nur ein Haufen Knochen – ich mache alles neu.

Ich will das Verlorene wieder suchen
und das Verirrte zurückbringen
und das Verwundete verbinden und
das Schwache stärken und,
was fett und stark ist, behüten;
ich will sie weiden, wie es recht ist.

Ezechiel 34, Vers 16

Verzeih mir, Gott, doch wie soll ich das glauben? Wie soll ein Mensch zurückkehrn in sein Leben, wenn ihm der Körper schon zerfallen ist? Sieh her, sprach Gott und zeigte mir ein Bild: Ein Feld voll von Gerippen.

Was ist der Mensch?, fragte er mich. Knochen, Sehnen, Fleisch, so sagte ich. Und ohne Fleisch und Sehnen geht es nicht. Die kann ich leicht ergänzen, sprach Gott. Das Wichtigste hast du vergessen.

Was meinst du, Gott?, fragte ich nach. Denk, sagte Gott, an meine Schöpfung. Da formte ich den Menschenmann aus ganz normaler Erde. Wie kam das Leben in den Mann? Da wusst ich es: dein Atem!

Mein Atem ist's, sprach Gott, der Leben schafft. Und was ich kann mit Erde, das kann ich auch mit Schädeln. Ich will: Die Toten sollen leben. Und sieh, so wird's geschehen. Wenn nur auch meine Töchter wollen.

Gott, sagte ich: Was, wenn du sie zurückgewonnen hast? Werden sie nicht die gleichen Fehler machen? Die eine blind, die andre taub? Ach nein, sprach Gott, das will ich nicht. Mein Atem macht sie neu.

Wie Jesaja, Micha und Jeremia, träumte auch Ezechiel
von einer friedlicheren Welt und einem gerechten, freundlichen König:

Wie David kommt ein neuer König, wie David
und noch besser. Ein König, der nicht schlägt noch schreit.
Ein Herr des Friedens, der Gerechtigkeit und Milde.
Und ewig wird er herrschen. Und über alle Welt.

So spricht der Herr:

Und ich will ihnen einen einzigen Hirten erwecken,
der sie weiden soll, nämlich meinen Knecht David.
Der wird sie weiden und soll ihr Hirte sein,
und ich, der Herr, will ihr Gott sein, aber mein Knecht
David soll der Fürst unter ihnen sein.
Das sage ich, der Herr.

Ezechiel 34, Verse 23 + 24

Der zweite Jesaja: Die Rückkehr und der Weg nach vorn

Es dauert nochmals hundert Jahre, bis Juda und Israel
in der Fremde wiedergefunden werden.
Sie werden befreit und kehren zurück, so wie es ihr Vater wollte.
Äußerlich ist es der Perserkönig Kyros, der den Verlorenen
die Heimkehr erlaubt.
Für die aber, die die Geschichte von dem Vater und seinen Töchtern
kennen, ist es der Vater selbst, der sie heim holt:

Er, der spricht: *Ich bin, der ich bin, und ich bin für euch da.*

Am Ufer eines fremden Flusses sitzt Israel und weint.
Am Ufer eines fremden Flusses sitzt Israel und sehnt sich heim.
Wie war ich glücklich und hab's nicht gewusst!

Mein Vater hat mich lieb gehabt,
ich aber fürchtete, er will mich fangen
mit seinem Haus und seinem Garten
und seinem Zaun aus Liebe.

Mein Vater hat mich lieb gehabt,
ich aber irrte fort und fand nicht mehr zurück.
Am Anfang hab ich's nicht versucht,
nun ist der Weg versperrt.

Am Ufer eines fremden Flusses sitzt Juda auch und weint.
Am Ufer eines fremden Flusses sitzt Juda und sie sehnt sich heim.
Wie war ich glücklich und hab's nicht gewusst!

Mein Vater hat mich lieb gehabt,
ich aber glaubte, das ist nicht genug.
Kleider und Schmuck hielt ich für wichtiger
als das Geschenk der Vaterliebe.

Mein Vater hat mich lieb gehabt,
ich aber reizte meine Feinde, bis sie mich fingen.
Sie halten mich hier fest. Ich komm nicht frei.
Sie wollen: Ich soll singen.

An den Wassern zu Babel
saßen wir und weinten,
wenn wir an Zion dachten.
Unsere Harfen hängten wir
an die Weiden dort im Lande.
Denn die uns gefangen hielten,
hießen uns dort singen
und in unserm Heulen fröhlich sein:
„Singt uns ein Lied von Zion!"
Wie könnten wir des Herrn Lied
singen in einem fremden Land?

Psalm 137, Verse 1 bis 4

Gott spendet seinen verlorenen Kindern Trost und macht ihnen Mut

Ich will die Tränen von euren Gesichtern wischen, spricht Gott, euer Vater. Endlich, endlich seid ihr gefunden. Was seid ihr so ängstlich und scheu? Glaubt ihr denn: Meine Liebe sei vergangen, so wie die Blume auf dem Feld verwelkt oder wie Gras, das verdorrt, wenn kein Regen fällt?

Nein, meine Kinder, die ihr mich groß und mächtig nennt: Groß und mächtig ist meine Liebe und niemals will ich euch vergessen. Seht: Eine kleine Weile war ich euch fern. Ihr wart zu blind und zu taub, mich zu suchen. Aber das ist vorbei und soll nie mehr geschehen. Traut meinem Wort!

Mein Wort ist wie Regen. Es fällt nicht ohne Wirkung zu Boden. Sondern wie der Regen die Erde feuchtet und frisches Gras sprießen lässt, so bringt mein Wort Werke hervor, wie ich es sage und will. Wisst ihr nicht, die ihr mich Schöpfer nennt: Ich sprach – und es war. So wird es sein.

Meine liebe Israel, spricht Gott, dein Vater: Du weinst und du sagst: Du findest den Weg nicht nach Hause? Du sagst, er ist weit und krumm und voller Hindernisse? Du sagst, da sei Wüste und Wildnis? Und Berge türmten sich dir in den Weg? Hab keine Angst: Das alles soll dich nicht hindern.

Tröstet, tröstet mein Volk!, spricht euer Gott.

Jesaja 40, Vers 1

Ich habe dich einen kleinen Augenblick verlassen, aber mit großer Barmherzigkeit will ich dich sammeln. Ich habe mein Angesicht im Augenblick des Zorns ein wenig vor dir verborgen, aber mit ewiger Gnade will ich mich deiner erbarmen, spricht dein Erlöser.

Jesaja 54, Verse 7 + 8

So spricht dein Vater, den du mächtig nennst: In der Wüste lasse ich's regnen und in der Wildnis pflanze ich Wein. Berge sollen weichen und Täler sich heben. Ich bahne einen Weg, eben und gut. Eine Wolke des Tags und ein Feuer des Nachts führen beständig ans Ziel. Denn Israel, meine Tochter, kehrt heim.

Meine liebe Tochter Juda, spricht Gott, dein Vater: Du weinst und sagst: Du kannst deine Ketten nicht lösen? Die Tür sei zu und schwere Riegel davor? Du sagst, dein Bewacher lässt dich nicht los, und der dein Gefängnis bewacht, schläft nicht? Hab keine Angst: Das alles soll dich nicht hindern.

So spricht dein Vater, den du mächtig nennst: Die Ketten zerbrechen und die Riegel springen auf. Die schwerste Tür öffnet sich, wenn mein Geist sie von fern nur berührt. Und dein Bewacher wird dich ins Freie geleiten. Öffnet die Türen, ruft er. Die Tore sperrt auf! Denn Gott ruft Juda, seine Tochter.

Meine Kinder, spricht Gott, euer Vater. Wie schön, euch wieder lachen zu sehen, euch in die Arme zu nehmen und ins Haus zu geleiten. Ihr flüstert: Wir haben Fehler gemacht. Wir fürchten, wir machen sie wieder. Nein, meine Kinder! Sondern nehmt, was ich euch schenken will: ein neues, lebendiges Herz.

Ihr seht mich fragend an. Ja, wisst ihr's nicht? An eurer Blindheit, eurer Taubheit war euer altes Herz vor allem schuld. Es sagte euch, ihr müsstet suchen nach Ruhm und Reichtum, schönem Schein. Doch alles dies ist nur Verkleidung. Was wirklich zählt, sind Treue, Trauen und liebevolles Achten.

Fürchte dich nicht,
denn ich habe dich erlöst;
ich habe dich bei deinem
Namen gerufen;
du bist mein.

Wenn du durch Wasser gehst,
will ich bei dir sein, dass die
Ströme dich nicht ersäufen sollen;
und wenn du ins Feuer gehst,
sollst du nicht brennen, und die
Flamme soll dich nicht versengen.
Denn ich bin der Herr, dein Gott,
der Heilige Israels, dein Heiland.

Jesaja 43, Verse 1 bis 3a

Gott verspricht seinen Kindern einen Heiler und Hüter

Wisst ihr, was meine Boten hoffen, wenn sie von einem neuen David reden? Sie erhoffen weder Ruhm noch Reichtum noch einen neuen, prächtigeren Königsmantel. Sie hoffen nicht auf eine laute Stimme und nicht auf eine starke Hand. Sondern ersehnen einen Hirt und Heiler, der Liebe gäbe so wie ich.

Und diesen, meine Kinder, will ich bitten, dass er mir Haus und Garten hütet. Er soll an eurer Seite sein und auch die zarten Pflanzen pflegen. Einst bat ich Adam um den Dienst, doch er verließ mich bald. Der neue Hüter wird verharren. Er traut auf mich und ich auf ihn. Und er gewinnt euch lieb wie ich.

Meine Kinder, spricht Gott, euer Vater, seht ihr schon wieder ängstlich aus? Fürchtet ihr etwa: Mein Hüter wäre streng und hart? Er wäre euch ein Kerkermeister und ein Richter, ein Wächter und Auskundschafter? Ihr müsstet ihm dienen, euch unterwerfen? Das fürchtet nicht, meine Kinder.

Mein Hüter ist wie ich. Er reißt nichts aus, er lässt es wachsen. Und wenn es Unkraut ist – selbst Unkraut hat ja Blüten! Und wenn es nicht gedeiht, er wartet in Geduld und pflegt es. Mein Hüter ist wie ich. Er will das Leben, nicht den Tod. Euch schützt er, wenn es sein muss, mit dem Leben.

Ihr staunt und fragt, warum? Hört zu: Er tut's aus Mitleid. Das ist: wenn einer spürt, was einem andren fehlt. Und ist, der er ist, und ist dem andren nah. Vater!, ruft ihr. Das wärst ja du! Und wirklich, ihr habt Recht! Denn dieser Hüter, dem ich mein Haus und meine Kinder anvertraue, ist niemand anders als mein Herz.

Das geknickte Rohr wird er nicht zerbrechen, und den glimmenden Docht wird er nicht auslöschen. In Treue trägt er das Recht hinaus.

Jesaja 42, Vers 3

Ich bin der Erste und ich bin der Letzte und außer mir ist kein Gott.

Jesaja 44, Vers 6b

Daniel: Ein fremder König macht Bekanntschaft mit Gott

Ägypten, Assyrien, Babel – sie alle haben Israel und Juda bedrängt. Sie haben die Welt erobert und sind gefallen, einer durch den anderen. Dann kommt Persien und mit ihnen ein König, der sich für Gott hält: Darius.

Darius stellt sich vor

Ich bin ein ungewöhnlich kluger Mann.
Wen wundert's da, dass ich in Persien
König wurde? Das Reich ist riesig.
Nur Kluge können es verwalten;
Also ich, Darius, König und Gott.

Ich hatte Übersicht und einen Plan.
Ich sagte mir: Ein großes Reich
braucht viele treue Hände. So will
ich Stellvertreter wählen, die mir
das Reich verwalten helfen.

Ich wusste, welcher Mann mir treu
ist, welcher nicht. Ich wählte 120
gute Leute und sagte: Seid nun klug
und treu. Der König zählt auf euch.
Und wird euch auch belohnen.

Doch ahnte ich: Die Treusten sogar
könnten am Ende doch versagen.
So nahm ich außerdem noch drei
und machte sie zu ihren Fürsten.
Verwaltet die Verwalter!, sagte ich.

Daniel stellt sich vor

Ich heiße Daniel und bin hier falsch.
Ich wäre gern daheim in Juda. Doch
kam ich als Gefangener an diesen
Königshof. Ich dachte erst, ich müsste
sterben. Doch geht es mir erstaunlich gut.

Ich glaube, es ist Gottes Wille, dass ich
am Königshof willkommen bin. Gott
gibt zu allem, was ich tue, Segen.
Es ist mit mir so wie mit Josef, der in
Ägypten einst den Pharao verblüffte.

Der König Darius, ein kluger, aber eitler
Mann, schätzt mich und fragt mich oft
um Rat. Ich tue, was er sagt, und
halte still – wenn er mich nur nicht
zwingt, zu ihm zu sagen: Du mein Gott!

Darius nennt sich seit kurzem Gott. Man
betet ihn hier an! Das ist ein dummer,
böser Brauch – kein Mensch kann jemals
göttlich sein! Ich halte fest an meinem
Gott; den soll mir keiner nehmen!

Darius will Gott sein

Als das geregelt war, ließ ich mich feiern. Ich bin ein wirklich kluger Mann! Ich rief: Ich, Darius, bin euer Gott. Einen andren Gott müsst ihr nicht suchen. Denn keiner ist so klug wie ich.

Sie haben sich alle verneigt, ganz tief bis auf den Boden. Nur einer nicht, der blieb stocksteif. Und ich erkannte Daniel. Ich konnte ihm nicht böse sein. Er war mein bester Fürst.

Ich winkte Daniel zu mir und fragte ihn vor allen Leuten: Wie kann ein kluger Mann wie du der Klugheit den Respekt verweigern? Und mir, dem du dein hohes Amt verdankst?

Das bin ja ich, rief ich, als Daniel mir sagte, sein Gott sei der, der ihn am Leben hält. Ich hab dein Leben in den Händen! Befehle ich's, wird man dich noch diese Stunde töten!

Was ich ihm drohte, war nicht ernst gemeint. Ich wollte diesen Mann nicht missen. Und doch, mein ich: Er hätte ängstlich werden müssen. Doch nichts! Nur Trotz! Da winkte ich ihm: Geh!

Daniel erzählt von Gott

Darius gab mir den Titel Fürst, Verwalter der Verwalter. Das ist viel Arbeit und viel Ehre. Vor Freude über seine gute Ordnung befahl er dann ein Fest. Und rief: Ich bin allein nun Gott!

Als alle andern sich vor Darius verneigten als ihrem König, ihrem Gott, da blieb ich stehen und betete zu *meinem* wahren Gott. Und merkte schon: O weh! Der König hat's gesehen!

Herr, sagte ich, als er Respekt von mir verlangte. Ich ehre dich als meinen König. Als *Gott* aber nur den, der mich zum Leben weckte und nun mein Leben in den Händen hält.

Wie kann ein kluger Mann wie Darius sich nur so furchtbar irren! Weil er mich töten lassen kann, glaubt er, er sei ein Gott! Mein Gott, sprach ich, ist Gott, der Leben will, und nicht den Tod.

Ich wusste gleich: Ich hatte Darius verärgert. Doch hielt er an mir fest. Ich dankte ihm, als er mich gehen ließ. Und spürte doch Gefahr. Die andren Fürsten sahen mich mit bösen Augen an.

Darius geht zu weit

Am Tag nach jenem Fest erschienen die Verwalter vor mir mit einem Plan. Du, mein Gott, sprach einer, wir haben überlegt: Du darfst von nun an keine andren Götter mehr dulden neben dir.

Ich nickte ihnen huldvoll zu. Sie hatten mich verstanden! Und hatten ein Gesetz verfasst, das ich mit Freude unterschrieb: Wer einen Gott anbetet außer Darius, soll in der Löwengrube sterben!

Es dauerte nicht lange, da brachten sie mir einen, der das Gesetz gebrochen hatte. Er betet heimlich, in der Kammer, so sagten die Verwalter. Doch nicht zu dir, mein Gott, zu einem Fremden.

Ich gebe zu: Als ich dann sah, wer der Ertappte war, hab ich mich sehr erschreckt. Mein bester, klügster Mann! Ich wollte ihn nicht missen. Daniel, rief ich. Du machst mir Ärger. Und alles bloß aus Trotz!

Du sagtest: Dein Gott liebt das Leben, rief ich. Nun aber wirst du für ihn sterben!

Daniel geht in die Falle

Am Tag nach jenem Fest stand ich an meinem Fenster und sah alle Verwalter zum König in den Thronsaal gehen. Erschrocken dachte ich: Sie haben Böses gegen mich ersonnen! Ich betete zu Gott.

Des Rätsels Lösung las ich bald auf einer marmorharten Tafel: Wer einen Gott anbetet außer Darius, soll in der Löwengrube sterben! Du dummer Darius, rief ich. Du hast mich nicht verstanden.

Es dauerte nicht lange, da hatten sie mich schon ertappt. Ich betete wie stets, zu Gott, der mir versprochen hat: Ich bin, der ich bin, und ich bin für dich da. Sie aber schleppten mich zu Darius in Fesseln.

Ich sah, dass Darius sich ärgerte, und sah seine Verwalter grinsen. Da wusste ich: Nur dazu diente das Gesetz, dass ich daran zugrunde ginge! Herr, sagte ich, du wusstest ja, zu wem ich bete!

Was wäre das für eine Gottesliebe, sprach ich, die endet, wo Gefahr beginnt?

Der König aber sprach zu Daniel:

Dein Gott, zu dem du ohne Unterlass betest, der helfe dir!

Daniel 6, Vers 17b

Darius bei der Löwengrube

Die Löwengrube war ein tiefes Loch, in das wir Schwerverbrecher warfen. Die Löwen unten sind stets hungrig. Sie lassen keinen leben. Auf einmal aber wünschte ich, die Löwen wären satt und faul.

Als ich den Mann da stehen sah, am Rande schon des Todes, da tat's mir um ihn Leid und ich gestand mir ein: Ich hatte ihn wohl gern. Er aber sang und betete – doch wieder nicht zu mir. Trotz bis zuletzt, wie dumm!

Erkennst du nun, in wessen Hand dein Leben liegt?, rief ich voll Zorn. Ja, wirklich, ich war zornig. Warum denn muss er sterben, für einen Gott, den man nicht sieht! Mir, mir hätte er dienen sollen, mir, dem Gott Darius!

Daniel in der Löwengrube

Die Löwengrube war ein tiefes Loch.
Ihr Anblick ließ mich schaudern. Doch grade da entsann ich mich an eines von Davids Liedern: Und wenn ich auch wandere im Tale des Todes, fürchte ich mich nicht …

Denn du bist bei mir. Dein Stecken und dein Stab werden mich behüten. Amen.
Ich weiß nicht, wie ich's sagen soll: Auf einmal war da eine Kraft. Sie hob mich weg, während mein Leib in jene Grube sprang.

Ich wusste, dass die Löwen mir nichts taten. Ich fühlte mich in Gottes Hand. Und ich verstand wie nie zuvor, was es bedeutet: Ich bin, der ich bin, und ich bin da.
Du bist der Gott, rief ich, der helfen kann!

Darius lernt

Daniel ist nicht gestorben. Und seither hab ich Angst. Wenn Daniels Gott so mächtig ist, dass er selbst Löwenmäuler stopft – dann kann er mich mit einem Biss verschlingen, mich, der ich wagte, Gott zu sein.

Ich bin ein König – wenn auch nicht so klug, wie ich bisweilen glaubte. Ein *Gott* jedoch, das bin ich nicht. Denn über Tod und Leben herrscht ein andrer. Ich hab das Leben nicht geschaffen.

Daniel lebt

Gott Lob! Ich bin am Leben. Der König selbst hat sein Gesetz zertrümmert. Die Marmortafel brach in Scherben. Was für ein Unsinn, rief Darius voll Reue. Weh mir, er fällt auf mich zurück.

Nein, Herr, sprach ich, Gott wird dir gern vergeben, wenn du's nur besser weißt. Ein Mensch ist niemals Gott. Doch Gott liebt alle Menschen. Da machte Darius ein anderes Gesetz: *Gott ist der Herr des Lebens.*

Denn er ist der lebendige Gott,
der ewig bleibt,
und sein Reich ist unvergänglich
und seine Herrschaft hat
kein Ende.

Er ist ein Retter und Nothelfer
und er tut Zeichen und Wunder
im Himmel und auf Erden.
Der hat Daniel von den Löwen
gerettet.

Daniel 6, Verse 27 + 28

Wichtige Bibel-Wörter, über die man stolpern kann

Amen	Ich sage Ja und Amen; das ist eine ernste, feierliche Zustimmung: Ja, so soll es sein.
Apostel	Jesus sagt seinen Jüngern: Redet und heilt in meinem Namen. Ihr könnt, was ich kann. Da werden aus den Jüngern Apostel.
barmherzig	Wenn ich sehe, dass du Not oder Kummer hast, kümmere ich mich um dich – ganz gleich, ob ich dich mag oder nicht, ob ich dich kenne oder nicht, ob ich Zeit habe oder ob wir vielleicht Streit haben.
beten	Lieber Gott, ich seh dich zwar nicht, aber ich sag dir, was ich auf dem Herzen habe. Ich verlass mich darauf: Du hörst zu!
Christus	Jesu zweiter Name für alle, die glauben: Jesus ist der gute, ewige König nach Gottes Herzen.
Christ	Alle, die getauft sind und glauben: Jesus ist Christus.
Engel	Boten Gottes. Weil sie Gottes Mund sind, müssen sie wohl vom Himmel kommen; darum stellen wir uns vor, sie hätten Flügel.
Gebot	Das friedliche Miteinander von Menschen gelingt besser, wenn alle die gleichen Regeln beachten. Gott hat seinen Kindern Regeln gegeben, die ihnen helfen, gut zu leben. Das sind die Gebote, die er Mose mitgegeben hat auf dem Weg in die Freiheit.
Gemeinde	Die Familie der Christen. Christen haben viel *gemein*sam; sie sind Gottes Kinder und Jesu Geschwister.
Gesetz	Außer den Geboten gibt es im Alten Testament noch eine Menge anderer Regeln für ein friedliches Zusammenleben. Alle zusammen bezeichnen Juden als das *Gesetz.*
Gleichnis	Jesus erzählt von Gott in Bildern aus dem Menschenleben. Und dann kannst du ver*gleich*en …
Gnade	Du hast einen schlimmen Fehler gemacht? Gut, dass du es einsiehst! Du glaubst, es ist nicht wieder gutzumachen? Doch, fang neu an; versuch es besser!
Heiden	Menschen, die den Gott, der Elia, Abraham und Mose begegnet ist, nicht kennen.
heilig	Alles, was von Gott kommt, kann *heil* machen.
Heiliger Geist	Gott meint es gut mit uns; wenn wir seinen Geist spüren, bekommen wir Freude, Mut und neue Kraft.
Herr	Das sagen wir zu jemandem, vor dem wir Achtung haben. Manche sagen es zu Gott.
Himmel	Himmel ist nicht bloß die blaue Luft über uns. Himmel bedeutet in der Bibel: Da, wo Gott ist; nahe bei Gott.

Israel

Gott gibt Jakob den Namen Israel. Alle seine Nachkommen heißen *Kinder Israels.*
Mose führt die Kinder Israels aus Ägypten nach Kanaan.
David ist König über *Israel und Juda.* In römischer Zeit ist das Land Kanaan in Provinzen eingeteilt: Galiläa, Samaria, Judäa.
Heute gibt es den *Staat Israel.*

Juda

Einer der zwölf Söhne Jakobs, einer der zwölf Stämme Israels; der Stamm, aus dem König David kommt. Nach König Salomos Tod entstehen aus einem Königreich zwei: *Israel* und *Juda.*

Juden

Die Leute aus Juda. Zur Zeit Jesu: Alle, die aus Israel und Juda kommen und den Gott kennen, der Elia, Abraham und Mose begegnet ist. Jesus war Jude.
Heute: Angehörige der jüdischen Religionsgemeinschaft: Menschen, die an Gott glauben, aber nicht glauben: Jesus ist Christus.

Jünger

Freunde Jesu, die mit ihm wandern und von ihm lernen, besonders „die Zwölf", die von Anfang bis Ende der Zeit, in der er gelehrt hat, bei ihm sind.

opfern

Ich gebe auf, woran mir liegt, weil mir an dir noch mehr liegt.

Pharisäer

Zur Zeit Jesu: Männer, die Gott fürchten und sich besonders darum bemühen, ihm alles recht zu machen.

predigen

Ich erkläre dir, worauf es im Leben ankommt; ich bin sicher, dass ich dir die Wahrheit sage.

Priester

Moses Bruder Aaron ist Priester. Er achtet darauf, dass Gott geachtet und gefeiert und dass seine Wohnung bei den Menschen in Ehren gehalten wird. Später dienen Priester Gott am Tempel und in den Gebetshäusern; heute in den Kirchen.

Prophet

Auge, Ohr und Mund für Gott. Gott wählt sich Boten und lässt sie seinen Willen sehen. Propheten brauchen viel Mut, denn oft müssen sie unangenehme Wahrheiten sagen. Manchmal ist es schwer zu unterscheiden, ob Propheten Gottes oder ihre eigene Meinung verkünden.

Richter

Die Kinder Israels brauchen Anführer, die ihnen die *Richt*ung sagen:
wie sie leben, was sie planen, wie sie sich aus*richten* sollen. Richter entscheiden, was *recht* und was falsch ist – in Krieg und Frieden.
Wenn Matthäus sagt, Jesus sei als *Richter* auf die Welt gekommen, meint er, dass Jesus die Menschen auf die *richtige Spur* setzen will, damit sie mit Gott, den Mitmenschen und sich selbst gut *zurecht* kommen.

salben Samuel hat ein Ölhorn mit *Salböl.* Das leert er über Sauls Kopf zum Zeichen, dass Gott mit Sauls Königtum einverstanden ist.
Ein *gesalbter* König wird von Gott gehalten – er ist etwas Besonderes. Auf Hebräisch heißt er *Messias,* auf Griechisch *Christus.*

Segen Segen ist Gottes besondere Zustimmung: Ja, ich sehe dich. Ja, ich finde dich gut. Ja, ich will auf dich achten und bei dir sein. Segen ist aber kein Zauberbann gegen Schmerzen und Leid. Auch Menschen können *segnen:* Ich wünsche dir Gutes. Meine Gedanken begleiten dich. Ich bitte Gott, dass er auf dich achtet.

Taufe Johannes der *Täufer* taucht Menschen ins Wasser – als ein Zeichen, dass sie neu werden; Altes soll vergessen sein. Wie Gott sagt: Fang noch mal neu an. Mach's besser. Christen werden *getauft* als ein Zeichen, dass mit Jesu Auferstehung das Leben neu beginnt.

Tempel Gott hat Mose und die Kinder Israels durch die Wüste begleitet. Sie haben ihm ein Zelt gebaut, damit er bei ihnen sein kann. Darin werden auch die Steintafeln mit den Geboten aufbewahrt, die Mose von Gott erhalten hat. Später baut König Salomo Gott in Jerusalem ein schönes Haus, den Tempel.

Teufel Der Teufel denkt schlecht von den Menschen. Er stellt sie gern auf die Probe und will sie an sich binden. Für ihn gibt es nichts Wichtigeres als Essen und Trinken, Reichtum und Macht und das Gefühl, von allen bewundert, bedient und gefürchtet zu werden.

trauen (auf) Gott sagt: Ich meine es gut. Ver*trau* mir, verlass dich auf mich.
Ich bin immer auf deiner Seite, ich bin *treu*.

vergeben Du hast mir weh getan. Vielleicht sagst du: Tut mir Leid. Vielleicht auch nicht.
Ich sage: Ich will nicht mehr daran denken. Es soll nicht zwischen uns stehen.

versöhnen Da steht eine Menge zwischen uns. Aber wir räumen es weg und schauen uns wieder an. Wenn wir dann die Arme füreinander öffnen, ist das ein wunderbares Gefühl.

Wunder Was die menschliche Vernunft übersteigt.

Zöllner Zur Zeit Jesu: Im Auftrag des Kaisers in Rom kassieren Zöllner Gebühren für Handelswaren, die zum Markt gebracht werden. Je mehr die Zöllner einnehmen, desto mehr dürfen sie für sich selbst behalten. Kein Wunder, dass sie gern mehr als nötig verlangen.

Schnell Gefunden: Die Texte bei Luther

Das erste Buch Mose

Das zweite Buch Mose

Das vierte Buch Mose

Das fünfte Buch Mose

Das Buch Josua

Das Buch Rut

Das erste Buch Samuel

Das zweite Buch Samuel

Das erste Buch der Könige

Hiob

Der Psalter

Die Sprüche Salomos

Der Prediger Salomo

Der Prophet Jesaja

Der Prophet Jeremia

Der Prophet Hesekiel (Ezechiel)

Der Prophet Daniel

Der Prophet Micha